現代日本政治史

政治改革と政権交代

A Political History of Contemporary Japan: Political Reform and Power Change

薬師寺克行

まえがき

政治の世界はうつろいやすいもので、しばらく目を離すと姿を見失ってしまいかねないほど変幻自在の生き物である。日本の近現代史を振り返ってみても、幾度となく政治に大きなうねりが押し寄せ、国民を巻き込んで日本全体を変えてきた。一九九〇年代以降の四半世紀も、変化が激しかった時代の一つである。本書は、この時代を中心テーマとし、通史的に紹介するとともに、そこに生まれた変化の意味をあらためて考えてみることを目的としている。

政党や政治家が「改革」を叫ぶのは宿命のようなものかもしれないが、この時代はことさら「改革」が強調され続けた。「税制改革」「行政改革」「財政改革」「社会保障制度改革」「教育改革」……。その中核にあって政治の姿を大きく変える起爆剤となったのは、「政治改革」であった。

「改革運動」の渦中にいたころ、筆者は、日本政治が一体どこに向かって走っているのか皆目見当がつかなかったが、いま振り返ると「政治改革」は長く続いた自民党政治の否定であったように見える。

あのころを振り返ると、「政官業の鉄の三角形」に支えられ、「富の再配分」という利益誘導によって権力を維持してきた自民党の統治システムが限界を迎え、金銭スキャンダルなどさまざまな矛盾が露呈してきていた。不祥事の元を断ち、政権交代が可能なシステムを構築する、それが「政治改革」だったのである。

その結果生まれた新しい政治の姿を断定的に評価するには、まだ早すぎるだろう。おそらく「改革運動」はいまだに継続中であり、どこに着地するかもわからない。ただし、これまでに起きた多くの変化を整理することはできる。

自民党単独政権時代には、政治の世界で業界団体などの集団が大きな役割を果たし、それぞれの利益をめぐって「政官業」が有機的に結合していた。この空間に政治改革が持ち込んだのは、「公平さ」「公正さ」を重んじる市場原理や自由競争原理だった。さらに、人々の集団への帰属意識が弱体化した結果、「集団」は「個」に分解され、政治と国民の関係はドライなものに変質した。「個」に細分化された国民を政治がどう糾合していくのか、今は模索の渦中にあるといえるだろう。

歴史を学ぶ際、その対象が自分が生きている時代に近ければ近いほど、人は興味や関心を持ちやすい。また情報も多くなり、理解もしやすくなる。しかし、同時代に関する情報は断片的で客観性に欠けるものが多いのも事実である。本書を書きながら、いまだ評価の定まらぬ現代を通史的に描くことがいかに困難なことであるかを、章を進めるごとに痛切に感じた。

筆者は約三十年間、朝日新聞の政治記者として日本政治の中枢に接する機会に恵まれた。首相をはじめ、数え切れないほどの政治家、官僚、経済人、そして研究者の方たちに会うことができた。そこで得た情報や知見は、膨大な量のメモとして研究室に置いている。本書は、そうした生き生きとした素材の集約物でもあり、お付き合いくださった方々には頭の下がる思いでいっぱいである。

もちろん、政治の姿は今も日々変わり続けている。グローバル化した国際社会の下で変数は劇的に増え、変化は加速されている。そんな中で、「現代政治史」を書くことは筆者にとって無謀な挑戦であった。しかし、筆を進めていくにつれ、政治空間が非日常的なものから日常的なものに変わり、より多くの国民がネット空間や「世論」などさまざまな形で直接、間接にプレーヤーとして参画する時代になっていることをあらためて認識した。

そのしくみや方向性が望ましいものになっているかどうかは、はなはだ疑問ではある。しかし、政治がかつてないほど国民の日常的空間に接近してきているとなれば、政治を見る確かな目がますます重要になってくる。本書が、読者の政治参加の動機づけになれば幸いである。

本書を書くにあたって留意した点がいくつかある。その一つは、評価の定まらぬ時代を相手にしているからこそ、独断や偏見を排し、できるだけ確実な情報、客観的な分析に徹するよう心掛けたことである。しかし、そうした手法はややもすれば、何の味付けもされていない料理のようになってしまいかねない。そこであえて批判されることを覚悟しつつ、必要に応じて現時点で可能な限り深く解析・分析することにも挑戦した。

膨大な資料を前に矛盾するようなこうした作業を始めると、立ち止まることも多かった。そんなとき後ろから容赦なく背中を押し続けてくださったのが、有斐閣の青海泰司さんと岩田拓也さんだった。

また熊本県立大学の五百旗頭真理事長は、当初から機会あるごとに核心に迫るアドバイスをくださった。心より感謝いたします。なお、本書を執筆するにあたっては、サントリー文化財団の研究助成を活用させていただきました。財団のご配慮にも感謝を申し上げます。

二〇一四年七月二十日

薬師寺　克行

目　次

まえがき　i

第1章　自民党単独政権期　1

一　五五年体制の確立　3

吉田の軽武装、経済重視路線（3）　所得倍増政策から安定政権に（7）　列島改造論と「鉄の三角形」（8）

二　自民党政権の長期化とその要因　10

派閥全盛時代（10）　自民党長期政権を許した社会党（14）　安定していた自民党の政党支持率（17）

第2章　一九八九年　21

一　昭和の終わりと政治経済システムの動揺　23

昭和天皇の逝去（23）　リクルート事件（24）　「ねじれ国会」の始まり（27）

バブル経済の崩壊（31）
二　冷戦の終わりと日本の外交・安保政策の転換　34
冷戦の終結（34）　一九八九年の意味（36）

第3章　不発に終わった政治改革　39

一　海部首相の政権運営　40
若手議員の危機感（40）　自民党の政治改革大綱（42）　海部首相の挫折（46）
二　竹下派に振り回された宮澤首相　49
東京佐川急便事件と竹下派分裂（49）　何もできなかった宮澤首相（51）　政治改革運動の挫折と政権交代の意味（53）

第4章　細川連立内閣　57

一　細川連立政権が誕生するまで　58
政権交代を実現した三つの新党（59）　細川連立政権誕生の経緯（63）
二　細川政権の成功と失敗　66
内閣と与党が分断された政権（66）　政治改革関連法の成立（68）　国民福祉税騒動（70）　短命に終わった羽田内閣（74）　政権を作っては壊す小沢流政治（76）

目　次

第5章　自民党の復権と村山内閣　77

一　長い対立のときを超えて　79
村山内閣の誕生(79)　「和」を重視した政権運営(81)
二　村山首相のこだわりと危機対応　84
「戦後五〇年の国会決議」と「村山談話」(84)　阪神・淡路大震災(88)
三　復活する自民党、衰退する社会党　90
村山内閣の意味(90)　加速した社会党の衰退(92)

第6章　戻ってきた自民党政権　95

一　改革にこだわった橋本首相　97
橋本内閣の特徴(97)　橋本行革(98)　不発に終わった「財政構造改革」(100)
二　政権維持を優先した小渕首相　104
小渕内閣の誕生(104)　「平成の借金王」(105)　実り豊かな「小渕外交」(108)
暗転(110)
三　変われない自民党　111
「密室」での森首相誕生(111)　失言と「加藤の乱」で短命に(112)　凝縮された自民党政治の矛盾(114)

第7章　新進党の崩壊と民主党の誕生――117
一　新進党の成立と崩壊　119
新進党の誕生（119）　わずか三年で解党（120）
二　民主党の誕生と急成長　124
幻の社さ新党構想（124）　民主党の誕生（126）　民主党の政策（128）　社民党の衰退（130）　新党さきがけの解党（134）
第8章　小泉内閣と構造改革――137
一　小泉首相の誕生　139
派閥政治の終焉（139）　「改革断行内閣」の誕生（142）　経済財政諮問会議（143）
二　小泉改革の中身　146
財政再建（146）　不良債権処理（148）　郵政民営化（148）　規制改革、三位一体改革など（153）
三　小泉改革の意味　155
自民党を否定し、自民党政権を延命させた小泉改革（155）
第9章　小泉改革を可能にしたもの――159

目　次

一　世論を背景にした改革　161
小泉流人事（161）　政策決定一元化（162）　権力基盤は「世論の支持」（164）
二　なぜ首相主導は実現したのか　166
制度改革の成果（166）　官僚組織の自律性の低下（167）　派閥・族議員の力の低下（167）　小泉の政治手法の問題点（169）
三　靖国問題と拉致問題　170
靖国神社参拝問題（170）　小泉訪朝と拉致問題（174）

第10章　変貌する安保政策　179

一　湾岸のトラウマからＰＫＯ法案の成立まで　181
湾岸戦争（181）　ＰＫＯ協力法とカンボジア派遣（184）
二　日米安保再定義　187
朝鮮半島問題（187）　日米安保共同宣言（188）　日米ガイドラインの見直し（190）
三　テロとの戦い　191
「九・一一テロ」（191）　Ｇ・Ｗ・ブッシュ大統領とイラク戦争（193）　小泉首相とイラク特措法（195）

第11章　ポスト小泉政権の迷走　199
一　危機管理の甘さが招いた第一次安倍政権の失敗　201
第一次安倍内閣の誕生（201）　タカ派政策の展開（202）　相次いだ不祥事（204）　参議院選挙敗北と退陣（206）
二　「ねじれ国会」に苦しんだ福田、麻生首相　208
福田内閣の誕生と「ねじれ国会」（208）　決められない国会（210）　顕在化した日本型二院制の欠陥（212）　再び突然の辞任（214）　麻生内閣の誕生と解散の先送り（215）　ポスト小泉内閣の失敗（218）
第12章　進化する民主党　221
一　統治システムの改革をめざして　223
民主党の特徴（223）　「統治システム改革」構想（225）　マニフェストで具体化（228）　改革案の特徴（230）
二　マニフェストをめぐる試行錯誤　232
マニフェストで具体化した政策（233）　変質した政策（236）　民主党の政策の特徴（238）
第13章　民主党政権の誕生と混迷　241

一　失速する民主党政権　243

スタートダッシュ（243）　機能不全に陥る（244）　苦渋の予算案作成（246）　普天間移設問題の迷走（248）　鳩山首相の辞任（251）

二　激化する党内対立　253

菅内閣誕生とねじれ国会（253）　中国漁船問題（254）　東日本大震災（255）　菅首相の辞任（257）

第14章　再び政権交代　261

一　消費税増税問題と中韓に翻弄された野田首相　263

野田内閣誕生（263）　崩壊した日韓関係（265）　尖閣諸島の国有化問題（267）　消費税問題と党分裂・総選挙（269）　民主党はなぜ失敗したのか（271）

二　第二次安倍内閣の誕生　274

第二次安倍内閣誕生とアベノミクス（274）　外交・安全保障（276）　台頭するタカ派（280）

終　章　四半世紀に及ぶ「改革運動」　283

一　何が変わったのか　285

四つの変化（285）　選挙制度改革（286）　政党交付金（289）　官邸機能強化（291）

政党の変質（292）
二　世論調査政治の台頭　296
マスメディアの役割（296）　市場化する政治の世界（300）
読書案内　305
引用・参考文献　313
国政選挙の結果　323
主要政党の変遷図　328
関連年表　342
人名索引　346
事項索引　354

■ コラム

政党と変わらぬ自民党派閥　14
竹下派に利用された宇野首相　28
政治には一体、いくらお金がかかるのか　42
人材の宝庫だった九〇年代の新党　60

目　次

村山富市　82
竹下派七奉行　102
武村正義　130
変わる自民党総裁選挙　140
首相の靖国神社参拝　172
ガラス細工の安保政策　184
世襲議員の時代　216
マニフェスト　234
鳩山と菅　258
小沢一郎　278

■図表一覧

図1－1　鉄の三角形　9
図1－2　一九七〇年代以降の自民党の主要派閥　12
図1－3　朝日新聞の世論調査に見る内閣支持率と自民党支持率の変遷（岸内閣-竹下内閣）　18
図2－1　株価の長期推移　32
図4－1　一九九三年の総選挙の結果と自民・非自民の勢力図　64
図6－1　年度別国債発行額　107

表8－1　「骨太の方針」の主な内容　145
表12－1　国政選挙における民主党の獲得議席数　224
表終－1　政党交付金　各党への支給額（二〇一二年分）　290

＊　本文中および注・図表における引用文献は、巻末の「引用・参考文献」欄に一括して掲げ、本文中には「著者名または編者名、刊行年、引用頁数」を（　）に入れて記した（新聞の場合は、新聞名、日付を記した）。
＊　引用文中の〔　〕は、引用者が補った文言であることを示す。
＊　本文中における日本の法令名については、原則として、通称で表記する。
＊　国会での発言、首相の記者会見などの引用にあたっては、「国会会議録検索システム」ならびに「首相官邸ウェブサイト」を用いた。

法令名

略語	正式名称
イラク特措法	イラクにおける人道復興支援活動及び安全確保支援活動の実施に関する特別措置法
通信傍受法	犯罪捜査のための通信傍受に関する法律
金融再生法	金融機能の再生のための緊急措置に関する法律
国民投票法	日本国憲法の改正手続に関する法律
国旗国歌法	国旗及び国歌に関する法律
再生可能エネルギー法	電気事業者による再生可能エネルギー電気の調達に関する特別措置法案
財政構造改革法	財政構造改革の推進に関する特別措置法
周辺事態安全確保法	周辺事態に際して我が国の平和及び安全を確保するための措置に関する法律
テロ特措法	平成十三年九月十一日のアメリカ合衆国において発生したテロリストによる攻撃等に対応して行われる国際連合憲章の目的達成のための諸外国の活動に対して我が国が実施する措置及び関連する国際連合決議等に基づく人道的措置に関する特別措置法
日米安全保障条約（旧）	日本国とアメリカ合衆国との間の安全保障条約
日米安全保障条約（新）	日本国とアメリカ合衆国との間の相互協力及び安全保障条約
補給支援特措法	テロ対策海上阻止活動に対する補給支援活動の実施に関する特別措置法
PKO協力法	国際連合平和維持活動等に対する協力に関する法律

第1章　自民党単独政権期

自民党と日本民主党が合同し，自由民主党を結党（神田駿河台中央大学講堂，1955年11月15日）（写真提供：毎日新聞社／時事通信フォト）。

戦後の日本政治が背負った最大の課題は、日本を敗戦国からまともな国に再建することであった。特に戦後間もないころ、廃墟と化した国土を前に国政の中心を担った政治家たちの使命感には想像を絶する重いものがあったであろう。

占領期を経て独立を回復し、日米同盟関係を土台とする安全保障政策を確立するまでの間、中心的役割を果たしたのは吉田茂《よしだしげる》と岸信介《きしのぶすけ》の二人の首相だった。吉田はアメリカとの交渉を経て一九五一（昭和二十六）年、サンフランシスコでの平和条約締結で日本の独立回復を果たした。同じ日、吉田は日米安全保障条約にも調印して米軍による日本の安全保障体制を確保した。

対等性を欠くなど、多くの欠陥を持っていた日米安保条約の改正を果たしたのが岸だった。しかし、強引な手法で国会承認を押し進めたことで岸内閣は広範な国民の批判を浴びた。続く池田勇人《いけだはやと》、佐藤栄作《さとうえいさく》の時代に自民党政権は、政治の中心課題を安全保障から経済政策に転換し、高度経済成長が国民を潤した。

そして、自民党単独政権の基盤を確かなものにしたのが田中角栄《たなかかくえい》だった。「日本列島改造論」を掲げて一気に首相の座に駆け上がった田中は、経済成長によって増え続ける税収を全国の社会インフラの整備などに活用するとともに、自民党の支持団体などに巧みに再配分する「政官業の鉄の三角形」を作り上げることに成功し、自民党の政治的基盤を盤石なものにした。

第**1**章は、本書の主要テーマである「現代政治」の前段に当たる戦後から一九八〇年代までの日本政治を概括する。この期間は、紆余曲折はあったものの敗戦と占領からスタートした日本が見事なまでに復活した期間であり、その間、ほぼ一貫して政権を担ったのが自民党であった。

一　五五年体制の確立

吉田の軽武装、経済重視路線

一九四五年、日本が戦争に敗れ連合国最高司令官総司令部（ＧＨＱ）の占領統治下に入ったときから、日本政治の最大の課題は独立の回復と国の安全の確保だった。その実現に中心的役割を果たした人物の一人が首相の吉田茂である。四八年十月に二度目の首相に就任した吉田は、戦争状態を終結させる平和条約締結に向けてアメリカとの協議を続けた。当初、アメリカはソ連も含めた全面講和をめざしていたが、ソ連との対立が激化し冷戦が顕在化してきたため、さらに一九五〇年の朝鮮戦争勃発《ぼっぱつ》で日本を含む北東アジア地域が不安定な情勢となったため、条約締結を急ぎ部分講和に方針を転換した。

同時に、アメリカは国務省顧問のダレスを特使として日本に派遣し、再軍備を要請した。これに対し吉田は「再軍備は日本の自主経済を不能にする」などと反論し、アメリカの要求を拒否するとともに、米軍の日本駐留を継続し、日本の安全を確保することを目的とする日米安保条約の締結を求めたのであった。

吉田の対応は、軍事費への出費を極力避けて国の原資を経済復興や発展に重点的に配分するという「軽武装、経済重視」路線で「吉田ドクトリン」とも呼ばれ、その後の日本政治の中核を担った保守本流勢力が掲げた基本的路線の一つとなった。

一九五一年九月、サンフランシスコで講和会議が開かれ、日本とアメリカなどとの間の戦争状態の終結を宣言する対日平和条約が調印された。しかし、アメリカ主導で会議が進められることに反発したソ連など一部の国が会議そのものへの参加や条約への調印を拒否したため、調印に加わった国は四九カ国だった。

平和条約調印後、吉田は同じサンフランシスコ市内の米軍施設に移動し日米安保条約にも調印した。講和会議には吉田をはじめ蔵相の池田勇人ら合計六人が全権委員として派遣され、全員が対日平和条約に署名した。ところが日米安保条約にはアメリカ側が国務長官のアチソンら四人が署名したにもかかわらず、日本側は吉田が独り署名し、他の全権委員には署名させなかった。その理由について吉田は「安保条約は不人気だ。政治家がこれに署名するのはためにならん。おれひとり署名する」（西村、一九九九、二三七頁）と語ったという。

日米安保条約は米軍の日本駐留を認めるだけでなく、内乱条項など日本にとって不平等な内容や表現が含まれており、国内に反対論が強かった。しかし、あえて独りで署名したところに吉田の覚悟のほどが表れていた。以後、日本政治にとっては、安保条約を改定し不平等性を解消することが外交政策上の大きな課題の一つとなったのである。

対日平和条約と日米安保条約の締結で対外関係が一段落したことで、国内では政党の再編や統合が加速していった。一九五五年十月には左右両派の社会党が統一大会を開き、衆議院一五六議席、参議院六九議席を持つ大政党となった。すると日本社会党の動きに危機感を持った保守勢力の間でも統一の動きが加速し、十一月十五日に自由党と日本民主党が一つになった自由民主党の結党が実現した（衆議院二九九議席、参議院一一八議席）。自民党と社会党を中心とする政治構図は「五五年体制」と呼ばれ、以後四十年近く日本政治を動かしていった。

そして、吉田の残した日米安保条約の不平等性解消に取り組んだのが、一九五七年に首相に就任した岸信介だった。戦前、革新官僚として満洲国の産業建設などで頭角を現し、東条英機内閣で商工相を務めるなど国政の中枢を担い、戦後はA級戦犯容疑者として逮捕されたこともある岸は、強い国家意識の持ち主だった。安保条約の改定は岸にとって避けて通れない課題であり、その実現のために首相就任直後から用意周到に環境整備を進めた。当時、アメリカ政府は五四年に設立されたばかりの自衛隊がまだまだ力不足であるとして改定を拒んでいた。そこで岸は首相就任後間もなく、「効率的な防衛力を漸進的に整備する」ことや、外部からの侵略に対して「米国との安全保障体制を基調として対処する」ことなどを柱とする「国防の基本方針」を閣議決定した。続いて東南アジア六カ国を訪問し、この地域における日本の役割の重要性を誇示した。いずれも安保改定に向けてアメリカを説得するための材料とすることが目的で、これらを手に岸は訪米し、アイゼンハワー大統領との会談で改定に前向きな反応を引き出した。最終的には六〇年一月の訪米で新安保条約の調印にこぎつけた。新条約では、内乱条項など不平等な部分が大幅に見直されたほか、アメリカの対日防衛義務や事前協議制度などが盛り込まれた。

残るは国会承認手続きであり、岸は社会党など野党勢力の強硬な反対を前に、衆議院段階では自民党による単独採決という強引な手法で切り抜けようとした。これが広範な国民の反発を買い、安保反対闘争が一気に広がった。衆議院通過後、国会は連日数十万人のデモ隊に取り囲まれる異常事態に陥り身動きがとれなくなった。結局、安保改定問題は新安保条約が衆議院通過から一カ月後の六月十九日に自然成立するという形で決着し、岸は混乱の責任をとってその一カ月後に退陣した。

日米関係について、岸が吉田と同じ考えを持っていたわけではない。むしろ吉田の選択をアメリカに協調しすぎると考え、日本の主体性を前面に出そうとした。しかし、結果的に岸による安保改定は「吉田の選択を軌道修正するのではなく、むしろ強化する役割を果たして退陣した」（五百旗頭、二〇〇八、二〇六頁）といえるだろう。

吉田、岸という二人の首相によって日本は、日米安保体制を確立しアメリカの同盟国として冷戦構造に向き合う枠組みの構築に成功するとともに、軍備への負担を最小限にとどめ、経済発展に国力を重点的に注ぐことを可能にするしくみも作り上げた。つまり自民党はその揺籃《ようらん》期に、自由主義陣営の一員として、軍事力ではなく経済発展を大目標とする国家として歩み出す環境を整えることに成功したのである。ただ、日本各地で起こった反安保闘争の広がりが示すように、自民党政権の国民的支持基盤はまだまだ盤石なものではなかった。

所得倍増政策から安定政権に

荒れた政治を作り上げた岸の後に首相に就任した池田勇人は、「寛容と忍耐」「低姿勢」を掲げて政治の空気を一変させた。そして「所得倍増計画」を着実に実現し、一九六四年秋、東京オリンピックに沸き上がる国民の歓声の中で退陣した。続く佐藤栄作は高度経済成長を維持しつつ、戦後処理問題の懸案の一つとなっていた沖縄返還を実現した。

池田と佐藤が政権を担った一九六〇年から七二年の十年余りの期間、日本経済の成長率はほぼ一貫して一〇パーセントを上回り、すさまじい勢いで国力を増していった。他方、対外政策は「米ソ冷戦」という硬直的な国際秩序の中で日米安保体制に乗っかって静的な外交を展開すればよかった。その結果、自民党政権は経済政策や国土開発など内政問題にエネルギーを集中投下することが可能だったのである。

自民党は、結党時に「党の使命」と題する文書に「現行憲法の自主的改正をはじめとする独立体制の整備を強力に実行」と憲法改正などタカ派色の強い政策を掲げていたが、池田、佐藤内閣時代にこれらの問題を前面に打ち出すことはしなかった。また、一九五四年に正式に発足した自衛隊の活用などの実践的な安全保障政策を政治課題として積極的に取り上げることもしなかった。国会審議で野党側はしばしば日米安保条約廃棄や自衛隊違憲論などを主張して政府を追及したが、多くは観念論的な議論にとどまり現実の国際政治の動きや安全保障政策からはかけ離れたものであった。

自民党は、安全保障政策や憲法問題から経済問題に政策の比重を移して着実に成果を上げるとともに、政治手法を与野党対決型から国民の間や与野党間の合意形成に重きを置くスタイルに転換していったのである。その結果、自民党に対する国民の支持は着実に増していった。池田、佐藤政権時代を通じて、自民党は長期政権の足場を作り上げたのである。そして、それをさらに発展させ、自民党政権の権力基盤を構造的に強固なものに仕立て上げたのが田中角栄であった。

列島改造論と「鉄の三角形」

雪深い新潟の山村出身で高等小学校卒業後に上京して実業の世界に入った田中は、強烈な意志と個性の持ち主だった。若くして国会議員に当選すると、持ち前の行動力でめきめきと頭角を現し、三十九歳で岸内閣の郵政相に起用され、その後は蔵相、通産相、また自民党では政務調査会会長（政調会長）、幹事長などの要職を歴任し、一九七二年に五十四歳の若さで首相に就任した。

田中がめざした政治の特徴がよく表れているのが、自民党都市政策調査会会長時代の一九六八年にまとめた「都市政策大綱」と、それをもとにして自民党総裁選挙向けに七二年に出版した『日本列島改造論』である。両者に共通するのは、高度経済成長が生み出す税収を原資に日本列島に新幹線や高速道路などの交通網や通信体系を整備していく開発型政策である。特に「列島改造論」は具体的な事業を列挙しており、それが首相就任後の土地投機と「狂乱地価」といわれるほどの地価高騰を招いたとされる。

経済成長によって生み出される富の一部は税収などの形で国に入る。それを公共事業や補助金など

図1-1　鉄の三角形

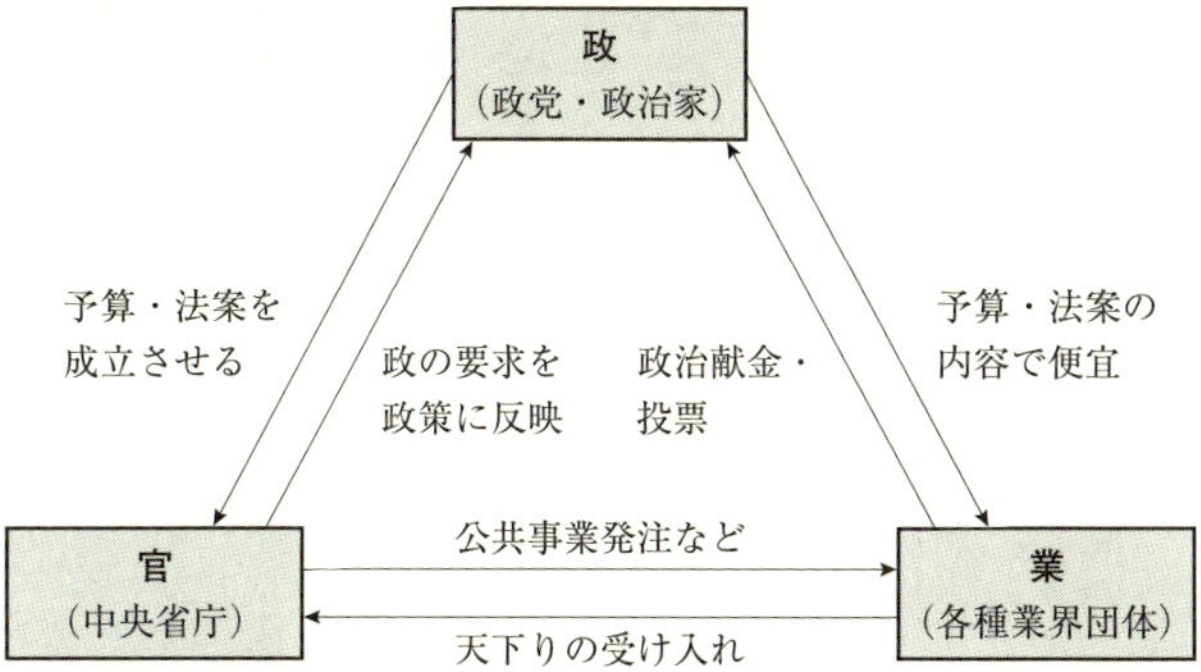

［出典］　筆者作成。

の形で国民に再配分する。その結果、都市と地方がともに発展していく。田中の構想は、経済成長が前提であると同時に、欧米諸国に比べて社会インフラの整備が遅れていた当時の日本の需要に合致する面があり、道路や鉄道の整備などハード面の発展に大きく寄与した。しかし、日本経済が成熟期に入り再配分の原資が乏しくなった今日においても、田中の発想は基本的に経済・財政政策の中心に生き続けており、それが財政危機などさまざまな矛盾を生み出しているのである。

また「富の再配分」という田中政治の本質は、自民党の権力基盤の確立という政治的側面でも大きな意味を持っていた。官僚機構は予算や法律を企画立案し執行する。各種業界は公共事業受注などの形で予算配分の恩恵を受ける。政権政党である自民党は予算や法律の内容に深く関与し、成立過程の責任を負う。ここに政治家（政党）と官僚機構、各種業界団体が相互に依存し合う「富の再配分システム」ができあがっていったのである。このシステムの恩恵に浴する企業や業界団体関係者の多くが自民党を支持する。官僚機構は法律や予算によって自らの権限拡大を実現するために政権政党である自民党との良好な関係を維持しようとする。これが自民党政権を盤石なものとした「鉄の三角形」(図1－1)である。

この三角形には負の側面もあった。一九七〇年代に自民党は、政務調査会や総務会の了解がなければ内閣は予算や主要法案を閣議決定できないという「事前審査制」を生み出した。法的権限を持たない自民党組織が政府と対等な形で政策決定に関与する二元的システムが形成されたのである。やがて公共事業や社会保障制度など特定分野に精通した族議員が誕生し、場合によっては閣僚以上の強い発言力を持って政策決定過程に関与するようになった。そして、しばしば業界団体の個別要求を実現するために政治力を発揮する利益誘導政治が露骨に行われ、それが腐敗の温床になっていったのである。

ここであらためて大きな流れを整理すると、吉田、岸によって日米安保体制が構築され、池田、佐藤によって経済が安定軌道に乗った。それを引き継いだ田中が、経済成長を原資とした自民党の権力基盤をシステム化して強固なものに作り上げた。田中が権力のトップに就いた一九七〇年代に、自民党単独政権は政策的にも政治的にも盤石な基盤を確立したのである。

二　自民党政権の長期化とその要因

派閥全盛時代

自民党政権が安定期を迎えると、政治のエネルギーは自ずと党内の権力闘争に向かう。一九五五年の結党時から自民党は派閥連合体であり、首相の座をめぐって党内各派が熾烈な権力闘争を繰り広げていた。それは自民党政権が安定感を増した七〇年代に一層激しさを増してきた（図1－2）。

当時の主要プレーヤーは主要派閥の領袖《りょうしゅう》である三木武夫《みきたけお》、田中角栄、大平正芳《おおひらまさよし》、福田赳夫《ふくだたけお》、中曾根康弘《なかそねやすひろ》らで、彼らの名前の一文字を並べて「三角大福中」時代と呼ばれた。一九七二年のポスト佐藤をめぐる自民党総裁選挙では田中と福田が争い、田中が勝った。しかし、二人の戦いはその後も政局が緊張するたびに繰り返されて「角福戦争」と呼ばれた。

また、一九七八年の総裁選挙では現職の福田と、田中の支援を受けた大平が争って大平が勝利した。その大平のもとで行われた七九年の総選挙で自民党は敗北したが大平が退陣しなかったため、辞任を求める福田らと再び対立し、総選挙後約四十日間も首相が決まらないという「四〇日抗争」が起きた。さらに翌八〇年には、野党が提出した大平内閣不信任案の採決に福田ら反主流派議員が多数欠席したため不信任案が可決され、大平は衆議院解散に追い込まれて選挙中に病死するという悲劇も起きた。福田と大平の対立も「大福戦争」と呼ばれた。

激しい派閥間の権力闘争が続く中で一貫して大きな権力を維持し続けたのが田中であった。田中は自らの金脈問題が原因となって就任後二年五カ月で首相を辞任し、その二年後の一九七六年にはロッキード事件で逮捕された。にもかかわらず田中は国会議員数で一〇〇人を超える最大派閥を維持し、田中派の支持がなければ総裁選挙の勝利も円滑な政権運営もできないという状況を作り上げた。大平

図 1-2　1970 年代以降の自民党の主要派閥

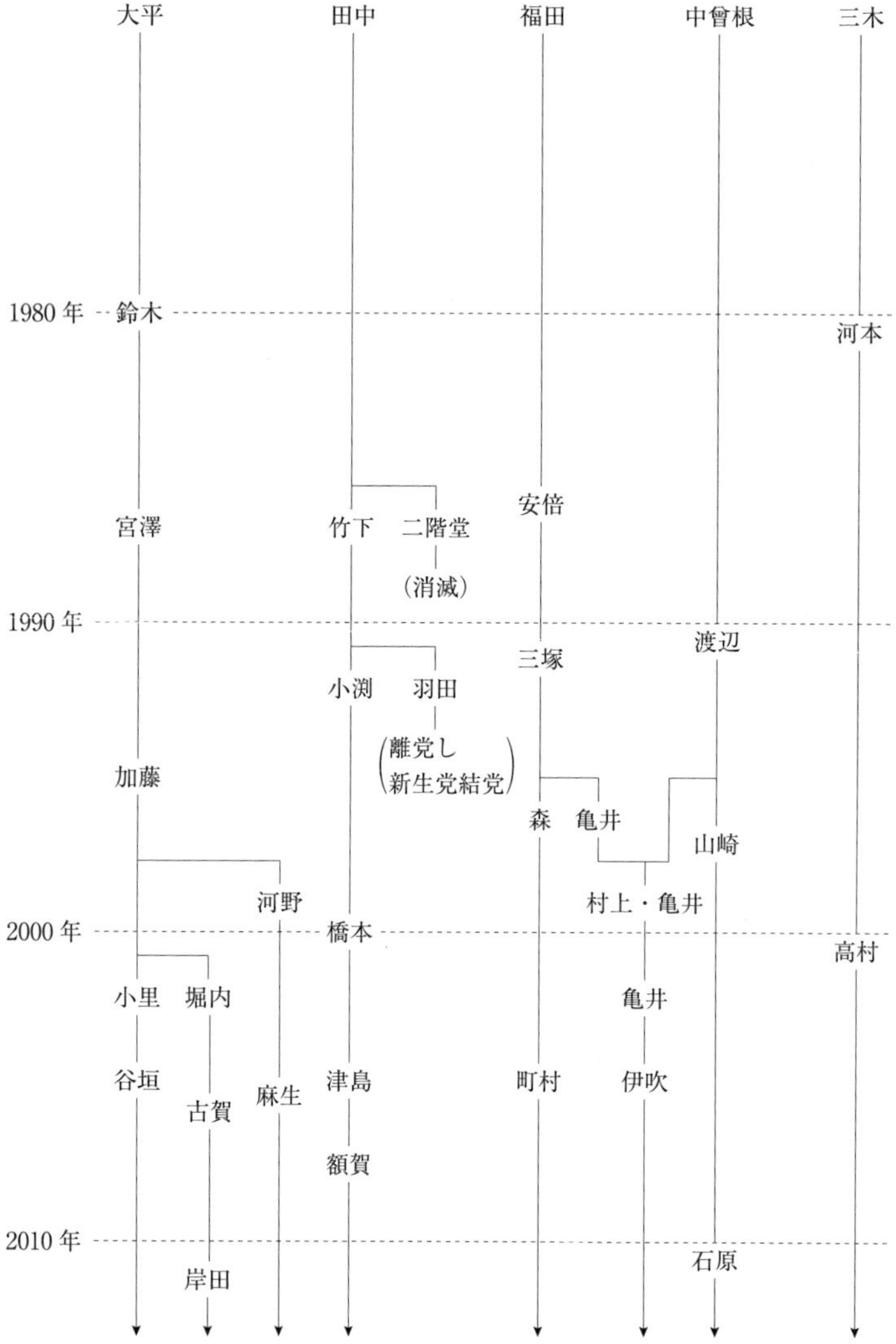

やその死を受けて首相に就任した鈴木善幸《すずきぜんこう》、さらには中曾根も田中の影響力のもとでの政権運営を強いられる「田中派支配」が続いた。

しかし、その田中の力にもやがて陰りが見えてくる。一九八三年十月、ロッキード事件の一審判決で田中に懲役四年の実刑判決が言い渡され、これを受けて首相の中曾根は田中に自発的議員辞職を勧告するなど距離を置き始めた。最大で一二〇人を超す規模となった田中派の内部からも竹下登《たけしたのぼる》を総裁候補に推す動きが活発化してきた。八五年二月、田中の反対を押し切って四〇人が創政会を結成し、田中派が分裂した。その直後、田中は脳梗塞《のうこうそく》で倒れ政界の表舞台から姿を消してしまった。

「三角大福中」の最後に首相に就任したのは一九八二年の中曾根だった。そのころになると、安倍《あべ》晋太郎《しんたろう》、竹下、宮澤喜一《みやざわきいち》らニューリーダーと呼ばれる世代が派閥領袖として台頭してきた。彼らは一世代前の田中や福田、大平らが自らの命を擦り減らすほどのすさまじい権力闘争を繰り広げるのを側近として間近で見て、その不毛さを肌で感じており、同じようなことは繰り返したくないという思いが強かった。特に竹下と安倍は、互いを「竹ちゃん」「安倍ちゃん」と呼び合うほど親しかった。自民党の実力者の世代交代とともに、派閥間の権力闘争は「怨念政治」から「協調」「話し合い」に様変わりしていったのである。

一九八七年の中曾根の後継者争いでは、竹下と安倍、宮澤が総裁選挙を避けるため何度も話し合いを続けたが、一人に絞ることができず、最後は中曾根が後継者を指名する「中曾根裁定」に委ねて竹下が選ばれた。竹下内閣以降、自民党内からはかつてのように首相の足を引っ張ったり、あらゆる局面で対抗したりする「反主流派」は消え、首相派閥に距離のある派閥は「非主流派」と呼ばれるようになった。非主流派は首相に徹底抗戦するわけではない。首相の方も非主流派を閣僚人事などで極端に冷遇することはなく、派閥の議員数に応じた閣僚ポストを配分するなど、対立より融和を重視する党運営が行われるようになったのである。

自民党長期政権を許した社会党

自民党の長期単独政権を可能にした背景には、すでに述べた「鉄の三角形」という権力基盤の存在があるが、このほかにも自民党政権を脅かすだけの力を持つ野党が存在しなかったことを指摘できる。五五年体制のもう一方の担い手である社会党は、保守合同以前は自由党や民主党など保守政党と肩を並べる議席数を持ち、一九四七年の総選挙では第一党となって党首の片山哲《かたやまてつ》が首相に就任し、初めての社会党内閣が誕生していた。しかし、社会党内の左派、右派の対立が根強くわずか半年余りで崩壊

●政党と変わらぬ自民党派閥

筆者が政治の現場の世界を取材していた一九八〇年代後半、自民党は派閥全盛期であり、各派の実態はほとんど独立した政党と同じだった。

当時の主要派閥は、田中派（のちに竹下派）、福田派（のちに安倍派）、宮澤派、中曾根派、河本派の五つで、所属議員数は最大の田中派で一〇〇人を超え、他も二〇人から六〇人で数からいえば野党と同じかそれ以上の規模だった。各派はそれぞれ国会周辺のホテルやビルに独立した事務所を持ち、派閥会長室、会議室、派閥総会を開くための広い部屋、

事務職員の部屋などがあった。事務局には局長以下、数人の事務職員が常勤していた。

個々の議員がどの派閥に所属しているかは厳格に管理されており、一人の議員が複数の派閥に属することはできなかった。各派とも毎週一回、朝食時か昼食時に所属議員を集めた総会を開く。冒頭、会長が直近の政治情勢に言及しつつ挨拶をし、続いて派閥事務総長が「閥務」について伝達事項を報告する。その後、派閥出身の党副幹事長、衆参両院の国会対策委員会副委員長や議院運営委員会理事らが、それぞれの業務内容について報告する。若手議員を中心に各議員はこうした派閥活動や派閥幹部議員らとの付き合いの中で、国会議員としての立ち居振る舞いなどの教育を受けるとともに、国会や党に関する情報を得ていたのである。

派閥事務所が最も活気づくのは国政選挙と組閣あるいは内閣改造のときである。衆議院の選挙制度が中選挙区制の時代には、自民党は派閥単位で候補者を擁立し選挙運動を展開していた。各派とも自派候補の当選をめざして幹部らが応援に走り回った。党本部の役割は、全体の取りまとめや派閥間で決着がつかない候補者の公認問題の調整役にとどまっていた。

また組閣や内閣改造時には、各派会長が首相に入閣候補者のリストを渡し、首相は会長室に陣取る会長と頻繁に連絡をとりながら人事を確定していく。安定的な政権運営には派閥会長の了解が欠かせなかったのである。のちに小泉《こいずみ》純一郎《じゅんいちろう》首相がやったような、派閥の意向を無視して首相が特定議員を一本釣りで入閣させるということは考えられない時代だった。

資金面でも派閥は独立採算で運営されており、若手議員らの政治活動に必要なカネの一部は派閥が面倒を見ていた。そのため派閥会長は独自に一〇億円単位の莫大な政治資金を集めなければならず、金額の多寡が派閥の勢いを示していたのである。

した。

以後、社会党が保守勢力を政治的に脅かす存在となることはなかった。「五五年体制」になって以降の総選挙を見ると、社会党は一九五八年を除けば定数の過半数の候補者すら擁立できず、政権獲得を最初から放棄した存在だった。社会党低迷の原因について六四年一月、当時社会党書記長だった成《なり》田知巳《たともみ》は党の機関紙『社会新報』（一九六四年一月一日付）で三つの点を指摘した。第一は「党の日常活動、大衆工作、大衆運動の組織とその独自的指導の決定的な弱さ」である。第二に「議員党的体質」を挙げ「党の機関に議員の保守主義を打破し、克服するだけの権威と統率力が欠けている」と批判している。第三は「依然たる労組依存」であり「労働組合をあたかも個人後援会のように見なす安易な保守的活動方式」と論じている。これらは「成田三原則」と呼ばれ、その後も繰り返し改革が叫ばれたが、成果は乏しかった。

さらに、自民党の派閥抗争以上にすさまじかった社会党内の左派、右派の対立が社会党全体を消耗させたのである。右派の幹部の一人であった江田三郎《えださぶろう》は書記長だった一九六二年、日本のあるべき将来像として「アメリカの平均した生活水準の高さ、ソ連の徹底した生活保障、イギリスの議会制民主主義、日本国憲法の平和主義」を列挙した「江田ビジョン」を提起した。江田が打ち出した現実味のある政策は「構造改革路線」と呼ばれたが、マルクス主義を強く掲げる教条主義的な党内左派の社会主義協会派などから厳しく批判され、その年の党大会で江田に対する非難決議が議決されて江田は書記長辞任に追い込まれた。その後も江田と協会派の対立は続き、行き場のなくなった江田は七七年に社会党を離党し、直後に菅直人《かんなおと》らと社会市民連合を立ち上げて参議院選挙に臨もうとしたが、その直前に死去した。

高度経済成長などによって着実に成果を上げることで包括政党として成長した自民党に対して、社会党は労働組合という限定的な支持基盤に乗ったまま護憲、反安保というスローガンを前面に掲げて政権批判に終始する政党にとどまったため、党勢は一向に拡大しなかった。

社会党の総選挙での獲得議席は左右統一後しばらくは一四〇議席台を維持していたが、やがて一〇〇議席前後で低迷を続けるようになり、自民党と政権を争う政治勢力に発展する可能性は消えてしまった。社会党自身も獲得議席目標を「改憲阻止が可能な三分の一以上」とし、最初から政権交代を放棄していた。国民の目からも、政権交代は現実的な問題にはならなかったのである。

安定していた自民党の政党支持率

自民党単独政権時代をマスメディアが実施した世論調査の数字から見てみたい。参考にするのは朝日新聞の世論調査結果である（図1-3）。一九五五年以降、八〇年代までの世論調査は、無作為抽出した有権者宅を調査員が個別に訪問し質問に答えてもらう「面接方式」が中心だった。そのため今日の電話調査のように頻繁に行うことは難しく、毎年、平均三、四回実施されていた程度だった。

調査頻度や手法の違いをふまえたうえで数字を分析すると、興味深いことが判明する。内閣支持率は時々の首相の政策課題などへの対応ぶりなどで乱高下を繰り返しているが、自民党の政党支持率は

図 1-3　朝日新聞の世論調査に見る内閣支持率と自民党支持率の変遷（岸内閣－竹下内閣）

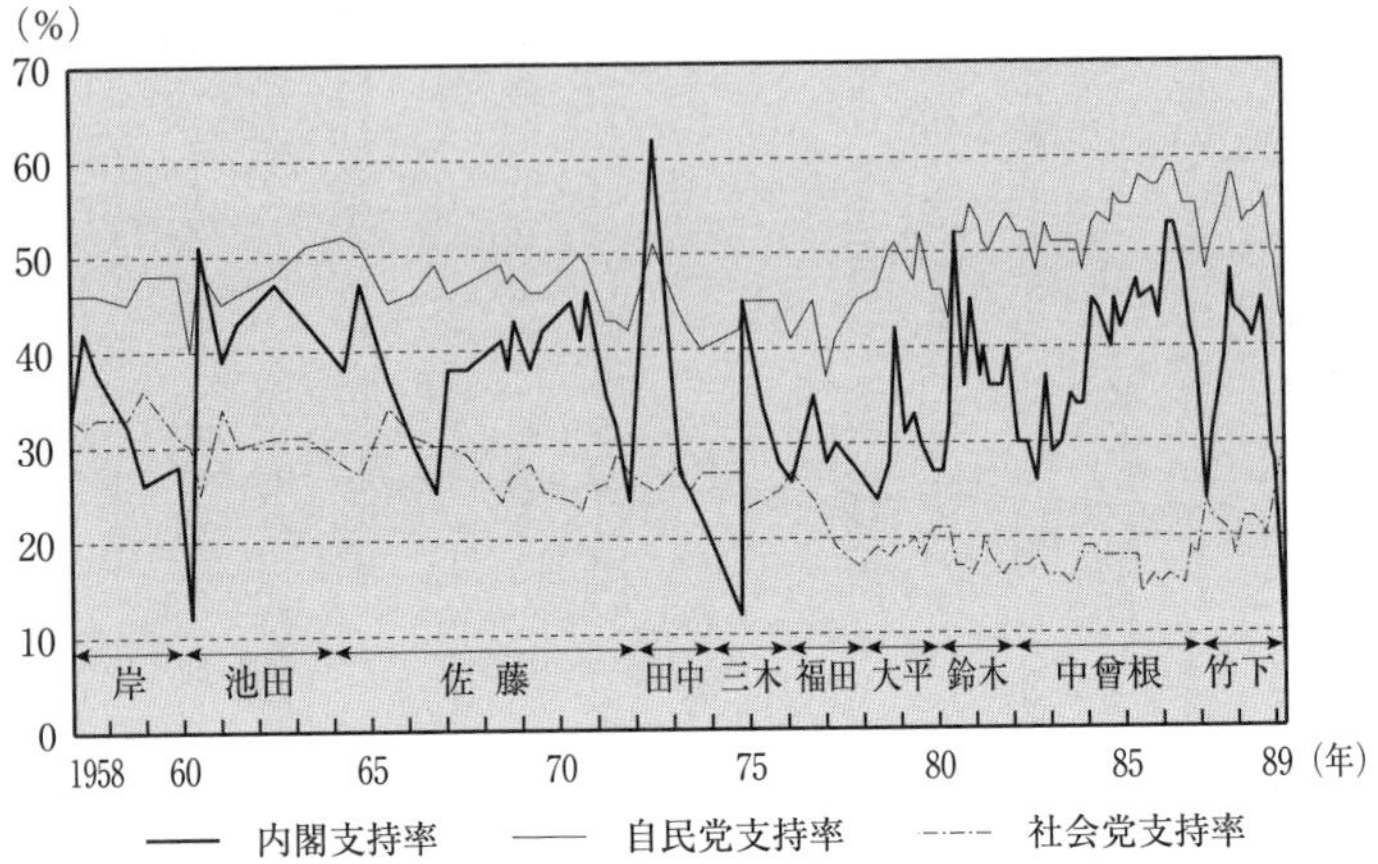

［出典］『朝日新聞』記事をもとに筆者作成。

大きな増減のないまま高い水準を維持している。例えば田中内閣の支持率は首相就任時に六二パーセントだったが、わずか二年で一二パーセントに急落した。岸内閣は三三パーセントと低い支持率でスタートし、新安保条約の強行採決で混乱した政権末期はやはり一二パーセントに落ちている。

これに対し自民党の支持率は、保守合同後一九七〇年代あたりまで四〇パーセント台で推移していたが、八〇年代に入ると五〇パーセント台に上昇しており、内閣支持率に比べると格段に安定感があった。有権者は、内閣と自民党を明らかに区別して評価していたのである。これに対し社会党の支持率は左右統一後数年間は三〇パーセント台だったが、七〇年代末には二〇パーセントを割り、その後は八〇年代半ばまで一〇パーセント台にとどまった。政党支持率を見る限り、自民党は圧倒的な存在であった。

すでに述べたように、「鉄の三角形」によって自民党の強固な権力基盤は確立されていった。しかし、政権維持が長期化するにつれて、自民党を支えたこのシステムは次第に汚職や腐敗の温床となっていった。同時に長期政権の必然として政策は次第に現状維持の傾向を強め、時代の変化に対する柔軟な対応力を失っていったのである。

しばしば歴史は人間の予期せぬ方向に突然、動いていく。政治の世界も例外ではなく、まもなく自民党政権にも大きな転換期が襲ってくるのである。

第2章 一九八九年

⬆新元号「平成」を発表する小渕恵三官房長官（首相官邸, 1989 年 1 月 7 日）（写真提供：時事）。

歴史を振り返ると、大きな出来事が集中する「当たり年」がある。一九八九（昭和六十四／平成元）年はまさにそういう年であり、その後の日本政治の混迷の始まりの年でもあった。

年明け早々の一月七日に天皇が亡くなり、元号が「昭和」から「平成」に代わった。スタートしたばかりの「平成」元年は波乱の年となった。中央政界では多くのリーダーを巻き込む戦後最大の疑獄「リクルート事件」が広がり、盤石と見られていた竹下登首相はあっけなく辞任に追い込まれた。政治が混迷する中で行われた夏の参議院選挙では自民党が大敗し、野党勢力が過半数を獲得する「ねじれ国会時代」が到来した。

国際社会の動きも激しく、十二月に地中海の島、マルタ島で行われた米ソ首脳会談で四十年余り続いた「冷戦」に終止符が打たれ、国際秩序の変動が始まった。国内経済に目を転じると、十二月二十九日、この年最後の東京証券取引所（東証）の平均株価が三万八九一五円と史上最高値を記録したが、以後、バブル経済が崩壊して株価は長期にわたり下落を続け、日本経済は低迷期に入っていった。

つまり、一九八九年に政治、経済、外交すべての分野でそれまでのシステムを激変させる大きな出来事が集中的に起きたのである。

政治の観点から見ると、これらの出来事はいずれも長く続いた自民党の長期単独政権を支えてきたシステムを根本から変えてしまう要素を持っていた。しかし、自民党は時代の変化に対する鋭敏な感覚や想像力を十分には持ち合わせておらず、場当たり的な対応を繰り返しているうちに政権の足元が徐々に崩壊し始めたのである。この章では政治の転換点となった一九八九年を詳しく見ていく。

一　昭和の終わりと政治経済システムの動揺

昭和天皇の逝去

八十歳を超える高齢の天皇が最初に体調を崩したのは一九八七（昭和六十二）年九月だった。腸に異常があることがわかり東京大学医学部付属病院で手術を受けた。二度目の異変は八八年九月で、吹上御所の寝室で点滴中に大量の吐血をした。以後、吐血と輸血を繰り返す闘病生活を続けたが、三カ月半後の八九年一月七日午前六時三十三分に亡くなった。八十七歳だった。ここに「昭和」の時代が終わり、官房長官の小渕《おぶち》恵三《けいぞう》が記者会見で新しい元号を「平成」とすることを発表した。

昭和天皇の在位期間は六二年に及び、この間、軍国主義のもとで太平洋戦争に突入し敗戦した戦前、戦中を経て、戦後は新憲法のもとで象徴天皇となり、日本の発展とともに歩んだ、波瀾《はらん》に満ちた生涯であった。

敗戦により天皇制は存続の危機に直面したが、アメリカが円滑な占領統治を実現するために天皇制を利用する政策をとったため、昭和天皇の戦争責任は問われることはなく、天皇制は生き残った。戦後の復興と経済成長の中で象徴天皇制は国民の間に定着していった。昭和天皇が病に倒れ闘病生活を続けているときに、全国に広がった「自粛ムード」がそれを証明した。全国各地で秋祭りや小学校の運動会などさまざまな行事が予定されていたが、「陛下が病と闘っている時に、お祭り騒ぎをすべきではない」という空気が広がり、中止や延期が相次いだ。過剰なまでの自粛ムードの高まりは、仕出し弁当などのパートタイムの仕事の減少という雇用問題を生み出し、自民党幹事長の安倍晋太郎が「自粛の行き過ぎとならないようにしてほしい。(行き過ぎは) 決して陛下や皇室の考えではないだろう」と呼び掛けたほどだった (『朝日新聞』一九八八年十月七日付夕刊)。

天皇の逝去によって、戦争に明け暮れた時代が一段と遠い過去の歴史となっていった。同時にそれは、右肩上がりを続けていた経済成長の終焉ともタイミングが重なり、時代の変化を象徴するような出来事でもあった。しかし、憲法に定められた象徴天皇制によって天皇と政治との間に明確な一線が引かれているため、天皇の逝去が直接、時の政権や政治に大きな影響を与えることはなかった。

リクルート事件

リクルート事件の発端は、一九八八年六月に発覚した川崎市助役と開発業者であるリクルートとの贈収賄事件だった。地方自治体幹部を巻き込んだ単純な汚職事件と思われていたが、リクルートが同じ手法で自民党や社会党など中央政界や中央省庁の幹部らにも手を伸ばしていたことが明らかになり、戦後最大の疑獄となったのである。

その手口は、まず就職情報誌の発行など幅広いビジネスを行っていたリクルートの関連会社で未上場の不動産会社リクルートコスモスの未公開株を、政治家ら有力者に譲渡する。その際、購入資金はリクルート関連の融資会社が手当てする。そして店頭公開後に高くなった株を売却して高額の売却益が購入者の手に入るというしくみだ。合法的手続きを装っているが、公開後に莫大な利益が得られることが最初から明らかなため賄賂《わいろ》とみなされた。その他にもリクルートが政治資金集めのために国会議員が開くパーティの券を大量に購入していたことも表面化し、東京地方検察庁特捜部の捜査の進展とともにリクルートの広範な政界・官界工作の実態が明らかになった。

リクルートグループから政界への献金など積極的な攻勢が目立ったのは、自民党総裁選挙がとりざたされていた一九八七年ごろだった。一連の捜査の結果、リクルートコスモスの未公開株譲渡による株売却益のほかに政治献金、パーティ券購入などで資金提供を受けた政治家は、自民、社会、公明、民社の四党で計四四人にのぼった。譲渡先には自民党総裁の座を争った竹下登、安倍晋太郎、宮澤喜一のほか、元首相の中曾根康弘や、渡辺美智雄《わたなべみちお》、森喜朗《もりよしろう》ら閣僚経験者や派閥領袖《りょうしゅう》が数多く含まれていた。そして中曾根内閣で官房長官だった藤波孝生《ふじなみたかお》や公明党の池田克也《いけだかつや》という現職の国会議員二人が収賄容疑で起訴され有罪が確定した。

このほか官界では、元文部事務次官の高石邦男《たかいしくにお》や元労働事務次官の加藤孝《かとうたかし》らトップにも未公開株は渡されていた（いずれも有罪が確定）。さらに、リクルートの新たな事業展開に深く関係していた日本電信電話会社（NTT）の幹部や大手新聞社役員らにも譲渡されていた。

政治家の多くは秘書名義で株を譲渡されていたため、「秘書がやったことだ」「株取引であり違法な行為ではない」などと主張した。しかし、株譲渡のほかにも多額の資金を受け取っていた竹下は一九八九（平成元）年四月二十五日、首相辞任を表明した。

一連の捜査の結果、リクルートグループから政界に流れた資金は判明しただけで一三億三〇〇〇万円で、資金提供を受けた政治家は自民、社会、公明、民社党の四四人に上った。そして、逮捕、あるいは起訴、略式起訴された関係者は二〇人で、未公開株を受け取っていたなどのため役職の辞任に追い込まれた政界、官界、企業、マスメディアの幹部は四〇人以上に上った（『朝日新聞』一九八九年六月十三日付朝刊）。

リクルート事件は政官界の中心人物の多くがかかわっていたため世間の耳目を集めたが、それだけでは終わらなかった。事件の構図はリクルートという会社が就職情報誌の発行など自社の事業を有利に進めるために、関係する政治家や官僚に未公開株を譲渡したという単純なものだった。しかし、事件の全体像が明らかになるにつれて、その範囲が過去の贈収賄事件には例がないほど広範に及んでいることが明らかになり、自民党政権を支えてきた「鉄の三角形」が、政官界に根深く構築されているとともに腐敗している実像が浮かび上がった。同時に政治家が日常的な政治活動や派閥運営などに政治資金収支報告書からは見えないほど莫大なカネを必要としている実態も明らかになった。その結果、国民の政治家や官僚に対する信頼は著しく傷ついた。

この事件の結果、ポスト竹下を狙っていた安倍、宮澤、渡辺ら自民党内の実力者は首相候補としての資格をことごとく失ってしまい、自民党は一気に人材不足に陥った。竹下の辞任を受けた後継首相選びは有力候補がすべて消えたことから難航し、結局は竹下内閣で外相を務めていた宇野宗佑《うのそうすけ》が、リクルート事件とは関係がないという消極的な理由で選ばれた。派閥領袖でもなければ党三役の経験もない政治家が自民党総裁・首相に就任したのは、結党以来初めてのことだった。

そして最も注目すべきことは、この事件を機に若手議員らを中心に自民党内から、リクルート事件を反省しカネのかからない政治を実現するための「政治改革」の実現を求める動きが出てきたことである。

最初に声を上げたのは武村正義《たけむらまさよし》ら当選一回の議員だった。武村らはリクルート事件に対する党執行部の危機意識が足りないとして一九八八（昭和六十三）年秋に「ユートピア政治研究会」を結成し、中選挙区制の見直しや自民党内の派閥解消などを主張した。リクルート事件の進展とともに、こうした動きは自民党内に徐々に広がり、政治改革は自民党が避けては通れない大きなテーマとなっていった。しかし、選挙制度改正は議員の地位に直接的な影響を与えるだけに合意形成は一筋縄ではいかない。やがて党内に激しい対立が生まれ、自民党は政治改革で明確な成果を上げることができなかった。その失敗が自民党分裂と相次ぐ新党の結成、さらには九三（平成五）年の政権交代につながっていったのである。

「ねじれ国会」の始まり

一九八九年は参議院選挙の年でもあった。リクルート事件に加えて、この年の四月には消費税が初めて導入され、さらに竹下の後を継いで首相となった宇野宗佑は就任直後に女性問題が発覚し低支持率に苦しんでいた。リクルート事件、消費税導入、さらに首相のスキャンダルという、自民党にとって最悪の環境の中での選挙となったのである。

七月二十三日に投票が行われ、自民党はわずか三六議席しか獲得できず、かつてない大敗を喫した。これに対し社会党は四六議席と大勝した。非改選と合わせた議席数は自民党が一〇九議席で、定数二五二の過半数を割り、野党勢力が参議院で過半数を占める「ねじれ国会」が出現したのである。

日本の国会制度は、首班指名や予算案の採決、条約の承認などを除き衆参両院がほぼ対等な関係にあるため、過半数を占める勢力が衆参両院で異なった場合、与野党間の合意がなければ立法に関する意思決定ができないしくみになっている。ところが、憲法上定められた合意形成のための手続きは最初からその可能性が見込めない両院協議会などに限られており、憲法上の規定にもともと構造的欠陥

● 竹下派に利用された宇野首相

リクルート事件の責任を取って首相を辞めた竹下の後継者選びは、自民党の古い体質を表していた。

竹下が辞任を表明したのは四月二十五日だが、実際に内閣総辞職したのはそれから三八日後の六月二日だった。辞任を表明した直後から、自民党内では後継者選びが始まった。その中心にいたのは当の竹下で、いかにも竹下らしい巧妙なやり方で自らの後継を決めた。

候補として最初に名前が挙がったのは、清潔な政治家のイメージが強かった総務会長の伊東正義《いとうまさよし》だった。ところが伊東は、「本の表紙だけが変わっても、中身が変わらないのではダメだ」と述べて、政治改革に消極的な竹下ら執行部を批判するとともに後継要請を拒否した。

次に浮かんだのは元首相の福田赳夫だった。八十四歳の福田は、「昭和の黄門が将軍になったらおかしい」などと発言して周りをけむに巻いていた。竹下が福田擁立にどこまで本気だったか疑問だが、「福田案」もあっという間に消えた。さらに元衆議院議長の坂田道太《さかたみちた》、竹下派幹部の橋本龍太郎《はしもとりゅうたろう》らの名前が挙がっては消えていった。

当時、筆者は自民党取材を担当していたが、後継候補の名前が次々と出てきた経緯はわからなかった。連日連夜、取材する政治記者に一部の政治家が名前を挙げる。すると数時間のうちに永田町に広がる。賛否両論を交えた発言が飛び交い、数日のうちに消えていく。その繰り返しだった。

そして最後に出てきた名前が外相の宇野だった。党内の実力者でもなければ目立つ存在でもなかったにもかかわらず、宇野を推す声が短時間で大勢になってしまった。サミットが近いので外相の宇野が最もふさわしいなどという理由が語られていたが、竹下が自由に操ることができるからだろうという解説のほうが真実味はあった。

今でこそ自民党総裁選挙は国会議員だけでなく党員も参加するしくみとなっているが、当時は派閥全盛時代、竹下派全盛時代で、竹下派を中心に主要派閥や実力者間の駆け引きという不透明なプロセスで後継者を実質的に決めていったのである。

哀れだったのは宇野だった。就任直後、週刊誌にセックス・スキャンダルが報じられ、女性団体が退陣を求めたり地方議会が真相究明を決議したりするなど全国で批判が高まった。あまりにも不人気なため、七月の参議院選挙では応援要請が全くなかった。公示日、各党党首は街頭で第一声を高らかに上げたが、宇野は自民党本部の中庭で行われた出陣式であいさつしただけだった。そして参議院選挙大敗で退陣することになった。在任わずか六九日、踏んだり蹴ったりの目に遭った首相だった。

がある。自民党が両院で過半数を占めていた時代はこの問題は顕在化しなかったが、一九八九年の参議院選挙以後、衆参両院で同時に単独で過半数を獲得した政党はなく、政権を担う衆議院の第一党が法案の成立をめざして野党の合意を得るために膨大なエネルギーを費やさなければならない時代に入ったのである。

また参議院選挙での自民党の敗北は、個人後援会や業界団体などに支えられてきた自民党の選挙システムがそれまでのように機能しなくなったことを示した。第**1**章で述べたように自民党と社会党による「五五年体制」のもと、自民党は安定した政党支持率を維持し、特に一九八〇年代に入ると五〇パーセント前後を維持し続けていた。ところが、八九年の参議院選挙前の六月に実施された朝日新聞の世論調査結果を見ると、自民党支持率は四二パーセントに低下していた。直接的にはリクルート事件や宇野の女性スキャンダルが影響していると見られるが、選挙結果を分析すると自民党の集票力の低下には構造的な原因が見て取れる。

それは、農業協同組合（農協）や全国建設業協会（全建）、日本医師会などの自民党の伝統的な支持団体の組織力や集票能力の低下である。自民党の支持組織の集票力は、参議院選挙の旧全国区や比例代表区の得票数にはっきりと表れる。というのも、全国区や比例区の候補者はそれぞれ自民党の支持組織の推薦を受けて立候補し、支持組織は自らの推薦する候補者の当選をめざして積極的な集票活動を展開するからである。

自民党政権が安定していた一九六〇年代以降、八六（昭和六十一）年までの九回の参議院選挙の旧全国区と比例区での自民党の獲得票数は、平均すると約一九六二万票である。これに対し八九（平成元）年から二〇一〇年までの八回の参議院選挙の比例区得票数は、平均で一五四六万票に減った。数字の上からも「鉄の三角形」が徐々に崩壊してきたことがわかる。一九八九年参議院選挙で自民党が大敗した原因は、直接的には首相のスキャンダルや消費税導入であるが、背景では自民党政権を支え続けてきた強固な支持基盤の衰退という、より本質的な構造変化が起きていたのである。

バブル経済の崩壊

次はバブル経済の崩壊である。バブル経済とは、過剰な金融緩和政策などによって株や土地などの資産価格が適正な水準を大幅に超えた状態を指す。日本は一九八五（昭和六十）年のプラザ合意にともなって起きた円高が景気に悪影響を及ぼすことを避けるために、日本銀行主導の超金融緩和時代に入った。その結果、投機的な資金が株式や不動産市場に大量に流れ込み、地価や株価が高騰したのである。

日経平均株価は一九八五―八六年には一万円台だったが、以後、急激に上昇し八九（平成元）年十二月二十九日に、過去最高の三万八九一五円を記録した（図2-1）。また地価も八〇年代後半、東京都区部や大阪、名古屋圏などの都市部を中心に高騰した。東京都区部では住宅地の価格がわずか一年間で二倍、三倍に跳ね上がるという異常な地域も現れたほどの急上昇だった。

一九九〇年に入って政府や日本銀行は、バブル経済を解消するため土地関連融資の総量規制や金融

図2-1　株価の長期推移

日経平均株価（月末値）

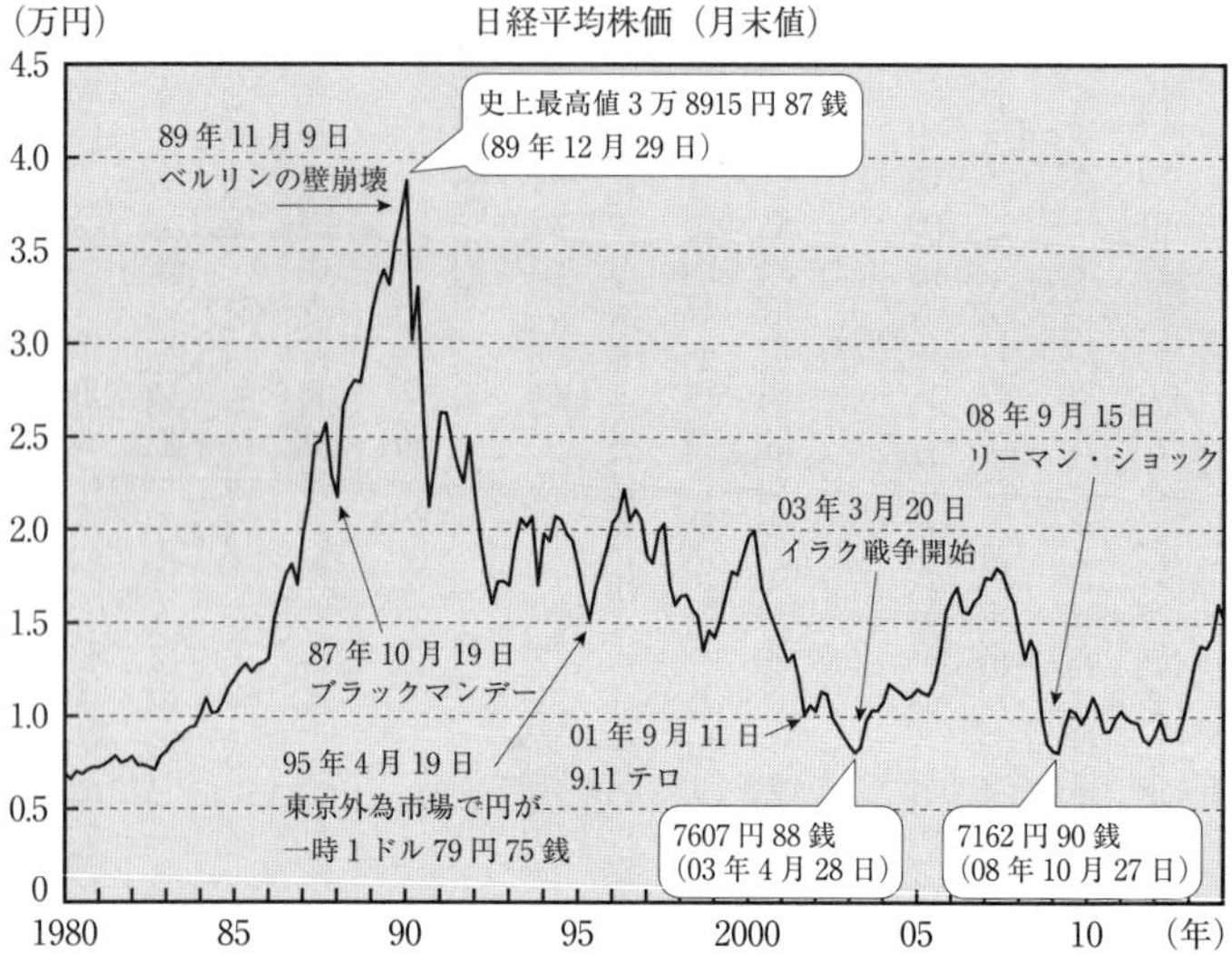

［注］　東京証券取引所225種の平均株価。主要事件等は『東京新聞』2008年10月28日付などによる。

［出典］　日本銀行ウェブサイト，日本経済新聞社ウェブサイト「日経平均プロフィル」ほか。

引き締め策を打ち出した。それがきっかけとなりバブル経済は一気に崩壊した。株価は暴落し、九〇年十月に二万円割れとなり、ピーク時の半値となった。地価も下落を始め、個人消費の低迷と経済全体の停滞に陥った。

特に深刻であったのは土地バブルを当て込んで積極的な融資を続けていた金融機関で、バブル経済崩壊によって回収見込みのない多額の融資が不良債権化してしまい、その総額は一〇〇兆円以上に上ったといわれている。不良債権問題に手がつけられないまま、一九九七年には北海道拓殖銀行や四大証券会社の一つであった山一證券が、九八年には日本長期信用銀行や日本債権信用銀行など大手金融機関や証券会社が、相次いで破綻《はたん》した。八九年以後、日本経済は「失われた十年」とも呼ばれる長期間の低迷期に入ったのである。

バブル経済崩壊期の日本政治は、自民党単独政権末期から細川政権以降の短命政権が続いた混乱状態にあり、不良債権処理などバブル経済崩壊に対して適切な対応ができる状態にはなかった。

一九九二年夏、経済通で知られていた首相の宮澤喜一は株価暴落の背景には金融機関の不良債権問題があると見て、政府が公的資金の注入など何らかの公的関与をすべきではないかと発言した。ところが「賛成の声はどこにもなかった。一番の反対は金融業界ですし、〔中略〕大蔵省など役所は〔中略〕総理大臣は何を言うんだろうという批判的対応でした」と、十分な指導力を発揮できなかったことを証言している（五百旗頭ほか、二〇〇六b、二二一頁）。

首相の宮澤は不良債権処理を急ぐ必要があり、そのためには公的資金注入に踏み切らなければならないと認識していたが、新たな財政負担を回避したい大蔵省と経営責任をとらされたくない金融機関幹部らとの利害が一致したため、何ら効果的対策がとられないまま、いたずらに時間が過ぎていき事態を深刻化させてしまった。そこにはバブル経済崩壊と日本経済の長期低迷という現実の劇的な変化を前にして、機敏に対応できない政治の姿があった。

また、バブル経済崩壊と低成長時代の到来は、日本の財政にも大きな影響を与えた。高度経済成長時代、自民党政権は毎年増え続ける税収を新たな公共事業や補助金という形で国民に戻すことによって、支持基盤を維持・発展させてきた。ところが低成長時代に入ると、「鉄の三角形」という自民党の権力維持システムを機能させる大前提の税収増が期待できなくなった。この危機を自民党は、国債を大量に発行し続けることで乗り切ろうとしてきた。当然、歳入と歳出のバランスは大きく崩れてしまい、膨大な累積債務が生まれることになったのである。

二　冷戦の終わりと日本の外交・安保政策の転換

冷戦の終結

世界に目を向けると、第二次世界大戦後に始まったアメリカを盟主とする資本主義諸国と、ソ連を盟主とする社会主義諸国との間の対立関係によって作られた国際秩序である「冷戦」が、東欧諸国の民主化の進展の中で徐々に終わりを迎えつつあった。一九八九年十一月九日に東ドイツ（ドイツ民主共和国）政府が国民の西側への自由な出国を認めたことで、冷戦の象徴であった「ベルリンの壁」が崩壊した。そして、十二月三日にマルタ島でアメリカのG・ブッシュ大統領とソ連のゴルバチョフ大統領が会談し、冷戦の終結を宣言した。

「冷戦」の終わりは、あらゆる分野での世界秩序を大きく変える起爆剤となった。

まず米ソ間の軍拡競争が終わったことで、主要国間の政治的・軍事的緊張関係が解消された。特にヨーロッパ諸国はソ連の脅威が消えたことで安全保障政策から経済政策に政治の比重を移すことが可能となった。対照的に中東やアフリカなどの中小国では冷戦時代に抑え込まれていた民族間や宗教間の対立が激化したり隣国との領土問題などが再燃したりするなど、新たな紛争が各地で起こった。こうした地域紛争を予防したり解決したりするため国際連合安全保障理事会を中心に国際社会の対応が求められるようになった。

経済に目を転じると、ソ連型社会主義経済の崩壊で東欧諸国は、政治的に民主化するとともに、経済的には資本主義、市場主義を積極的に取り入れていった。その結果、資本主義市場が地球規模で拡大した。市場経済のグローバル化は企業の国際化や新たな市場の奪い合い、低賃金競争などに拍車をかけるとともに、貿易自由化の動きを加速するなど世界経済の景色を一変させた。

当然のことながら、冷戦終結にともなう世界の安全保障環境や経済の激変は日本にも直接的な影響を及ぼした。特に一九九〇年八月、イラクがクウェートに侵攻して起きた湾岸危機とそれに続く翌年一―二月の湾岸戦争は、冷戦下で構築された日本の安全保障政策の大転換を求めることとなった。

冷戦時代、日本は西側諸国の一員として日米同盟関係を基盤に自衛隊の維持・発展に努めてきたが、平和主義を掲げる憲法の下で有事の際に自衛隊をどう活用するかなど、具体的な政策議論や法整備は行ってこなかった。国会での議論は、もっぱら自衛隊や日米安全保障条約が合憲か違憲かなどというイデオロギー色の強い観念的なものに終始していた。

湾岸危機が起きるとアメリカを中心に各国が参加して多国籍軍が形成され、軍事力によってイラクをクウェートから排除した。日本に対しても自衛隊派遣という形での国際貢献が要請されたが、国内法制度の不備から自衛隊は派遣できず、結局、総額一三〇億ドルの資金提供に終わってしまった。外務省や防衛庁も政権を担っていた自民党幹部らも、にわかには自衛のための組織である自衛隊を、国際社会の平和と安定を実現するために活用するという発想の転換ができず、国際連合の平和維持活動（ＰＫＯ：Peace keeping Operations）に自衛隊を参加させるためのＰＫＯ協力法が成立したのは一九九二年だった。

一方、経済のグローバル化は、企業活動や労働市場の国際化とともに貿易の自由化にも拍車をかけ、各国が自由貿易協定（ＦＴＡ）や経済連携協定（ＥＰＡ）などを積極的に締結していく流れが生まれた。貿易の自由化には自国産業の国際競争力強化が必要となり、生産性の低い産業の淘汰《とうた》など国内産業構造の改革が不可避である。しかし、自民党を中心とした日本政治の対応は農業など強い政治力を持つ伝統産業の保護に力を入れるとともに、財源を無視した積極的な財政出動で経済のグローバル化の波を乗り切ろうとして財政赤字を膨らませていった。

以上のように、冷戦終結は日本政治に安全保障政策の面では国際貢献のための自衛隊活用など現実的で具体的な行動を求め、経済財政政策では経済のグローバル化にともなう構造改革や自由化という転換を求めるきっかけとなったのである。しかし、世界史的大転換期に自民党政権はこれまでの政策を大きく変更することはできなかった。その結果、政権が打ち出す政策と現実との矛盾が拡大していったのである。

一九八九年の意味

これまで述べてきたように、政治の観点から見ると一九八九年はきわめて特異な年であり、リクルート事件や冷戦の終結などの大きな出来事が、五五（昭和三十）年の結党以来、自民党政権を支えてきた権力基盤を侵食し、その基盤が崩れ始めた年であった。

政界の次世代を担うはずのニューリーダーたちがことごとく関与していたリクルート事件は、自民党の幹部や組織の腐敗ぶりを白日の下にさらした。政治に億単位の莫大なカネがかかることは当たり前という派閥領袖らの金銭感覚は国民から大きく懸け離れており、カネのかからない政治、腐敗のない政治を実現するための政治改革が政界の最大のテーマになっていったのである。

自民党の足元が弱体化していることは、一九八九（平成元）年の参議院選挙でも証明された。結党以来、国政選挙で自民党がこれほど大敗した経験はなかった。特に比例代表区での得票数の激減ぶりは、自民党支持組織の衰退とともに特定の政党を強く支持しない無党派層が広がってきたことを示していた。伝統的な支持組織だけに依存する選挙では自民党はもはや安定的な議席を確保できない、そういう時代の到来を示した選挙でもあった。

そしてバブル経済の崩壊もまた経済成長による税収増を原資として営まれてきた「鉄の三角形」の前提を覆す出来事だった。経済成長が止まると、自民党が予算や補助金の形で支持組織に再配分するための原資がなくなる。財政のバランスを考慮すれば、歳入に見合うように政策を取捨選択し、歳出を抑制していかなければならない。ところが自民党議員や業界団体などの意識は変わらず、中央省庁側の手法も変わらなかった。「利益誘導こそ政治家の仕事」と公言してはばからない自民党幹部もいた中で、景気が悪化すれば大型補正予算などの積極的財政支出で経済を刺激する手法を繰り返した。もちろん財源は赤字国債の発行であり、以後の政権が同じ手法を繰り返したため累積債務が格段に増大し、今日の苦しい財政事情を生み出した。

伝統的な政治手法が財政的に維持不可能になってきたにもかかわらず、自民党はその後、一時期を除いて構造改革など痛みをともなう改革に消極的姿勢を四半世紀余り続けることになるのだった。

他方、冷戦終結は、戦後、吉田茂が敷いた「軽武装、経済重視路線」の見直しを迫るものだった。冷戦という固定的な世界秩序の中で、自衛隊は日本を守るための動かない組織でいることができた。専守防衛という国是の下、防衛費には最小限の予算を充て、歴代政権は経済政策を重視することができた。

その枠組みが壊れ、世界各地で起こるさまざまな紛争の解決やその後の紛争地の再建に日本も貢献を求められる時代となった。安全保障政策の分野でも日本はそれまでの発想を百八十度、転換することを迫られた年だったのである。

第3章

不発に終わった政治改革

↑政治改革をめぐる政府・自民党首脳会議に臨む宮澤喜一首相（中央）。その右が梶山静六幹事長，左が後藤田正晴副総理兼法相（国会，1993年6月14日）（写真提供：朝日新聞社／時事通信フォト）。

一九八八（昭和六十三）年に発覚したリクルート事件は、一部のよからぬ政治家や官僚の起こした不祥事では収まらなかった。次の時代の自民党を担うはずの多くのニューリーダーがかかわっていたことで、政治とカネの歪《ゆが》んだ関係を正すための「政治改革」が竹下内閣以降、歴代政権の最大の課題となっていったのである。

やがて政治改革の中心テーマは、政治とカネの関係をどう正すかという問題から、次第に衆議院選挙に小選挙区制度を導入するための選挙制度改革に変わっていった。小選挙区制度の導入は与野党間の対立だけでなく、自民党内も積極派と消極派に真っ二つに割れて激しくぶつかった。結局、竹下内閣に始まった政治改革は、宇野宗佑、海部俊樹《かいふとしき》、宮澤喜一と続いた自民党内閣では何の成果も上げることはできなかった。それが自民党分裂の引き金となり、宮澤首相は内閣不信任案が可決されて衆議院の解散・総選挙に追い込まれてしまった。その結果、自民党が敗北し、八つの政党や会派が集まった非自民勢力による細川連立政権誕生という政権交代につながっていった。本章では、自民党政権下で不発に終わった政治改革運動の経緯とその意味について詳しく見ていく。

一　海部首相の政権運営

若手議員の危機感

第2章でふれたように、リクルート事件が表面化したのは一九八八年六月だった。リクルートコスモスの未公開株の譲渡先は中央政界に広く及び、中曾根康弘元首相や竹下登首相をはじめ自民党幹部、派閥領袖《りょうしゅう》の名前が次々と報じられた。以後、マスメディアの報道は連日、リクルート事件であふれかえっていた。ところが名前の挙がった政治家らは「秘書がやったこと」「記憶にない」と応じるだけで、自民党に向けられた国民の批判や不信感に正面から向き合おうとしなかった。そんな空気に危機感を持ったのが一部の若手議員たちだった。

七月十九日、消費税導入のための税制改革関連法案が最大のテーマとなる臨時国会が召集された。召集日の早朝に開かれた自民党国会対策委員会で、当選一回の衆議院議員、武村正義がリクルート事件に触れて「結局、政治に莫大なカネがかかっている。そのカネ集めに四苦八苦している現実が続くかぎり、こういう事件はまた起こるかもしれません。真相を解明することも大事だが、同時に、カネの矛盾が起こらないような政治にするにはどうすればいいのか。そこに目を向け、党としても何らかの機関をつくって、いまから改革の議論を始めてはいかがでしょうか」と発言した（武村、一九九四、八五頁）。この発言がきっかけで武村のもとに鳩山由紀夫《はとやまゆきお》、三原朝彦《みはらあさひこ》ら当選一回の議員一〇人が集まり、「ユートピア政治研究会」が結成された。

武村らは十二月に「政治改革の提言」をまとめ、安倍晋太郎幹事長ら党執行部に提案した。衆議院の中選挙区制度がカネのかかる政治の背景にあるとして、比例代表制を加味した小選挙区制の導入と、国会議員の政治活動を保証するために国が費用の一部を負担することなどが柱だった。これらはのちに小選挙区比例代表並立制や政党交付金制度として実現するが、当時はかなり革新的な内容だった。

少し先の話になるが、武村ら政治改革に熱心な議員らは政治改革の実現のためにその後も活発に活動を続けたものの、自民党政権下では実を結ぶことはなかった。自民党に絶望した武村らは一九九三（平成五）年の総選挙を機に自民党を離党し、「新党さきがけ」を結党して選挙後、細川連立政権誕生という歴史的な出来事の担い手になるのである。この「新党さきがけ」につながったのが「ユートピア政治研究会」であった。

自民党の政治改革大綱

リクルート事件は次第に政権の中枢を脅かし始め、一九八八（昭和六十三）年末には宮澤が蔵相を辞任する事態に発展した。武村の動きなど党内からも危機感が出てきたため、竹下首相も政治改革に

●政治には一体、いくらお金がかかるのか

政治改革が叫ばれた理由の一つが、「政治にカネがかかりすぎる」ことだった。しかし、個々の政治家がどのくらいお金を集めて何に使っているかは企業秘密のようなもので、実態は闇の世界だった。一応、政治資金規正法によって政治家は毎年、自らの政治団体の収支を報告しなければならないが、この法律は「ザル法」とも呼ばれるほど甘い法律で正直に報告されているとはだれも思っていなかった。

ところがリクルート事件真っ盛りの一九八九（平成元）年三月に、武村正義らが作った「ユートピア政治研究会」のメンバー一〇人が自分たちの政治資金の収支のすべてを公表したのである。

一九八八（昭和六十三）年一年間の支出総額は平均で一億一六四五万円、月額にすると九七〇万円だった。当選わずか一回の議員でも年間に一億円以上の資金が必要になるのである。この数字には当の議員本人たちが驚いたという。

収入を見ると政治献金が約五四〇〇万円で四割を占め、次いでパーティ収入が約二〇〇〇万円だった。これだけのお金を集めるために、議員も秘書もこまめに企業や支持者宅を回って頭を下げていたのであろう。

支出で大きいのが、秘書の人件費約四〇〇〇万円や事務所の維持費一二〇〇万円だ。当時はまだ中選挙区制で小選挙区制に比べると選挙区の面積が広く、ほとんどの議員が地元に複数の事務所を持っており、中小企業の経営者のような感覚で事務所を運営していた。

公表資料を見て内容がはっきりしないのが、「活動費」とされていた項目だ。全体で四四〇〇万円支出されていて、内訳は政策活動費が九二〇万円、冠婚葬祭費一六〇〇万円、後援会活動費一八九〇万円となっていた。国会議員は週末になると選挙区に戻り結婚式やお葬式、自治会の新年会や盆踊り大会、地域の運動会など各種イベントなどにこまめに顔を出す。その際、お祝いなど金一封を渡すのだが、なにせ回数が多いだけに合計すると大きな金額になってしまう。かといって顔を出さなければ支持者の不評を買ってしまう。おそらくはこうしたお金が「活動費」に計上されていたのであろう。

ユートピア政治研究会の議員たちの資料公開は当時、ちょっとした話題になった。野党からは「自民党は一年生議員でもこんなにお金を使っているのか」と批判された。自民党内からは「余計なことをしている」と冷ややかな目が多かった。彼らの思い切った行動もあって、のちに政治資金規正法が改正され、「冠婚葬祭への寄付の禁止などが実現したのである。

取り組まざるをえなくなり、内閣に首相の諮問機関である「政治改革に関する有識者会議」を、党には「政治改革委員会」を作り、さらに八九年二月の施政方針演説で「政治改革は内閣の最優先課題である」と表明した。しかし、竹下自身がリクルートから未公開株の譲渡だけでなく多額の融資を受けていたことなどが判明したこともあって、国政はリクルート問題一色になり、ついに四月に退陣表明に追い込まれた。

首相交代にまで及んだことで自民党の政治改革への取り組みは一気に加速することとなった。五月に党の政治改革委員会が「政治改革大綱」を取りまとめた。中心になったのは委員長の後藤田正晴《ごとうだまさはる》と事務局次長の武村ら若手政治家たちだった。「政治改革大綱」はその後の議論の中心となる課題を網羅するとともに、大きな方向性も提示していたので、その内容を少し詳しく紹介する。

「大綱」はまず自民党に対する国民の批判が、①政治家の倫理性の欠如、②多額の政治資金とその使途の不透明さ、③不合理な議員定数と選挙制度、④非効率な国会審議、⑤派閥偏重など硬直した党運営、に向けられているとした。そして、「これら多くが現行の中選挙区制度の弊害に起因している」として選挙制度改革を重視する方向性を示した。

リクルート事件という金銭スキャンダルがきっかけとなった政治改革論争だが、「大綱」の中心的テーマは選挙制度改革だったのである。具体的には中選挙区制度を見直し、「小選挙区制度導入を基本とした選挙制度の抜本改革」を掲げた。その場合、「少数世論も反映されるよう比例代表制を加味することも検討する」としている。

リクルート事件で問題となった政治とカネの関係を改善するために、なぜ中選挙区制度を改めなければならないのか。その点について後藤田らは次のように考えた。自民党は衆議院の過半数を維持するために、定数が三から六の中選挙区に複数の候補者を擁立する。そうすると同一の選挙区で自民党の候補者同士が競うことになるが、同じ政党の候補者であるから、競うのは政策の違いではなく地元へのサービス合戦や日常的な地元での活動、後援会組織の維持・拡大となり、それには多額の資金が必要になる。

また各候補者は自民党内の異なる派閥に属しているため、中選挙区制度での選挙は党内派閥間の争いにもなり、派閥領袖は自らの派閥拡大のために膨大な政治資金を必要とする。一方で、中選挙区制度の下で野党第一党の社会党は定数の半分を上回る数の候補者さえ擁立できず、政権交代の可能性がほとんどなくなってしまっている。その結果、総選挙は政権交代のない政策論争不在の選挙となっている。だから選挙制度の抜本的改革が必要である、というのである。

つまり、中選挙区制度がカネのかかる政治を生み出すとともに、自民党内の派閥を形成し活発化させ派閥全盛時代を築いた。こうした固定的な構造を変え、政党中心、政策中心で政権交代の可能性のある政治を実現するためには、小選挙区制度の導入が必要であるという論理である。こうした考えはその後、自民党内の「改革派」と呼ばれる人たちに広く共有されていった。

このほか「大綱」には、政治資金を使った株取引などの禁止、政治資金集めパーティの規制、政治資金の政党への集中、国会議員に対する公的援助の拡大、さらに党改革に関連しては派閥解消や総裁、副総裁ら幹部の在任中の派閥離脱などが盛り込まれ、多くがその後に実現している。

海部首相の挫折

竹下首相の後を継いだ宇野首相は、自らのスキャンダルと参議院選挙の大敗で短命に終わり、政治改革に手をつけることはできなかった。次の海部俊樹首相は、一九八九（平成元）年八月の就任直後から政治改革を最大の課題と位置づけて積極的に取り組んだ。海部内閣発足とともに自民党の幹事長に就任した小沢一郎《おざわいちろう》も、やはり意欲的だった。

十月には首相の諮問機関である選挙制度審議会が、中選挙区制度の廃止を了承するとともに新たな選挙制度の検討を始めた。選挙制度審議会は、翌一九九〇年四月に小選挙区比例代表並立制の導入と、小選挙区と比例代表の比率は六対四、比例代表は全国一一ブロックとするという内容の答申を決定した。これを受けて海部首相と小沢幹事長は、自民党内の議論を進めて年内に選挙制度審議会の答申に沿った内容の法案を作り、九一年の通常国会に提出する方針を固めた。

ところが制度改正の内容が具体化すればするほど党内の反対論が強くなり、徐々に改革推進派と反対派に分かれていった。反対派には選挙地盤の弱い若手議員もいたが、それだけではなく、幹事長の小沢ら竹下派主導で政権が運営され政治改革が進められていることに反発する「反竹下派」の議員も少なくなかった。その中心人物が竹下派と対立関係にあった山崎拓《やまさきたく》、加藤紘一《かとうこういち》、そしてのちに首相になる小泉純一郎で、頭文字をとって「ＹＫＫ」とも呼ばれた。反対派の動きが活発になる中、小沢ら執行部は十二月の自民党総務会で法案の骨子となる「政治改革基本要綱」を強引に党議決定した。

一九九一年の通常国会が始まると、政治改革をめぐる自民党内の対立はますます激しくなっていった。四月に入って海部首相らは、こうした党内状況では政治改革法案を国会に提出しても円滑な審議が難しいと判断し、通常国会での法案提出をあきらめ、秋の臨時国会に先送りすることを決めた。ところが、四月の東京都知事選挙で小沢が強く推した自民党公認候補が敗北したため、小沢は責任をとって幹事長を辞任してしまった。後任の幹事長には、やはり竹下派に所属するが、強引に事を進めていく小沢とは対照的な調整型の小渕恵三が就任した。

海部首相は積極姿勢を変えず、六月二十九日に政治改革関連三法案を自民党総務会で党議決定した。さらに七月十日には法案を閣議決定し、八月五日に召集された臨時国会に提出した。

政治改革関連法案は政治資金規正法改正案と政党助成法案、公職選挙法改正案から成り、焦点の衆議院の選挙制度は小選挙区比例代表並立制とし定数は四七一人だった。内訳は、小選挙区三〇〇人、比例代表一七一人、比例代表の選挙区は全国区となっていた。

国会には政治改革関連三法案を審議するための特別委員会が作られた。委員長には当初、幹事長を辞任した小沢が就任する予定だったが、小沢は今度は狭心症で入院してしまった。委員会はできたもののの野党の抵抗もあって審議は進まず、成立の見通しは全く立たなかった。そして九月三十日に開かれた委員会で、委員長の小此木《おこのぎ》彦三郎《ひこさぶろう》が突然、三法案の審議未了・廃案を宣告してしまったのである。

むろん廃案は小此木が一人で決めたことではなく、小此木が属する竹下派の竹下や小渕ら派閥幹部が協議して決めたのである。その背景には、政治改革関連三法案に反対する勢力が単なる法案反対にとどまらず、「反竹下派」で結集し始めたことへの危機感があったといわれている。海部首相が力を入れた政治改革法案は、リクルート事件への反省という原点から懸け離れた党内権力闘争によってあっさりと葬り去られてしまったのである。

廃案にするということを事前に聞かされていなかった海部首相は、小渕幹事長に衆議院の解散を意味する「重大な決意で臨む」という考えを伝えた。この発言がきっかけとなって、竹下派を含む党内から海部首相への退陣要求が噴出した。党内の支持基盤を失った海部首相は十月四日、月末に予定されていた自民党総裁選挙への立候補断念を表明し、退陣に追い込まれてしまったのである。海部首相にとっては政治改革の推進役であり、かつ強力な後ろ盾でもあった小沢が表舞台から消えていたことが大きな痛手であった。

自民党は一九五五（昭和三十）年の結党以来、危機に直面すると総裁を代えるとともに政策や路線を巧みに転換して生き残ってきた。強引な手法で安保改定を行った岸信介が批判を浴びると、低姿勢で経済重視の池田勇人が登場し高度経済成長を実現した。自らの金脈問題で田中角栄が辞任に追い込まれると、後任にはクリーンなイメージの三木武夫を総裁に選んだ。対極の位置にある政治家を交代でトップに据える人材の豊かさと政策の柔軟性が、自民党の長期政権を可能にしてきたともいえる。

ところが、リクルート事件後の自民党の対応は大きく変わり、「竹下派支配」の下での人材の不足と政策の硬直性が目立つようになった。そしてリクルート事件からわずか三年、政治改革は竹下派を中心とする党内権力闘争の道具となってしまったのである。

二　竹下派に振り回された宮澤首相

東京佐川急便事件と竹下派分裂

海部の後を継いだ宮澤喜一首相は、若いころから主要閣僚を務めるなど政策通で知られる政治家だったが、強いリーダーシップを発揮して政策を実現するタイプではなかった。政治改革については宮澤首相も梶山静六《かじやませいろく》幹事長ら自民党執行部もそろって消極的で、海部政権とは空気が一変してしまった。

一九九二（平成四）年一月、自民党政治改革本部は、「新たな政治改革の推進にあたって」という文書をまとめた。その内容は、①緊急課題として政治資金と定数是正の問題に取り組む、②選挙制度改革など抜本改革は十一月をめどに基本方針をまとめる、という方針を打ち出したもので、宮澤首相も了解した。この方針は当時「二段階論」と呼ばれたが、実質的に選挙制度改革の先送りを意味した。この方針に小選挙区制度導入に反対の野党各党が歩調を合わせたため、政治改革の機運は一気に冷めてしまった。

その後も政治改革に対する自民党の動きはますます鈍くなっていった。三月には「緊急改革に関する答申」を首相に提出したが、その内容は「衆院の総定数は削減の方向で最大限努力する」「選挙区間格差はできるだけ二倍程度に近づける」などと曖昧《あいまい》なものに後退してしまった。八月初めには宮澤首相と野党党首が秋の臨時国会で衆議院議員の定数を是正して九増一〇減とすることで合意した。政治改革問題は宮澤政権誕生後、あっという間に衆議院の定数是正に矮小《わいしょう》化してしまったのである。

ところが与野党合意直後の八月二十二日に、こうした後ろ向きの空気を一変させる事件が起きた。自民党の金丸信《かねまるしん》副総裁に東京佐川急便が五億円の不正献金をしていたことが発覚したのである。金丸は竹下派会長を辞任し、さらに十月には国会議員を辞職した。しかし、この事件は金丸の辞任では収まらず、その後の政治改革のみならず政局にも大きな影響を与えることになった。

リクルート事件に続き、再び自民党最高幹部のカネにまつわるスキャンダルの発覚で、宮澤政権は政治改革に何らかの対応を打ち出さざるをえなくなった。自民党政治改革本部は選挙制度の抜本改革について議論を進めたが、衆議院の選挙制度については海部内閣で打ち出された比例代表制導入は政権を安定させないなどの理由で消えていき、次第に単純小選挙区制に固まっていった。

そして十二月十日に自民党政治改革本部は、「政治改革の基本方針」をまとめた。その柱は、①派閥の弊害除去を速やかに断行する、②透明で疑惑を招かない政治資金のしくみ、③国民にわかりやすく政治に緊張感をもたらす選挙のしくみ（単純小選挙区制、総定数五〇〇）、などだった。党内が単純小選挙区制でまとまった背景には、政治改革積極派はこれで選挙制度改革についても格好がつくと考え、消極派は単純小選挙区制には野党が強く反発することから成立の見通しがないと読んでいたためだった。つまりこの案は最初から成立させるつもりのない改革案だったのである。

他方、金丸の事件は、長年にわたり自民党内の最大派閥として圧倒的な力を見せていた竹下派に大きな変化をもたらした。事件の責任をとって金丸が派閥会長を辞任したため後継会長問題が浮上し、小沢一郎を支持するグループとそれに反対するグループが対立したのである。元首相の竹下らが小沢起用に強く反対して参議院を中心に小渕恵三支持を固めたため、結局、後任会長には小渕が選ばれた。これに反発した小沢ら約四〇人は蔵相の羽田孜《はたつとむ》を代表とする「改革フォーラム21」というグループを結成し、十二月に派閥を離脱した。小沢らが派閥離脱を正当化するために使ったのが政治改革問題だった。政治改革への積極姿勢を前面に出し、自分たちを「改革派」と称し、竹下派の議員ら政治改革に消極的な議員を「守旧派」と呼んで自分たちの行動を正当化したのである。

政治に対する国民の信頼を回復するために始まった政治改革運動は、竹下派内の権力闘争を経て性格が大きく変わってしまった。また竹下派内の「小沢支持派」対「反小沢」という構図は、やがて野党も含んだ政界全体に広がっていくことになるのである。

何もできなかった宮澤首相

金丸を巻き込んだ東京佐川急便事件に続く竹下派分裂という事態を受けても、宮澤首相の動きは鈍いままだった。単純小選挙区制を柱とする党政治改革本部の基本方針をふまえて自民党は四月二日に、自民党議員二四人の提案という議員立法の形で政治改革四法案を国会に提出した。主な内容は、①衆議院の選挙制度は単純小選挙区制で定数は五〇〇人、②衆議院選挙区を改定するための第三者機関として衆議院議員選挙区画定委員会を設置する、③政治家個人の政治資金団体などへの寄付の制限や公開の強化などを盛り込んだ政治資金規正法改正、④国が政党に対して資金を助成する政党助成法案の四法案から成っていた。

これに対し社会、公明の野党は、少数政党に有利な「小選挙区比例代表併用制」を柱とする法案を共同提案し、自民党と真っ向から対立する姿勢を打ち出した。

与野党が提出した法案の審議は行われたが、双方に歩み寄る姿勢がないまま時が過ぎていった。自民党が野党側にある程度歩み寄らなければ与野党間の合意は不可能である。しかし、自民党内は野党に譲歩してでも政治改革を実現すべきとする積極派と、政治改革そのものに強く反対するグループの対立がますます激しくなっていた。もしも自民党執行部が野党との合意を優先して単純小選挙区制を変えるような妥協案を打ち出せば、逆に自民党内の対立が決定的になりかねない状況だった。宮澤首相と梶山幹事長は与野党対立と党内亀裂という二つの壁に直面し、身動きがとれない状況に追い込まれていたのである。

通常国会会期末が迫る中、梶山は会期中に与野党間で合意を形成して、政治改革を実現することはできないと判断し、自民党総務会も与野党協議を中止し与野党それぞれが提出した法案をそのまま採決するという方針を決めてしまった。これに対し野党は宮澤内閣不信任案の提出を決めた。すると竹下派を飛び出していた羽田グループが、内閣不信任案に賛成する方針を打ち出したのである。ここにきて宮澤は、内閣不信任案の可決を回避するために羽田と会談するなど事態打開に動いたが、調整は不調に終わった。羽田グループの造反行為は政治改革法案の内容ではなく竹下派内の権力争いが原因なだけに、折り合う可能性は最初からなかったのである。結局、内閣不信任案は六月十八日の衆議院本会議で採決され、賛成二五五に対し反対二二〇で可決された。自民党からは羽田グループを中心に三九人が賛成し、一六人が欠席した。内閣不信任案の可決を受けて宮澤首相は衆議院解散に踏み切ったのである。

衆議院の解散を受けて、自民党から武村正義ら一〇人が離党して「新党さきがけ」を結党し、さらに小沢一郎ら三六人も離党して「新生党」を結党し、総選挙に臨んだ。選挙後、細川護煕《ほそかわもりひろ》を首相とする非自民連立政権が発足し、政治改革関連四法が細川政権の下で一九九四年一月末に成立して、衆議院に小選挙区比例代表並立制が導入されたのである（この部分の詳細は第**4**章を参照）。

リクルート事件がきっかけで始まった衆議院の選挙制度の見直しを柱とする政治改革は、自民党政権下で何度も試みられたが、結局、実現しなかった。そればかりか政治改革運動はいつの間にか自民党竹下派の分裂、さらに自民党を権力の座から引きずり降ろしてしまうための権力闘争に転化されていったのである。

政治改革運動の挫折と政権交代の意味

リクルート事件を契機に起こった政治改革運動の経緯を、宮澤政権末期まで詳しく見てきた。一九五五（昭和三十）年の結党以来三八年間に及んだ自民党の長期政権を可能にしたのは、田中角栄によって確立された「鉄の三角形」という強固な権力基盤であった。リクルート事件とそれに続いた東京佐川急便事件は、この三角形が腐敗の温床に変わっていたことを国民に示したわけで、自民党はかつてないほどの危機的状況に追い込まれた。これまでのその場しのぎの対応では政権基盤が揺るぎかねないと危惧して、カネのかかる政治のあり方を見直して選挙制度改革を含む大きな改革の動きが党内から出てきたのは当然のことだった。

一九八九（平成元）年に始まり九四年に一応の決着を見た政治改革の動きは、純粋な政策論争と権力闘争の二面性を持っていた。政策論的には、衆議院の選挙制度を中選挙区制から比例代表制を加味した小選挙区制に改正すべきであるとする選挙制度論が中心だった。このほか利益誘導政治につながりやすい企業・団体献金のあり方の見直し、政党や国会議員の政治活動に必要な政治資金の一部を国が負担することで政党や政治家の資金集めの負担を軽減しようという政党交付金制度などが議論された。

特に選挙制度については自民党内改革派を中心に、中選挙区制が同一選挙区の政治家間のサービス合戦や自民党の派閥政治などを生み出し、それがカネのかかる政治につながっているとして小選挙区制導入が主張された。しかし、選挙制度改革は必然的に政党のあり方や政権のあり方、その先の統治システムの姿につながっていく。多党制を可能にする中選挙区制に対して、小選挙区制は二大政党制を指向する制度である。また小選挙区制は政権交代の可能性を増大させる。しかし、自民党のみならず野党を含めた各党の議論は自民党政権を前提としたうえで、少しでも自分に有利な制度の実現を優先していた。そういう意味では五五年体制を引きずった論争でもあった。

政策論争の一方で一連の政治改革をめぐる経過には常に権力闘争がつきまとっていた。小選挙区比例代表並立制導入に積極的だった海部内閣をつぶしたのは、党内に反竹下派勢力が結集されることを恐れた竹下登や金丸信ら竹下派幹部だった。次の宮澤内閣では、竹下派の会長ポストをめぐる派閥内の権力闘争が起こり、敗れた小沢一郎らが派閥を離脱し、さらに内閣不信任案に賛成して自民党を離党し新党結成に至った。つまり宮澤は竹下派のお家騒動に振り回されて解散・総選挙に追い込まれたのであった。一連の過程で政治改革を権力闘争にうまく利用したのが小沢だった。自らを「改革派」と称し反小沢勢力を「守旧派」と呼ぶことで自分たちの政治行動を正当化し、最終的に政権交代を実現させた。

政治改革に「政策論争」と「権力闘争」の二面性があったことは、自民党を離党した勢力が作った二つの新党が象徴している。「新党さきがけ」は、政治改革の実現を追求してきた議員で構成された理念型政党であった。それに対し「新生党」は、権力闘争を目的に小沢が中心になってできた政党であった。

一連の政治改革運動の持つもう一つの意味は、最高権力者である首相のポストを争う権力闘争の空間が、従来の自民党内に限定された状況から政界全体に拡大したことである。長く続いた自民党政権時代には、首相ポストは衆議院で安定的に多数を占める自民党が獲得することが前提となっており、権力闘争は自民党内の派閥間で繰り広げられた。一九八〇年代以降は党内で圧倒的な勢力を獲得した田中派―竹下派を中心に展開され、最後は竹下派内権力闘争が自民党全体を動かすことになった。つまり、自民党政権時代はきわめて閉ざされた空間で権力闘争が繰り広げられていたのである。

ところが、宮澤内閣で自民党が政治改革に失敗し、続く総選挙で過半数を割ったことで、自民党以外の政党も権力闘争に参加することが可能になった。細川政権を実現させた非自民の八党・会派による連立与党の誕生は、少数政党が首相ポストを争う政治ゲームに参加できることを示した。ここで権力闘争空間は、自民党内という閉鎖空間から一気に政界全体へ広がったのである。

第4章 細川連立内閣

🅞衆議院本会議で首相に指名され，拍手を受ける日本新党の細川護熙代表（1993年8月6日）（写真提供：毎日新聞社／時事通信フォト）。

本章のテーマは、三七年余りに及んだ自民党長期単独政権を終わらせた一九九三（平成五）年の総選挙と、その後に誕生した「細川連立政権」である。

総選挙の結果、自民党は二二三議席と過半数を大きく割ったが、社会党や新生党、公明党などの非自民勢力の議席も過半数には及ばず、両者に距離を置いていた日本新党と新党さきがけがキャスティング・ボートを握ることになった。そして日本新党代表の細川護熙《ほそかわもりひろ》を首相とする八党・会派による非自民連立政権が誕生し、自民党は結党後、初めて野党に転落したのである。

政治改革の実現を掲げた細川政権は当初、七〇パーセントを超える高い内閣支持率を背景に順調なスタートを切った。政治改革関連法は一度は参議院本会議で否決されたが、細川が自民党に譲歩したことで一九九四年一月に成立した。衆議院選挙に中選挙区制に代わって初めて小選挙区制が導入されたことは、以後の政党のあり方や政治の姿に大きな変化をもたらした。

その後、細川内閣は国民福祉税騒動や金銭スキャンダルなど細川自身の対応の失敗もあって、わずか一〇カ月余りで崩壊してしまった。続く羽田内閣も社会党を排除する国会内統一会派問題がきっかけで少数与党に陥り、やはり短期間で崩壊してしまった。

一　細川連立政権が誕生するまで

政権交代を実現した三つの新党

細川連立政権は、自民党と共産党を除く七つの政党と一つの会派が集まって成立した、あまり例のない政党集合体政権である。政権誕生の過程で大きな役割を果たしたのが、新生党、日本新党、新党さきがけの三つの新党だった。ここではまず自民党政権を倒し、非自民連立政権を生み出すことに寄与した三新党の生い立ちについて述べる。

日本新党は、他の二党より早く一九九二年五月に結党された。元熊本県知事の細川護熙が中心になって作った政党で、結党直後の七月の参議院選挙でいきなり細川を含む四人が比例区で当選した。翌九三年六月の東京都議会議員選挙でも二〇人が当選し、議会第三党となった。そして、七月の総選挙では一気に三五人が当選するなど新党ブームを作り出した。しかし、細川ら一部を除きほとんどが国会議員歴のない新人集団だったため、所属議員がいきなり政権運営などで目立つ活躍をすることはなかった。

結党したばかりの日本新党が有権者から多くの支持を集めた最大の理由は、既成政党間の利害対立で政治改革が一向に実現しない政治に対するあきらめや不信感だった。閉塞感が強い中央政界に突然登場した日本新党の新鮮さが、無党派層を中心に多くの有権者を引き付けたのである。

ところが、日本新党の創設者である細川の関心は、政治改革ではなく霞が関官僚を中心に形成されていた統治システムの改革にあった。知事になる前、細川は自民党田中派に属する参議院議員で、田中政治のど真ん中にいた。しかし、知事を経て日本新党を結党したころの細川は、鉄の三角形など既存のシステムを否定する「反自民」「反官僚」「反中央集権」に傾斜していた。

　その理由は知事時代の経験にあった。熊本県立劇場玄関の真正面にあるバス停が見苦しいので一〇メートルほど動かそうとしたところ、運輸省の管轄だというため、半年もかかった経験をしたという（細川・岩國、一九九一、一九―二二頁）。各種規制でがんじがらめの対応をする中央省庁を批判するとともに、「既成政党は、与野党ともに内外情勢の激変に対処する意志と能力を失ったまま、集権的官僚システムに寄生してひたすら利権を求め、「政治改革」の掛け声を繰り返しているに過ぎない」（細川、一九九二）と、既成政党に対しても批判的であった。つまり細川の考えは、選挙制度改革という部分的な問題ではなく統治のあり方全体の否定であった。それは突き詰めれば政権交代につながる問題意識でもあった。

　その細川と最も親しい関係にあったのが、新党さきがけ代表の武村正義だった。武村は元自治官僚

● 人材の宝庫だった九〇年代の新党

　本章で詳しく紹介している「新党さきがけ」と「日本新党」は、華々しいデビューをしたものの政党としては短命だった。ところがこの二つの政党に属した議員の中からその後、政界の中核を担うリーダーが多く出ている。

　出世頭は首相になった議員である。いずれも民主党政権で、一年ほどで交代したが、鳩山由紀夫と菅直人はさきがけに参加し、野田佳彦《のだよしひこ》は一九九三（平成五）年の総選挙で日本新党から初当選した。

　同じく日本新党公認で一九九三年総選挙での初当選組を見ると、前原誠司《まえはらせいじ》と海江田万里《かいえだばんり》は民主党代表を務め、枝野幸男《えだのゆきお》（元経産相）、藤村修《ふじむらおさむ》（元官房

長官）、樽床伸二《たるとこしんじ》（元総務相）らが主要閣僚を務めた。また玄葉光一郎《げんばこういちろう》（元外相）はさきがけでの初当選組だ。彼らの多くは、改革意欲が強く公募に応じる形で立候補にたどりつき、当選後は「反小沢」グループに属していた議員が多い。また、野田、前原、樽床、玄葉らは松下政経塾出身者でもある。

　自民党に移って活躍した議員もいる。共に日本新党出身で、九三年初当選組の茂木敏充《もてぎとしみつ》は党政調会長や経産相、伊藤達也《いとうたつや》は元金融担当相を、また九二年参議院選挙初当選の小池百合子《こいけゆりこ》は党総務会長や防衛相を務めた。

　このほかにも日本新党九三年初当選組には、民主党を経て名古屋市長に当選し、「市民税一〇パーセント引き下げ」を掲げて話題になった河村《かわむら》たかし、衆議院議員から横浜市長に当選しながら任期途中で突然辞任し再び衆議院議員に戻った中田宏《なかだひろし》ら、転々とした政治歴を歩んだ一風変わった政治家もいる。

　これに対し人材不足の印象が強いのが新生党である。羽田孜や小沢一郎、渡部恒三《わたなべこうぞう》らは、自民党時代に閣僚などを経験したベテラン議員だった。若手でその後活躍した者には、民主党代表を務めた岡田克也《おかだかつや》、菅内閣で農水相を務め、その後環太平洋経済連携協定（ＴＰＰ）参加反対の急先鋒で民主党を離党した山田正彦《やまだまさひこ》らがいる。

　日本新党やさきがけに比べると、その後、政党幹部や閣僚として活躍した議員は少ない。これは日本新党やさきがけが、結党時に既存政党の外から公募のような形で若い人材を集めて候補者を擁立したのに対し、新生党は竹下派の分裂に端を発して生まれた政党であり、もともと自民党竹下派所属議員が集まった政党であるためにすでに当選回数を重ねていたり、改革志向がそれほど強くなかったりしたことなどが理由だろう。

　人材のその後の活躍ぶりを比較してみても、三つの新党の性格の違いがはっきりするのである。

だが、若くして滋賀県知事を務め五十代で衆議院議員に当選した。リクルート事件をきっかけに一九八八（昭和六十三）年七月、自民党執行部に批判的な自民党国会議員を集めて「ユートピア政治研究会」を作った。以後、武村は自民党政治改革委員会などの事務局で中心的な役割を務め、政治改革の実現に奔走した。しかし、海部内閣で政治改革関連法案が廃案になり、さらに宮澤内閣が選挙制度改革に消極的な姿勢を見せたことで、仲間とともに離党を決断した。内閣不信任案可決を受けて宮澤首相が衆議院を解散した三日後の九三（平成五）年六月二十一日、武村をはじめ鳩山由紀夫、園田博之《そのだひろゆき》ら一〇人で新党さきがけを結党した。直後の総選挙では一三人が当選し、連立政権の一翼を担うこととなった。

新党さきがけは、選挙制度改革を中心とする政治改革の実現をめざした理念追求型政党で、早くから比例代表制を加味した小選挙区制の導入を主張していた。武村は著書で、「政治改革のど真ん中に選挙制度改革という大きなテーマが存在することは、紛れもない事実だ。このテーマを抜きにして政治改革を語ることはできない。腐敗防止。実はそのためにも、選挙制度を改革する必要があったのだと私は言いたい。世界に例のない中選挙区制というシステムに腐敗を生む根源があると考えるからである」（武村、一九九四、一四頁）と述べて、選挙制度改革と政治腐敗防止策は一体であることを強調している。

しかし、小政党のさきがけにとって小選挙区制度の導入は、単独で生き残ることが困難になるという矛盾を抱えていた。理想に燃える結党段階では、そこまでのことは考えていなかったようだ。

最後の新生党は、小沢一郎のもとに集まった竹下派議員の集団である。小沢は、違法献金問題で派閥会長を辞任した金丸信の後継争いに敗れると、まず派閥内に「改革フォーラム21」というグループを結成し、まもなく派閥を離脱した。さらに政治改革関連法案が成立しなかったことを理由に野党が提案した宮澤内閣に対する不信任案に賛成し、直後に離党して新生党を結党した。離党時の議員数は衆議院三六人、参議院八人の合計四四人だったが、一九九三年の総選挙で五五人が当選し勢力を増やした。

小沢らは派閥離脱や自民党離党の理由に政治改革の実現を挙げたが、メンバーには建設族や農林族などいわゆる事業官庁に近い議員が多く、理念よりも現実的利益を追求する政治家集団であった。また小沢にとって新生党は権力闘争のための手段であり、非自民野党勢力を結集して政権を獲得する戦略を実現させるための重要な政治的足場でもあった。

細川連立政権誕生の経緯

一九九三年七月十八日の総選挙の結果は、どの政党も勝利を宣言できない微妙なものとなった（図4-1）。自民党は二二三議席、社会党、新生党、公明党、民社党など非自民勢力の合計議席数も一九五で、それぞれ無所属で当選した議員を加えても過半数に達しなかった。政権の行方は、合わせて四八議席の日本新党と新党さきがけがどちらにつくかで決まることとなった。

選挙後、最初に動いたのが小沢だった。小沢は細川に会って首相就任を要請し、さらに非自民勢力

図4-1　1993年の総選挙の結果と自民・非自民の勢力図

自民系		日本新党・さきがけ		非自民系	
自民党	223	日本新党	35	社会党	70
自民系無所属	10	新党さきがけ	13	新生党	55
				公明党	51
				民社党	15
				社会民主連合	4
				非自民系無所属	20
合計	233	合計	48	合計	215

日本共産党　15

衆議院の定数　511　　過半数　256

［出典］『朝日新聞』1993年7月19日付夕刊をもとに筆者作成。

で最も議席の多かった社会党に対しては土井《どい》たか子委員長の衆議院議長就任を持ちかけるなど、政権交代実現に走った。むろん自民党幹部も旧知の武村らに連立を働き掛けてきた。

細川と武村は、自民、非自民、いずれの勢力にも属さない野党的立場でいる考えだった。しかし、選挙の結果は彼らにどっちつかずの対応を許さないものとなった。そこで日本新党とさきがけは、自民、非自民の両者に支持の条件として小選挙区比例代表並立制の受け入れを提起したが、両者共に受け入れることを表明した。しかし、自民党政治を批判してきた細川や自民党を離党したばかりの武村らに自民党との連立を選択することはできず、最終的に非自民勢力と組むことを決めた。その結果、社会民主連合や参議院の国会内会派である民主改革連合を加えた八党・会派による連立合意が成立し、八月六日の衆議院本会議で細川が首相に指名された。その瞬間、自民党は一九五五（昭和三十）年以来続けてきた政権与党の座を失ったのである。

小沢が細川を選んだ最大の理由は、キャスティング・ボートを握った日本新党とさきがけを非自民勢力に組み込むためであった。社会党は議席数では第一党であったが、歴史的大敗を喫していため委員長の山花貞夫《やまはなさだお》を首相に推すことは無理があった。また、自民党を離党したばかりの新生党代表の羽田孜を首相にしたのでは、自民党政権のイメージを引きずってしまいかねない。政治が変わったという印象を与えるためにも、国民的人気の高い細川が適役だったのである。また土井を衆議院議長に推したのは、細川首相案に対する社会党の反対を押さえ込むための策でもあり、小沢は各党の利害を計算しつつ巧妙に動いていたのである。

この間、自民党はどうしていたか。総選挙前に離党・新党結成が相次いで議員数が大きく減ったが、総選挙の結果は議席の上では圧倒的な第一党だった。そして一部幹部が首班指名で勝つための多数派工作に動いたものの、総裁の宮澤は選挙直後に首相辞任を表明し、幹事長の梶山静六は総選挙敗北などの責任を追及される立場であり、共に自由に動ける状況にはなかった。さらに、自民党内は宮澤辞任を受けた総裁選挙に関心が集まり、七月三十日の両院議員総会で河野洋平《こうのようへい》が新総裁に選出された。自民党は総選挙敗北のショックと党内問題に追われ、政局を主体的に作っていくことができなかったのである。

野党転落後の自民党からはその後も離党者が続出し、改革の会、新党みらい、自由党、高志会などの新党が次々と誕生した。離党者の多くは新党ブームに乗って次の選挙を有利に進めることが目的だった。長く固定的な世界だった政界は、政権交代によって一気に流動化していったのである。

一般的に安定的な連立政権に必要な条件は、過半数を大きく超えない勢力を結集し、政党数も最小限であることとされている。さらに、あらかじめ政策や人事について合意が形成されていることが望ましい。しかし、細川連立政権は八つもの政党・会派が集まっていたうえに、直前まで自民党に属していた議員が作った新生党やさきがけという政党がある一方で、長年自民党と対峙してきた社会党も加わっていた。非自民政権を作ることと選挙制度改革などの政治改革を実現することを除けば、政権発足前に政策や人事を十分に協議し合意する手順は踏まれておらず、細川の下の非自民連立政権は構造的に安定性を欠いていたのである。

二　細川政権の成功と失敗

内閣と与党が分断された政権

一九九三（平成五）年八月六日、衆議院本会議で行われた首班指名投票は一回目で細川護煕が二六二票の過半数を獲得し、首相に就任することとなった。細川は二十三日に行った所信表明演説で「この政権がいわゆる政治改革政権であることを肝に銘じる」と述べ、政治改革を最優先課題に位置づけて取り組む姿勢を明らかにした。

国民の強い期待を受けてスタートした細川政権だが、発足直後から内閣と与党の一体感は乏しかった。細川は組閣にあたってさきがけ代表の武村正義を官房長官に起用したほか、連立政権を構成する各党の党首全員を入閣させた。社会党委員長の山花貞夫が政治改革担当相、新生党党首の羽田孜は副首相兼外相、民社党委員長の大内啓伍《おおうちけいご》が厚相、公明党委員長の石田幸四郎《いしだこうしろう》が総務庁長官、社会民主連合代表の江田五月《えださつき》が科学技術庁長官を務めた。

党側では新生党代表幹事の小沢が各党の幹事長・書記長から成る「代表者会議」を作った。メンバーは小沢のほか社会党が久保亘《くぼわたる》、公明党が市川雄一《いちかわゆういち》、民社党が米沢隆《よねざわたかし》、そしてさきがけの園田博之の五人だった。

代表者会議は小沢に近いとされるメンバーで固められ、政権発足直後から最大の課題である政治改革関連法案の内容をまとめるなど、政権運営について重要な役割を果たした。一方、閣僚となった各党党首は個々の役所の業務などに追われて政権全体の運営に関する発言力は弱まり、細川政権は内閣と与党が分断された形で始まった。

この構図には、閣僚などの公職には就かないが、党側で実質的な権力を握ることで政権運営に影響力を持つことを意図した小沢の政治手法が反映されていた。しかし、内閣と与党が分断されたことで、双方の意思疎通が悪くなり、やがて党首側が武村を中心とする「反小沢」、代表者会議が「親小沢」でしばしば対立し、首相の細川がその間に立って苦しむようになっていったのである。

田中角栄が作り上げた「鉄の三角形」を腐敗の温床であると批判し、政治改革に力を入れてきた武村と、田中角栄の直系であることを隠さない小沢の関係は、連立政権発足当初から緊張をはらんでいた。政治手法も、ボトムアップで意見をとりまとめて意思決定する武村と、トップダウンで一気に決めてしまおうとする小沢は対照的であった。また自民党との関係を重視し、しばしば自民党幹部に接触する武村の行動は、非自民を前面に出す小沢からすれば裏切り行為にも見えた。

小沢と武村は政治改革関連法案の具体的な内容や一九九四年度予算編成のタイミングなどで対立し、九四年二月には小沢が武村を官房長官から外すための内閣改造を細川に求めたが、社会党などが反対したため実現しなかった。華々しくスタートしたかに見えた細川連立政権だが、内実は複雑な人間関係が原因で一体感を欠く不安定な政権であった。

政治改革関連法の成立

細川連立政権は、その誕生の経緯からして政治改革を成し遂げることを宿命づけられた政権だった。連立与党は政権発足後ただちに政治改革関連四法案をまとめ、一九九三年九月十七日召集の臨時国会に政府提案の形で提出した。主な内容は、①衆議院の選挙制度は小選挙区比例代表並立制とし、定数は二五〇ずつ、②比例代表の選挙区は全国一つで、投票は小選挙区と比例代表を別々にする二票制、③政党交付金制度を導入し、金額は国民一人当たり三三五円で総額は四一四億円、といったものであった。これに対し自民党も独自に対案を国会に提出した。選挙制度は同じ小選挙区比例代表並立制であるが、定数は小選挙区三〇〇、比例代表一七一、合計四七一だった。比例代表の選挙区は都道府県単位とし、投票方式は一票制だった。また政党交付金は国民一人当たり二五〇円で、総額は三〇九億円となっていた。このほか政府案は個別訪問を解禁したが、自民党案はこれまで通り禁止した。

両案を比較すると、定数配分や比例代表の選挙区、投票方式は政府案の方が少数政党に有利であり、細川首相が掲げた「緩やかな多党制」をめざす内容になっていた。これに対し自民党案は大政党に有利な内容で、二大政党制を指向していた。

法案審議は十月に始まったが、双方の溝は簡単には埋まらなかった。衆議院本会議での採決を前にした十一月十五日に、細川首相と自民党総裁の河野との間で双方が受け入れることのできる案を模索するためのトップ会談が行われたが、会談は決裂した。年内成立をめざす与党側は、自民党の合意がないまま小選挙区の定数を二五〇から二七四に増やし、政党交付金を自民党案と同じ三〇九億円に減らす修正をしたうえで、十八日に衆議院本会議で可決した。その際、自民党から一三人が造反して政府案に賛成し、七人が採決時に退席した。与党側からも社会党議員五人が造反して政府案に反対票を投じており、双方共に内部に不満を抱えた状態だった。

参議院での審議は十一月二十六日に始まったが、参議院の連立与党には政治改革に消極的な社会党議員が多いこともあって審議が思うように進まず、年内成立が困難となったため、国会会期を翌年一月二十九日まで四五日間延長した。そして一月二十一日の参議院本会議で四法案の採決が行われた。与野党が入り乱れての多数派工作が行われた結果、賛成一一八、反対一三〇の一二票差で否決された。社会党からは一七人もの議員が反対票を投じ、一方の自民党からは五人が賛成票を投じた。

政治改革関連法案が成立しない場合、細川政権は崩壊の危機に直面する。他方の自民党も法案否決を受けて改革推進派議員が大量に離党する動きを見せ始めた。細川、河野の双方が危機感を強めた結果、二度目のトップ会談が会期末ぎりぎりの一月二十八日夜に実現し、細川が自民党案をほとんど全面的に受け入れたため合意が成立した。定数は小選挙区三〇〇、比例代表二〇〇、比例代表の選挙区は全国一一のブロック制とすることとした。合意発表は会期末の二十九日未明で、同じ日、衆参両院の本会議が開かれて、連立与党と自民党の賛成多数で政治改革関連四法は成立した。

リクルート事件を契機に政界で政治改革が大きな問題になったのは一九八九年であり、それから五年かかって一応の改革が成立した。ただ、新たな選挙制度は最初からいくつかの問題点が指摘されていた。まず、当初、政治改革の目的は政権交代可能な二大政党制の実現だったが、各党間の利害調整の過程で、少数政党に不利な小選挙区と少数政党でも議席獲得が可能になる比例代表部分が混在する目的のはっきりしない選挙制度となった。さらに小選挙区で落選した候補者が比例代表で復活当選できる重複立候補制を導入するなど、複雑な制度にもなってしまった。

政治的には衆議院選挙に小選挙区制が導入されたことで、政党間の生き残りのための離合集散の動きが一気に加速していった。また自らを「政治改革政権」と自己規定していた細川政権は改革の実現とともに求心力を失っていった。政治改革関連四法の成立は政界の安定化を進めるのではなく、逆に混乱と再編を加速させたのである。

国民福祉税騒動

細川内閣が成し遂げた成果は政治改革関連四法だけではなかった。発足当初から決断を迫られていたのが、大詰めを迎えていた関税及び貿易に関する一般協定（ＧＡＴＴ）のウルグアイ・ラウンド（多角的貿易交渉）のコメの市場開放問題だった。日本政府はコメに関しては一部の加工原料用を除き完全自給政策を続けていた。これに対しウルグアイ・ラウンドは「例外なき関税化」をめざして各国と協議を続け、日本に対してはコメの関税化を六年間猶予するが、その間は特例措置として国内消費量の四―八パーセントを最低輸入量（ミニマムアクセス）として受け入れるという調整案を示していた。

細川内閣は、一九九三年十二月十四日午前三時に臨時閣議を開き、この調整案の受け入れを決めた。日本が調整案を拒否すれば、ウルグアイ・ラウンド全体が崩壊し日本が国際社会から非難を浴びかねない状況だったためのやむをえない選択だった。連立与党内では、社会党がコメの市場開放に強く反対していたが、閣議直前の午前一時に開いた中央執行委員会で「部分開放には反対だが、首相の判断を了とする」という委員長見解を了承し、受け入れを容認した。当時、社会党委員長だった村山富市《むらやまとみいち》はその理由について、「政権から離脱するということのプラス・マイナスを考えた。連立政権に残っている方がプラスかマイナスかという判断だな。そして、僕の結論はやっぱり政権の中にいた方がプラス面が多いということだ。それはさっき言ったように、単に農業だけじゃなくて社会保障制度の問題はじめいろんな問題について社会党が影響力を発揮できると思ったからだ」と語っている（薬師寺、二〇一二、一二九頁）。

ウルグアイ・ラウンド全体は、同じ十二月十五日に最終的な合意案が採択された。関税の引き下げや撤廃という自由貿易の原則を各国の反対が強い農業やサービスの分野に拡大し、世界経済成長の可能性を増す画期的な内容だった。細川は「だいたいやらなきゃならん方向は決まっていたので、コメの開放は何としてもやるんだと思っていた」と語っており（二〇一三年三月、筆者らによる細川氏へのインタビュー）、首相就任当初から部分開放受け入れの考えだった。日本政府の閣議決定が採択直前までずれ込んだのは、社会党を連立政権から離脱させないための調整をぎりぎりまで続けたためであった。

細川は外交分野でも個性を発揮した。歴史認識問題では、自民党出身の歴代首相に比べると大きく踏み込んだ表現で謝罪を語り、韓国など近隣諸国から歓迎されたのである。八月二十三日に行われた国会での所信表明演説では、「まずはこの場をかりて、過去の我が国の侵略行為や植民地支配などが多くの人々に耐えがたい苦しみと悲しみをもたらしたことに改めて深い反省とおわびの気持ちを申し述べるとともに、今後一層世界平和のために寄与することによって我々の決意を示していきたいと存じます」と述べた。

そして、十一月六日、韓国を訪問して金泳三《キム・ヨンサム》大統領との首脳会談で「わが国の植民地支配によって、朝鮮半島の人々が、例えば学校における母国語教育の機会を奪われたり、自分の姓名を日本式に改名させられたり、従軍慰安婦、徴用などさまざまな形で耐え難い苦しみと悲しみを経験された」と、「創氏改名」や「従軍慰安婦」「徴用」などに具体的に言及して謝罪した（『朝日新聞』一九九三年十月七日付朝刊）。細川の発言は韓国で高く評価され、日韓両国の対話が過去の問題だけでなく幅広い問題について議論されるきっかけとなった。

日米関係については自民党政権時代同様、日本外交の基軸であるという姿勢に変化はなかった。しかし、細川は経済問題を中心にアメリカとの対等な関係を主張した。日米間ではアメリカが日本の自動車や自動車部品、政府調達の医療機器と電気通信、保険の三分野の市場開放を求めて一九九三年七月から新日米経済協議が行われていた。アメリカ側は日本の輸入目標を数字で示すよう求めたが、日本側が反対して交渉が暗礁に乗り上げていた。九四年二月、細川はアメリカを訪問してクリントン大統領と会談した。クリントンは数値目標を設けるべきだという強い姿勢を変えず、細川は「管理貿易につながる」と反対し、会談は物別れに終わった。日米首脳会談が明確な形で「決裂」したのは異例のことで、政権交代がもたらした新たな外交スタイルとして国民に新鮮な印象を与えた。

すべてがうまくいったわけではない。細川は、「国民福祉税問題」で大きな失敗をしてしまった。政治改革関連四法が成立した直後の二月三日午前一時、細川は突然、首相官邸で記者会見し、消費税を廃止して新たに税率七パーセントの「国民福祉税」を創設すると発表したのである。数日後に細川は訪米を予定しており、クリントン大統領との会談で景気対策のための所得税減税などを説明する意向だったが、その財源として増税が必要だったのである。ところが細川は会見で税率七パーセントの根拠を聞かれると、「正確にはじいていない。腰だめの数字だ。しかし、だいたいこの程度の財政の需要は必要だ」と答えてしまったのである。

政府・与党内では、数カ月前から所得税減税と財源が検討されていたが、結論が出せない状態が続いていた。そこで減税先行を回避したい大蔵事務次官の斎藤次郎《さいとうじろう》らが七パーセントの国民福祉税構想を小沢に持ちかけて、二月二日夜の代表者会議で決めてしまったのである。細川は記者会見の数時間前にこの構想を聞かされたばかりで、七パーセントの積算根拠を十分に理解していなかった。官房長官の武村をはじめ、連立与党の各党党首らも知らない話だった。特に社会党の反発が強く、社会党出身閣僚が細川に国民福祉税の見直しを要請し、武村も会見で「決定過程を振り返ると、すべて正しかったとは言えない。わたし自身、大変異例だと思っている」「過ちを改めるにしくはなし」という言葉がある」と細川を批判した（『朝日新聞』一九九四年二月三日付朝刊）。結局、会見からわずか一日半後の四日、代表者会議は国民福祉税構想を白紙撤回することを決めた。

この問題で細川の求心力は決定的に傷ついてしまった。また、閣僚を排除して党主導のトップダウンで重要政策を決める小沢の強引な手法が混乱の原因となったことで、政治手法をめぐる連立政権内の対立が決定的なものとなっていった。

その後、細川は佐川急便グループ会長から借りた一億円の使途などについて野党自民党から連日のように厳しく追及された。自民党が疑惑解明を一九九四年度予算案の審議入りの条件としたため、衆議院の予算委員会が開けない状態が続き、追い込まれた細川は四月八日、首相を辞任する考えを表明した。華々しい政権発足からわずか八カ月しか経っていなかった。

三七年余りという長期間続いた自民党政権に国民がＮＯを突き付けて実現した細川内閣だったが、高い支持率とは裏腹に八党・会派が集まってできた政権の内情はばらばらで、自民党から首相のスキャンダルを追及されると、首相を守ることもできずもろくも崩れてしまったのである。

短命に終わった羽田内閣

細川首相の辞意表明を受けて連立与党は後継の首相候補に新生党の羽田孜を選び、羽田は四月二十五日の衆議院本会議で首相に指名された。ここまでは順調だったのだが、組閣に先立って新生党、日本新党、民社党などが社会党を排除して新たな国会内会派「改新」を結成したため、与党内が混乱に陥った。新会派結成は小沢らが中心になって進めたが、その目的は連立与党内での社会党の影響力を弱め政権運営を安定させるとともに、小選挙区比例代表並立制による総選挙に向けて新党を結成することにあった。

ところが、連立与党内で「反小沢」を強めていた社会党は強く反発し、二十六日未明に「連立の枠組みを維持できない」として連立離脱を決めた。その結果、連立与党は衆議院で過半数を割ってしまい、羽田内閣は少数与党という厳しい状況でスタートすることになった。

ここで自民党は一気に攻勢に出て、内閣不信任案の提出方針を決めた。不信任案可決を回避するために連立与党は社会党と政策協議をしたが合意できず、可決が避けられない状況となった。羽田には衆議院の解散・総選挙という選択肢もあったが、連立与党内からの強い反発があって踏み切れなかった。結局、羽田内閣は不信任案が提出される前の六月二十五日に総辞職した。わずか二カ月の政権だった。

非自民連立政権は細川、羽田の二つの内閣で終わり、その後の村山内閣で自民党が再び政権与党に復活することになる。一〇カ月余りの非自民連立政権は、衆議院選挙に小選挙区比例代表並立制を導入するなどの政治改革では一定の成果を上げたが、他は自民党政権が残した課題の処理にとどまり大きな成果を上げることはできなかった。政権のエネルギーは新しい改革に向かったというよりも、連立を構成する八つの政党や会派間の駆け引きや対立に多くが注がれた。その結果、短期間で自滅し、国民の期待を裏切ってしまったのである。

政権を作っては壊す小沢流政治

一九九三年八月に誕生した非自民連立政権の中心に常にいたのは新生党代表幹事の小沢であり、二つの政権を作り崩壊させた。九三年総選挙で自民党が過半数を大きく割り込むと、細川を首相に担ぎ出して非自民の八党・会派をまとめて連立政権を作ったのは小沢だった。しかし、小沢は政権を安定させるために連立各党間の融和を図るのではなく、トップダウンの強引な政治手法によって逆に日常的な政権運営で社会党やさきがけとの対立を深めていき、最後は無理やり国民福祉税構想の実現を推し進めて細川内閣を崩壊させた。

続く羽田内閣も小沢主導で誕生したが、このときも連立の安定を進めるのではなく、社会党の力を削ぐための国会内会派を結成し、逆に政権を少数与党にしてしまった。

小沢の手法はその時々の目的を達成するため、与党内で丁寧な議論を積み重ねて合意を形成するのではなく、目的に向かって直線的に走るスタイルである。そして、障害となる政治家や政党を排除しようとする。その結果、政権全体が危機的状況に陥ってしまうのである。そんな小沢のやり方を「政権を作っては壊す男」と揶揄《やゆ》する声もあったが、小沢の手法はその後も全く変わることなく、創造と破壊を繰り返すことになるのである。

第5章

自民党の復権と村山内閣

⇧連立政権発足に向けて，河野洋平・自民党総裁（右），武村正義・新党さきがけ代表（左）との党首会談に臨む村山富市首相（社会党委員長）（1994年6月30日）（写真提供：朝日新聞社／時事通信フォト）。

非自民連立政権の自壊は、社会党委員長の村山富市を首相とする自民党、社会党、新党さきがけの三党の連立政権誕生という思いもよらない展開を招いた。

「五五年体制」の中で長く対立を続けていた自民党と社会党が手を組むということは、国民の想像を超えるものだったが、政権復帰に執念を燃やす自民党は、細川政権末期から水面下で社会党に働きかけていた。

村山内閣のもとで自民党は、政権維持を優先し、連立相手の社会党と新党さきがけに対しては低姿勢で政権運営に臨んだ。そして、阪神・淡路大震災やオウム真理教事件などに迅速に対応するとともに、長年の経験を生かして着実に党勢を回復していった。

一方、社会党は首相を出していながら政権運営に関心を持つ議員は少なかった。小選挙区制導入を受けて党内は生き残りのための新党問題が最大の課題となる中で昔ながらの右派・左派の路線対立も再燃した。しかも、政権運営に追われる村山が新党問題を先送りし続けたこともあって党内は分裂状態となり、社会党はその後、衰退の道をたどっていくのであった。

本章では「自社さ」連立政権誕生の経緯と村山内閣の取り組んだ課題や政権の意味などについて詳述する。

一　長い対立のときを超えて

村山内閣の誕生

細川連立政権を支えていた非自民勢力は、一九九四（平成六）年一月末に政治改革関連四法が成立したあたりから分裂状態に陥っていた。国民福祉税をめぐって与党内は真っ二つに分かれ、さらに新生党代表幹事の小沢一郎が官房長官の武村正義を外すための内閣改造を細川首相に要請するなど、政権内の混乱ぶりは隠しようがないほど深刻化していた。そして細川退陣後に新党さきがけが閣外協力を決め、さらに国会内新会派「改新」の結成を受けて社会党が連立離脱を決めてしまったことで、少数与党に陥ってしまった。

連立与党内の混乱をにらみながら自民党は、一九九四年春ごろからすでに政権復帰に向けて水面下で社会党への接近を始めていた。社会党と組めば数の上では政権獲得が可能になる。当時、衆議院予算委員会理事で、のちに自民党幹事長などを務めた野中広務《のなかひろむ》によると、「あのころは、自民党が政権に復帰するには社会党と組む以外に方法がないと考えていましたからね」（五百旗頭ほか、二〇〇八a、一一八頁）という。野中のほかにも亀井静香《かめいしずか》らが社会党幹部に連立を働き掛けていたのである。

自民党の内閣不信任案提出方針を受けて羽田首相が総辞職を決めると、自民党は後継を選ぶ首班指名で総裁の河野洋平ではなく、社会党委員長の村山富市に投票するという奇策を打ち出した。村山は首班指名に難色を示したが、河野と幹事長の森喜朗が村山を説得し、通常国会会期末の六月二十九日の衆議院本会議を迎えた。

村山首班指名という連立構想に対しては、自民、社会両党の一部に強い反対があった。そこで、政権を維持したい小沢は、自民党議員でもある元首相の海部俊樹を説得して、連立政権側の首班指名候補者に擁立するという対抗策を打ち出した。

午後八時開会の衆参両院それぞれの本会議を前に、国会内は大混乱に陥った。午後七時過ぎに海部が自民党総裁の河野に離党を伝え、その直後に連立与党が海部を首相候補に決定した。さらに元首相の中曾根康弘が突然記者会見を行い、「社会党委員長に投票するということは、国益に反する挑発的な行動だ。〔中略〕日本の命運を守るために海部俊樹氏を支持する」（『朝日新聞』一九九四年六月三十日付朝刊）と表明するなど、自民党の一部議員が次々と海部支持を表明し、本会議場に入っていった。

参議院本会議では一回目で村山が過半数を獲得し指名された。ところが、衆議院本会議は第一回投票で村山が二四一、海部が二二〇でともに過半数に達しなかったため二人に対しての決選投票となり、村山二六一、海部二一四で村山が首相に指名された。その結果、自民、社会両党にさきがけが加わった「自社さ」連立政権が誕生することになった。社会党党首が首相に指名されたのは、一九四七（昭和二十二）年の片山哲以来四十七年ぶりのことだった。そして、衆議院本会議の投票で党の決定に造反して海部に投票した議員は、自民党は一回目が二六人、二回目が一九人にのぼった。社会党の造反は二回とも八人だった。

社会党議員にとって委員長の村山に投じることは、長く対立関係にあった自民党と連立政権を作ることを意味していた。にもかかわらず造反議員がわずか八人にとどまったのは、非自民連立政権での小沢の強権的手法に対する反発がそれだけ強かったことを示している。

首班指名を受けて村山内閣は六月三十日に発足した。各党の議席数に合わせて閣僚ポストは自民党一三、社会党五、さきがけ二と振り分けられた。自民党総裁の河野が副首相兼外相、さきがけ代表の武村が蔵相となり、連立与党三党の党首がいずれも入閣したほか、社会党との連立に積極的に動いた野中広務が自治相、亀井静香が運輸相に就任した。

「和」を重視した政権運営

社会党委員長の村山が首相になったことで最初に注目されたのは、社会党がこれまで批判し続けてきた日米安全保障条約などの外交・安全保障政策について、どのような方針を示すかということだった。社会党は、自衛隊は違憲であり日米安保条約は破棄すべきだと主張し、自民党と激しく対立してきた。村山が首相の立場で同じような考えを表明すれば、日米関係が崩壊してしまいかねない。それだけに村山が国会でこれらの問題にどう答弁するかが注目された。

七月中旬、村山は就任後初めての所信表明演説とそれに対する代表質問で、「日米安保体制は堅持する」と自民党の歴代首相と変わらない言い回しで答弁し、自衛隊については「専守防衛に徹し、自衛のための最小限度の実力組織である自衛隊は、憲法の認めるものであると認識する」と、社会党首として初めて「合憲」という考えを示した。さらに、社会党が掲げていた「非武装中立」政策について問われると、「冷戦構造が崩壊した今日、その政策的役割を終えたと認識している」と大胆な路線転換を打ち出し、本会議場を沸かせた。また、「日の丸・君が代」問題については「国旗、国歌であるとの認識は国民に定着しており、私も尊重したい」と述べて、それまでの社会党の政策とは大きく異なる方針を表明した。

社会党党首が首相になったことで、アメリカをはじめ海外から日本の外交・安全保障政策が大きく転換するのではないかという不安の声が出ていたが、村山の答弁はこうした懸念を払拭《ふっしょく》した。自民党幹事長だった森は、この答弁が社会党内で問題になるのではないかと心配して村山に聞くと、「村山さんはすでに党の幹部に「社会党の党首の椅子と、日本国総理大臣の椅子と、どっちが重いか。私は総理大臣の椅子を大事にする。それで気に入らんのなら、社会党の委員長をクビにしろ」と言ったというんだ」というエピソードを紹介している（五百旗頭ほか、二〇〇七b、一八一頁）。村山の答弁はそ

● 村山富市

村山富市は、脂ぎった政治家のイメージとはほど遠い人物である。大分の貧しい漁民の息子で、高等小学校を卒業後に東京に出て印刷会社などで働きつつ、商業学校、明治大学の夜間部に進学した。戦後の混乱期に卒業し、知人に勧められるまま郷里に戻って労働組合運動に携わった。学生時代に社会主義思想にはまったわけでもないし、政治家をめざしていたわけでもない。やがて周りに推されて大分市議会議員、大分県議会議員の選挙に立候補して当選を重ね、さらに衆議院議員にまで当選した。結果的に

はきわめて順調に政治の階段を上っていったのである。

社会党内では左派のグループに属していたが、社会主義理論に心酔した原理主義的運動家ではない。若いころ労働組合運動に専従でかかわっていたが、組合指導者が血気盛んな組合員と同じ気分になってしまうと先が読めなくなるので、常に労使関係を冷静に判断して落とし所を考えるように行動したという。この姿勢は政治家になっても変わらなかった。

社会党が掲げてきた自衛隊違憲論や日米安保条約破棄論を現実味に欠けると批判するなど、どちらかといえばリアリストであった。長く社会党国会対策委員長として党内をまとめるとともに自民党との交渉を経験してきたことで、根回しや調整によって着実に物事を実現する術を身につけ、党内で頭角を現し委員長に就任した。委員長に就任したのは、一九九三年の総選挙で社会党が大敗した直後だった。社会党内の左右対立が激しかったころなら委員長にはなれなかっただろう。

首相就任も、村山が権力闘争に積極的に関与した結果ではない。野党に転落した自民党が政権復帰を果たすために、首班指名の候補に社会党委員長を担ぐという奇策を打ち出したのだった。偶然の積み重なりが村山の政治家人生を作ってきたのだ。

受け身の政治家である村山がこだわった政策の一つが歴史問題である。一九九五年の「村山談話」や従軍慰安婦問題への取り組みの外交的価値については、本文で言及した。中国や韓国との外交関係が緊張を繰り返す中で、村山の業績が関係維持の最後のよりどころとなっているのである。対照的に新党問題では優柔不断な姿勢を続け、それが党の分裂や議席の大幅減につながったことは否定できない。

国会議員引退後、村山は九十歳になっても歴史問題の和解を進めようと、活発にアジア諸国訪問を続けている。引退後も注目されている数少ない政治家の一人である。

の後、大きな異論がないまま社会党の方針として追認された。かつては社会党左派の闘士といわれていた村山だが、かなり現実主義的な政治家だったようである。

その自社さ連立政権の政権運営であるが、最大議席を持つ自民党は非自民連立政権の失敗をふまえて連立相手の社会党やさきがけとの間で丁寧に合意を形成するスタイルを取り入れた。重要な政策ごとに与党内にプロジェクト・チームを作り具体的な内容をそこで決めていったのである。メンバーは自民党三、社会党二、さきがけ一という割合にし、自民党だけでは過半数にならないようにした。この比率は社会党とさきがけにとっては実際の国会議員数の比率より大きくなっており、それだけ政策決定過程に影響力を持つことになった。それに加え自民党総裁の河野は党内きってのハト派議員で知られており、村山と武村も同様の思想傾向の持ち主であったことから、自社さ連立政権はハト派政権であったと特徴づけることができ、それがさまざまな政策に反映されることになる。

二　村山首相のこだわりと危機対応

「戦後五〇年の国会決議」と「村山談話」

社会党には、野党時代から力を入れて取り組んでいた懸案が三つあった。広島、長崎の原爆被害者を対象とした被爆者援護法の制定、水俣病未認定患者の救済、そして従軍慰安婦問題であった。まず被爆者援護法に関しては、与党のプロジェクト・チームが被爆者に対する保険、医療、福祉などの総合的対策を「国の責任」で行うことで合意し、一九九四（平成六）年十二月に法律（原子爆弾被爆者に対する援護に関する法律）が成立した。社会党は七四年以後一六回も同種の法案を国会に提出していたが、自民党の反対ですべて廃案になっていた。

水俣病未認定患者の救済策については、一九九五年六月に政府・与党間で新たな判断基準などを定めた対策を合意し、一万人余りに一時金や医療費などを支給するという、大きな進展を見せた。

従軍慰安婦問題については一九九三年八月、宮澤内閣の官房長官だった河野洋平が「慰安婦の募集については、軍の要請を受けた業者が主としてこれに当たったが、その場合も、甘言、強圧による等、本人たちの意思に反して集められた事例が数多くあり、更に、官憲等が直接これに加担したこともあったことが明らかになった」「当時の朝鮮半島は我が国の統治下にあり、その募集、移送、管理等も甘言、強圧による等、総じて本人たちの意思に反して行われた」と強制性を認める談話を発表していた（慰安婦関係調査結果発表に関する河野内閣官房長官談話）。それを受けて村山内閣は元慰安婦に対する補償や支援事業を検討し、九五年七月に「女性のためのアジア平和国民基金」を設立した。「政府による個人補償」は見送られたが、政府による資金提供と国民からの寄付を用いて九七年から韓国、台湾、フィリピンなどの元慰安婦二八五人に「償い金」と村山首相の手紙を届けた。ただ韓国の元慰安婦の多くは日本政府が補償すべきであるとして「償い金」の受け取りを拒否した。

これらの政策はいずれも、社会党委員長の村山を中心とするハト派政権であったから実現したといえる。そして村山らしさが最も発揮されたのが、一九九五年八月十五日に閣議決定された「戦後五〇周年の終戦記念日にあたって」（いわゆる村山談話）だった。九五年は太平洋戦争終結からちょうど五十年に当たる年で、自社さ三党は連立政権発足時に合意した「共同政権構想」に「新政権は戦後五〇年を契機に、過去の戦争を反省し未来の平和への決意を表明する国会決議の採択などに積極的に取り組む」という項目を盛り込んでいた。

この合意に従って連立与党は「戦後五〇年の国会決議」をめざし、連立与党内に「戦後五〇年問題プロジェクト・チーム」を作って国会決議の案文作成を進めた。社会党は戦前の日本の侵略行為などに対する反省や謝罪を盛り込むよう主張したが、自民党内の保守派が強く反対したため協議は難航した。最終的には、「歴史を教訓に平和への決意を新たにする決議」において「世界の近代史上における数々の植民地支配や侵略行為に思いをいたし、我が国が過去に行ったこうした行為や他国民とくにアジア諸国民に与えた苦痛を認識し、深い反省の念を表明する」という表現で合意した。

この文面は植民地支配や侵略に言及はしているが、「思いをいたし」という曖昧《あいまい》な言葉を使ったり、「我が国」が主語となっている文章では「こうした行為」という表現で侵略や植民地支配に直接言及することを避けている。また「謝罪」という言葉も盛り込まれていない。自民党内の保守派の支持を得るための修正を重ねた結果、意味のはっきりしない文章となってしまったのである。

ところが衆議院本会議の採決では、新生党や民社党などの非自民勢力が集まって結党した新進党議員約一七〇人全員が決議案の内容が不十分だという理由で欠席し、さらに自民党の保守系議員五五人も逆の立場で欠席した。決議は自民、社会、さきがけなどの賛成で採択されたが、賛成者は定数の半分を下回るわずか二三〇人で、欠席者約二五〇人よりも少なかった。さらに、参議院では決議案が取り上げられることさえなかった。戦後五十年という節目の年に国会は、戦前の日本の歴史について中途半端な内容の決議を衆議院だけで、それも半数以下の議員の賛成でしか議決できなかったのである。

これに対して村山首相は、「すでに僕は「五〇年の節目だから何らかのけじめをつける必要がある」と言っていたからな。対外的には政府としても「戦争に対する反省」を言う必要があるんじゃあないかと考えていた」（薬師寺、二〇一二b、二一四頁）として、国会決議とは別に首相談話を出すことを決めた。談話は村山の持論である過去の戦争に対する反省や謝罪を示すことに力点が置かれ、内閣官房の外政審議室を中心に作成し、村山自身が手を入れて八月十五日の閣議で決定して村山が記者会見で発表した。

その内容は、アジア諸国や世界の平和を実現するためには各国との間に深い理解と信頼に基づいた関係が必要であると強調したうえで、歴史認識問題に言及している。「わが国は、遠くない過去の一時期、国策を誤り、戦争への道を歩んで国民を存亡の危機に陥れ、植民地支配と侵略によって、多くの国々、とりわけアジア諸国の人々に対して多大の損害と苦痛を与えました。私は、未来に誤ち無からしめんとするが故に、疑うべくもないこの歴史の事実を謙虚に受け止め、ここにあらためて痛切な反省の意を表し、心からのお詫びの気持ちを表明いたします」と、直接的な表現で戦前の軍国主義によって引き起こされた戦争を誤りであると規定し、侵略と植民地支配にも言及して反省と謝罪を表明した。

そのうえで村山は、「敗戦の日から五〇周年を迎えた今日、わが国は、深い反省に立ち、独善的なナショナリズムを排し、責任ある国際社会の一員として国際協調を促進し」と、将来の日本のあるべき姿にふれた。「独善的ナショナリズム」の意味について村山は、「やっぱりナショナリズムというものは、なんかの時に芽が出てくる可能性があるんだ。もちろん自分の属する国や民族を愛することが悪いわけじゃあない。だけども自分たちがよその国よりも優れていると思い上がって他国に迷惑をかけてしまうような独善的なナショナリズムは絶対にだめだ」（薬師寺、二〇一二b、一二〇頁）などと語っている。自民党内のタカ派議員ら国内の一部には、侵略や植民地支配など戦前の歴史を美化し正当化する主張が根強くある。そうした勢力の主張を念頭に村山は談話のこの部分に、国際協調を排して自己中心的な考えを前面に出す対外政策への批判を込めたのである。

村山談話はその後の日本外交に大きな意味を持った。中国、韓国など各国は、村山談話に込められた歴史認識を評価し、それが一時的にせよ以後の外交関係の発展に寄与した。村山後の歴代首相は、二〇〇五年の「戦後六〇年の首相談話」（小泉純一郎首相）をはじめ、各国首脳との会談など機会あるごとに同じ表現を使っており、「村山談話」が日本政府の歴史問題についての原則的な考えとして定着していったのである。

阪神・淡路大震災

村山内閣は、大きな事件や災害に見舞われ繰り返し危機管理能力が問われた。一九九五年一月十七日早朝、兵庫県南部を襲った阪神・淡路大震災が起きた。神戸市や芦屋市などの大都市で震度七を記録し、死者六四三四人、負傷者約四万四〇〇〇人、そして約一〇万の住宅や建物が全壊するという、関東大震災以来の大地震だった。

　村山首相はただちに内閣に非常災害対策本部を設置するとともに、国土庁長官の小里貞利《おざとさだとし》を震災担当相に任命し、政府を挙げて震災に対応した。村山の姿勢は、現場の対応を閣僚や官僚に任せ必要に応じて官邸で政治判断をするという、「責任は取るが直接、細部にはかかわらない」という伝統的なボトムアップ型、政官協調型の対応だった。自民、社会、さきがけの与党三党の関係が良好だったこと、震災対策を担当する自治相に野中、建設相に亀井という力のある政治家がいたこと、さらには野党各党も協力的だったため、震災対策のための法案や予算が短期間で成立するなど、政府の対応は比較的円滑だった。ただ首相官邸や国土庁には二四時間常駐の体制がなかったため、首相官邸の初動が鈍かったり、官邸の情報収集機能などが未整備であることが露呈した。このときの反省から官邸内に危機管理センターが作られ、二四時間常駐体制などの見直しが進められた。

　またオウム真理教による「地下鉄サリン事件」も衝撃的だった。政府がまだ阪神・淡路大震災の対応に追われていた九五年三月二十日の朝、通勤客で満員状態の東京の営団地下鉄三路線の五つの車両に猛毒の神経ガス・サリンが撒《ま》かれ、一三人が死亡し約六〇〇〇人の重軽傷者が出た。警視庁は宗教団体のオウム真理教による犯行と断定し、五月十六日に山梨県の教団施設を強制捜査して代表の麻原《あさはら》彰晃《しょうこう》（本名・松本智津夫《まつもとちづお》）ら幹部を逮捕した。オウム真理教は、このほかにも多くの殺人事件など凶悪な犯罪を重ねており、のちにほとんどの教団幹部が逮捕された。

地下鉄サリン事件は、殺傷能力の高い猛毒ガスが首都東京で一般市民を対象に組織的に使用され多数の犠牲者を出したため、国民に強い衝撃を与えた。そして、この事件でも国家公安委員長の野中を中心に、自民党出身閣僚らが迅速な対応をして事件を解決した。

三　復活する自民党、衰退する社会党

村山内閣の意味

ここまで村山内閣の特徴的な政策を中心に述べてきた。被爆者援護法制定や「村山談話」発表など一部の政策には村山らしさ、社会党らしさが反映された。しかし、それらが実現できたのは自民党が政権維持のため連立各党との良好な関係を維持する目的で腰を低くして対応したためであった。また村山主導で実現した政策は社会党の関心が強かったものに限られており、全体を見渡せば政権が扱った政策の一部でしかなかった。

村山内閣では主要な経済、財政、外交政策は基本的に自民党政権時代と変わることなく継承された。例えば発足直後の一九九四年九月には、バブル経済崩壊後に低迷を続ける景気の対策に五・五兆円の所得税減税を打ち出し、その財源補塡のために消費税を三パーセントから五パーセントに引き上げることを決めた。これらの政策は、三党合意をふまえてはいるが、自民党と大蔵省が主導して実現した

ものである。かつて消費税導入に反対し細川内閣では国民福祉税を撤回させた社会党だが、自社さ連立政権では逆に消費税率引き上げを進める立場になった。もちろん社会党が自民党に対して積極的財政支出で景気を回復させるという旧来型の手法の転換を求めることはなかった。

　村山が自民党流の政策や政治手法を大胆に転換することができなかったのには、いくつかの理由がある。まず自民党が連立のパートナーとの関係を重視した低姿勢で政権運営に臨んだとはいえ、衆参両院の自民党議員が三〇〇人以上であるのに対し、社会党は約一四〇人、さきがけは二〇人余りにすぎず、自民党の圧倒的な影響力を無視できなかったことを指摘できる。さらに、自民党は内閣において外相や通産相などの主要閣僚ポストを占めていたうえ、野中や亀井のような経験豊かな人材も配置しており、村山首相に対する影響力は社会党閣僚よりもはるかに大きかったのである。

　政策の企画立案などに関する自民、社会両党の議員の知識や経験の差も圧倒的だった。自民党議員の多くは、長期単独政権時代に政府や党の役職に就いて政策決定に深く関与していた。これに対し社会党議員にはそうした経験がほとんどなく、積極的に政策を打ち出していく政党の力にも圧倒的な差があった。そればかりか村山内閣時代の社会党は、党首が首相に就任しているにもかかわらず、政権運営よりも新党問題や党内の派閥間の争いに多くのエネルギーを注いでいたのであった。

　自治相だった野中は村山内閣について、「正直言って、あのとき自民党が野党のままでいたら、自民党自体が永久になくなると僕は思った。それほど自民党は腑抜けになってしもうて、もしも社会党と組んで自民党が政権に復帰していなかったら、おそらく現在の自民党は存在していなかったでしょうね」（五百旗頭ほか、二〇〇八a、一一九頁）と語っている。野中の言う通り、村山内閣は結果的に自民党を政権与党に復活させてその崩壊を防いだ。自社さ連立政権は、自民党が橋本龍太郎内閣を作るまでのつなぎの政権という評価を受けることになってしまったのである。

加速した社会党の衰退

一九九六年一月四日に村山首相は恒例の伊勢神宮参拝をして記者会見で「景気回復や不良債権の処理、クリントン米大統領の訪日など国内的にも国際的にも多くの課題を抱えており、全力をあげて国民の期待にこたえる」と政権運営に意欲的な発言をした（『朝日新聞』一九九六年一月五日付朝刊）。その村山が退陣を表明したのは翌五日だった。昼に首相官邸で開かれた連立与党三党の党首、幹事長・書記長会談で、首相を辞める意向を示したのである。

突然の退陣表明であったため村山に対しては、「面倒臭くなって国政を放棄した」などという批判が出たり体調不良説なども飛び交ったりした。村山は退陣の理由についてのちに次のように語っている。

「実はぼくはもう「村山談話」を出した九五年の夏ころから内閣総理大臣の辞め方を考えていたんだ。〔中略〕一応、僕はこの内閣でやらなきゃならんことや、やれる範囲のことには目途がついたなと思い始めていた。それで自分の気持ちの中ではこの年の年末か、年を越して早々くらいに辞めるかなあと考えていた」（薬師寺、二〇一二b、一八六頁）

「もう年明けぐらいに総理を辞めようと思っていた。さすがにそろそろ党の問題を決着させなければ総選挙に間に合わなくなりかねないという思いがあったからな。それに僕が党大会を延ばしてきた責任もあるしな」（同、一八八頁）

社会党の新党問題については第**7**章で詳しく述べるので、本章では村山の退陣に関する部分に限って触れる。党首の村山が首相を務めていたときの社会党内は、このままの態勢で小選挙区比例代表並立制の総選挙に臨めば党が消えてしまいかねないという危機感から、新党結成の動きが出ていた。ところが社会党には結党時から左派と右派が激しく対立してきた歴史があるだけに、新党問題でも結成を急ぐ右派勢力と、慎重姿勢の左派勢力という具合に路線が完全に二つに割れていたのである。

村山が首相として内政・外交問題への対応に追われているとき、新党に積極的だった書記長の久保亘らは政権運営に協力する姿勢をほとんど見せず、村山に対して繰り返し早期の新党結成を働き掛けていた。村山はその都度、新党結成のための党大会を先送りしたが、党内の動きは止まらず、次第に村山も何らかの対応をせざるをえなくなり、首相辞任に踏み切ったのである。

つまり村山の退陣は国政上の問題が理由ではなく、新党問題で分裂状態となった社会党を早急に立て直して次期総選挙に向けた態勢を作らなければならなかったためだったのである。社会党は村山内閣が総辞職した後の一九九六年一月十九日に党大会を開き、党名を「社会民主党」に変えた。党代表は引き続き村山が務めた。党名を変えたからといって新党問題が決着したわけではなく、党内の分裂状態はますます深刻になっていった。

先に述べたように社会党は委員長を首相に担ぎ出した連立与党の一員として政権運営に責任を負っていたのであるが、党所属国会議員の多くは国政ではなく新党問題に強い関心を持ち党内抗争に明け暮れていたのである。村山は「〔社会党議員は〕政権のことは他人事みたいに思っていたんかなあ。〔中略〕せっかく社会党委員長が総理大臣になり政権を握っているのだから、社会党はこういう機会を利用して党勢を拡大するとか、党の政策を実現するとか、いろんなやり方があると思っていた。しかし、当時の社会党議員らは「与党になったために思うようにものが言えない」「野党時代の方がよかった」と言っていたなあ」（薬師寺、二〇一二b、一八〇頁）と語っている。

四七年ぶりに首相を出したにもかかわらず、長年の野党体質が染み付いていた社会党議員は、政府・与党に対する批判や攻撃は得意であっても、政府が直面する問題の解決に与党の一員として結束して当たるという発想は持っていなかったのである。社会党議員が村山を支えるために首相官邸の首相執務室を訪ねることは少なく、逆に村山を最も支えたのは野中や亀井ら自民党出身の閣僚らであった。自社さ連立政権誕生で息を吹き返した自民党とは対照的に、社会党は政党としての限界を国民の前に露呈してしまい、衰退が加速したのであった。

第6章

戻ってきた自民党政権

自自公連立政権樹立に合意した自民，自由，公明三党の党首。左から，小沢一郎自由党党首，小渕恵三首相，神崎武法公明党代表（首相官邸，1999年10月4日）（写真提供：朝日新聞社／時事通信フォト）。

村山首相の突然の退陣を受けて一九九六（平成八）年一月十一日、橋本龍太郎が首相に就任し、自民党は二年半ぶりに名実ともに政権政党に復活した。以後、二〇〇一年四月に小泉純一郎が首相に就任するまでの間、小渕恵三、森喜朗と比較的短期間に三人の首相が交代していった。

この期間、日本はバブル経済崩壊の余波が強く残り、景気低迷に加えて大手金融機関の破綻《はたん》などの金融危機に見舞われた。抜本的な産業構造改革や経済・財政政策の転換が求められる中で、政策通の橋本はさまざまな改革に挑戦し、行政改革による官邸機能強化などを実現させたが、経済政策では思うような成果を上げられないまま、参議院選挙敗北の責任をとって退陣した。続く小渕、森は伝統的な政策に回帰し、景気対策のための積極的な予算を編成して逆に財政危機を深刻化させた。

この間、自民党は野党議員を一本釣りで自民党に入党させ、一九九七年に一度は衆議院で単独で過半数の議席を確保した。しかし、九八年の参議院選挙に大敗して再び国会がねじれ状態となった。そこで、自民党は公明党との連立を実現するなど、パートナーを巧みに変えることで政権を維持していったのである。

本章では日本経済の閉塞感が強まる中、伝統的な政策に縛られて十分な改革ができなかった三つの政権を詳しく見ていく。

一　改革にこだわった橋本首相

橋本内閣の特徴

結束力や団結力の強いことで知られる自民党・竹下派の中にあって、橋本龍太郎はどちらかといえば周囲と歩調を合わせることの苦手な個性的な政治家だった。しかし、政策に関する知識の深さや広さ、それに押しの強さはだれもが認めており、政策通として頭角を現してきた人物だった。

橋本が首相を務めた期間は一九九六年一月から九八年七月までの二年半だが、この間、政権の姿は慌ただしく変化した。発足時には衆議院の自民党の議席は単独過半数を下回っていたため、自民党は引き続き社会党や新党さきがけとの連立を重視した。九六年十月に小選挙区比例代表並立制での初めての総選挙が行われたが、自民党は二三九議席で過半数には届かなかった。政権獲得をめざした新進党は一五六議席とふるわず、結党したばかりの民主党も五二議席にとどまった。一方、連立与党の社会党とさきがけは、選挙直前に多くの議員が民主党結党に参加して離党したため、それぞれ一五議席と二議席に激減し、両党とも自民党との関係を閣外協力に転じた。その結果、全閣僚が自民党議員となり、橋本首相は主体的に政策決定ができるようになったのである。

自民党は安定した政権を作るために加藤紘一幹事長が中心となって自民党を離党した議員や無所属の議員らに復党や入党を働き掛けた。その結果、一二人が応じ、一九九七年九月に議席数が単独過半数に達した。参議院の議席が過半数を割っていたため社会党やさきがけとの連携は維持されたが、橋本にとって独自色を打ち出しやすい環境がさらに整っていったのである。

ところが、九月の内閣改造で、ロッキード事件で逮捕され有罪判決を受けた佐藤孝行《さとうこうこう》を総務庁長官として入閣させたため、橋本は一気に世論の批判を浴びて党内の求心力も失ってしまった。さらにアジア通貨危機や金融危機などに見舞われて経済が低迷を続けると、橋本が進めていた財政構造改革などに反対を唱える議員らが勢いを増し、改革路線は失速してしまった。そして、橋本は九八年七月の参議院選挙で敗北し、退陣することとなった。

橋本行革

首相就任直後から橋本は、多くの分野の「改革」を自らの内閣の課題とした。一九九六年一月の初めての施政方針演説で「次なる世紀を展望し、政治、行政、経済、社会の抜本的な変革を勇気をもって着実に実行し、二十一世紀にふさわしい新しいシステムを創出する」と表明し、十月の総選挙後に「行政改革」「経済構造改革」「金融システム改革」「社会保障構造改革」「財政構造改革」「教育改革」の六つの改革を掲げた。

最初に取り組んだのが、「行政改革」だった。行政組織の効率化や経費節減などが目的で、一九九六年十一月に首相直属の「行政改革会議」をスタートさせ、翌年十二月に出された最終報告書を受けて中央省庁の統廃合など具体的な改革案を盛り込んだ「中央省庁等改革基本法案」を国会に提出した。

この法律は一九九八年六月に成立した。

改革の主な内容は、①一府二二省あった中央省庁の一府一二省への統合・再編、②首相官邸に官房副長官補（三人）を新設するとともに、首相補佐官を三人から五人に増員、③内閣府を新設し、そのもとに経済財政諮問会議を設ける、④閣議における首相の発議権の付与、などだった。

最も注目されたのは中央省庁の統合だった。建設省と運輸省、国土庁、北海道開発庁が合併して国土交通省になったり、郵政省と自治省、総務庁が合併して総務省ができるなど巨大官庁が誕生して話題になったが、基本的には役所の組み合わせを変えただけで、官僚組織の営みに変化はほとんどなかった。統合された役所の内部には実質的に以前の組織が残り、採用や人事も別に行われるなどして、簡単には一体化できなかった。

日本の統治システムに大きな変化を生んだのは、首相の権限強化や経済財政諮問会議の設置の方だった。憲法や内閣法などに定められている日本の統治制度は、「各大臣は、別に法律の定めるところにより、主任の大臣として、行政事務を分担管理する」（内閣法三条一項）という「分担管理原則」が基本になっている。政策は各省がそれぞれ企画立案して閣議で決定するため、首相の役割は法律上は「閣議にかけて決定した方針に基いて、行政各部を指揮監督する」（同六条）と制約されていた。また各省の政治家が就くポストは大臣と政務次官に限られているうえに内閣改造などで頻繁に交代するため、官僚が実質的に実権を握り、大臣はその役所の主張を閣議や議会で代弁するだけの「官僚主導」が定着していたのである。

橋本行革で実現した内閣府の新設や閣議における首相の発議権は、各省の縦割りの壁を越えて首相官邸が政策の企画立案でリーダーシップを発揮しやすくした。特に経済財政諮問会議は首相主導のもとで主要な財政政策や経済政策の決定を可能にする制度であり、うまく活用すれば大胆な政策転換を可能にするものであった。

中央省庁再編は二〇〇一年一月から実施されたが、橋本行革の持つ革新性に気づいて積極的に活用したのが、同年四月に首相に就任した小泉純一郎だった。小泉は、経済財政諮問会議を使って規制改革や不良債権処理、郵政民営化など、自民党内に反対論の強い政策を官邸主導の名のもとで推進していったのである（詳細は第**8**章）。

不発に終わった「財政構造改革」

橋本は財政改革にも力を入れた。当時、国と地方を合わせた長期債務はまだ約四〇〇兆円だったが、他の先進諸国と比べると突出した額であり、橋本は強い危機感を持っていた。その中心が「財政構造改革法」で、一九九七年十一月に成立した。

主な内容は、①二〇〇三年に国と地方の財政赤字を国内総生産（GDP）比で三パーセント以下とする、②二〇〇三年に赤字国債発行をゼロにする、③一九九八年度予算で公共事業費を前年比七パーセント以上削減するなどの項目別歳出上限を設定する、というものであった。

橋本はさらに、一九九七年四月に消費税を三パーセントから五パーセントに引き上げるとともに、二兆円の特別減税を打ち切った。九月には、医療費の本人負担を二割に引き上げた。これらの政策によって国民の負担は合計で九兆円増えることになった。

橋本の改革は、「富の再配分」によって政権を維持する伝統的な自民党の発想とは正反対の、国民に負担を求める「負の再配分」政策であり、計画通り実施されたならば財政政策の大きな転換点になっただろう。ところが橋本の財政改革はあまりにもタイミングが悪すぎた。

当時、日本経済はバブル崩壊の後遺症からまだ十分には立ち直っておらず、財政構造改革法が成立した十一月には、北海道拓殖銀行や山一證券など大手金融機関が相次いで破綻《はたん》したり廃業を余儀なくされるという金融危機が起きた。それに先立つ七月には、タイを皮切りにアジア通貨危機が起こり、日本経済も巻き込まれていた。そんな中で政府は、財政構造改革法に従って十二月に超緊縮型の一九九八年度予算案を編成したのである。

経済状況の悪化を受けて、自民党内からは財政構造改革路線の見直しを求める声が一気に強まった。党からの強い圧力を受けて橋本は軌道修正を余儀なくされ、特別減税の復活を決めるとともに翌年の四月には総事業規模一六・六兆円の総合経済対策を打ち出した。さらに財政構造改革法そのものの見直しも迫られ、財政健全化目標年次の延長や社会保障関連費のキャップ制（支出の上限設定）の緩和などを柱とする同法改正案を国会に提出して五月に成立させた。

ところが、七月の参議院選挙を前に経済状況はさらに悪化していった。厳しい状況の中、自民党は改選議席の六一を大きく下回る四五議席にとどまり、参議院での与野党の議席差が拡大してねじれ国会はさらに深刻なものとなった。開票当日、橋本は経済運営が後手に回って景気回復に有効な政策を打ち出せなかったことが敗因であると認めて、あっさりと退陣を表明した。

橋本首相の財政構造改革路線は、なぜこれほどまで完全に失敗したのだろうか。首相が重要政策を誤りのないよう決断するためには、都合のいい情報だけでなく、マイナスの情報も不可欠である。財政構造改革法が議論されていた一九九七年、日本経済は非常に厳しい環境に置かれていたのだが、そうしたマイナスの情報が橋本にきちんと届いていなかったのである。首相が財政再建に本気で取り組むということは歴代自民党政権では考えられないことであるだけに、累積債務増大に悩む大蔵省はまたとない好機と見て、財政健全化路線に水を差すような情報をきちんと官邸に上げなかったのだ。

大蔵省は、財政構造改革法成立後の一九九八年一月になって初めて、国内の銀行が抱える不良債権が七六兆円に上ることを明らかにした。公表直前にその数字を聞かされた橋本首相は驚いたといわれている。橋本は不良債権について、「〔それまでに〕聞かされていた数字よりも多いのではと、感じて

●竹下派七奉行

一九八〇年代末から九〇年代初めにかけて自民党内で圧倒的な力を持っていたのが、田中派から分かれて発足した竹下派（経世会）だった。この派閥は他派閥に比べると人材が突出して豊かだった。派閥トップは首相を務めた竹下登と副総裁などを務めた金丸信だった。その下の幹部クラスに「竹下派七奉行」と呼ばれた実力者がそろっていたのである。

七人はいずれも個性的で、政策通を自負した橋本龍太郎、万事調整型の小渕恵三、「軍人」「武闘派」といわれた梶山静六、政治改革に熱心だった羽田孜、

のちに「平成の黄門さま」と呼ばれた渡部恒三、何事も喧嘩っ早かった奥田敬和《おくだけいわ》、そして二十年余り日本政界を引っかき回した小沢一郎もいた。

橋本、小渕、羽田の三人が首相に就いたが、残る四人も自民党幹事長や主要閣僚など政府と党の要職を歴任した。筆者が自民党を担当していたころは彼らの全盛期であり、「次の首相は自分たちが決める」と口々に息巻くほど勢いがあった。

竹下派に力のある人材がこれほど集中した理由としては、竹下派が他派閥に比べて所属議員数が圧倒的に多かったこととともに、これはという議員を要職に就けるなどして将来の幹部に育てるという意識が強かったこと、内閣や党のポストを確保するために必要な政治力や資金力を持っていたこと、などが挙げられる。さらに似たような実力を持つ幹部がこれだけそろうと互いの競争も激しくなり、それがいっそう彼らの成長を加速させた面もある。竹下が首相を辞任した一九八九（平成元）年以降、自民党が政権を失うまでの四年余りの間は、総裁に次ぐ自民党の最高ポストの幹事長は竹下派が独占し続け、七奉行が交代で担ってきた。

しかし、七人の関係の行き着く先は対立と分裂であった。まず竹下と金丸の関係がおかしくなり、それに合わせて七人は橋本、小渕、梶山が竹下を、残る四人が金丸を支持して派閥内に亀裂が入った。金丸がスキャンダルで失脚すると、後継争いがこじれて金丸を支持していた小沢ら四人が自民党を離党して新生党を結党した。

同じ派閥に属して若いころから政治活動を共にしてきた仲だけに、一度生まれた亀裂は激しい憎悪や憎しみに転じやすい。永田町では「一・龍戦争」「一・六戦争」などとしばしば揶揄《やゆ》されていた。その後、自民党内において「経世会」はかつてのような存在感はなくなり、弱小派閥の一つになってしまった。派閥を出た小沢たちも政界再編に繰り返し挑戦したが、失敗を繰り返して衰退していった。

はいたが、どのくらい多いかとなるとわからなかった」（『朝日新聞』二〇〇〇年三月二十九日付朝刊）と述べている。十分な情報のないまま、橋本は楽観的な見通しのもと財政構造改革路線に走ってしまったのである。「木を見て森を見ず」の霞が関文化が、橋本改革の失敗を導いた一因だったのである。

二　政権維持を優先した小渕首相

小渕内閣の誕生

橋本の辞任を受けて自民党は一九九八年七月二十四日に後継を選ぶ総裁選挙を実施し、小渕恵三が梶山静六、小泉純一郎を破り当選した。この総裁選挙は、派閥力学によって形成されていく党内世論と国民の意識に大きな乖離《かいり》があることが初めて表に出た選挙でもあった。

一九五五（昭和三十）年以後、自民党総裁選挙は党内主要派閥の領袖《りょうしゅう》が激しくぶつかり合う権力闘争の場であった。ところが、リクルート事件で竹下登が辞任して以降の宇野宗佑や海部俊樹、宮澤喜一は竹下派支配のもとで選ばれてきた。今回も竹下派は自派の小渕恵三を擁立し、主要派閥の支持を得てあっさりと主導権を握ってしまった。これに対し小渕の経済政策を批判する同じ竹下派の梶山静六と、竹下派支配に強く反発する三塚派の小泉純一郎が立候補し、総裁選挙は三人で争われた。

総裁選挙は当初から主要派閥の支持を得た小渕が圧倒的優勢だった。ところが、三候補が出演したある民間放送テレビ局が番組中に「テレコング」と呼ばれる視聴者アンケートを行ったところ意外な結果となった。「テレコング」というのは視聴者が支持する候補を電話で「投票」し、その結果が同時進行で画面に表示されるというしくみであった。結果は、小泉が圧倒的に多く次が梶山で、小渕は最も人気がなかった。

総裁選挙の結果は事前の予想通りだった。三六五人の国会議員と四七都道府県連代表の合計四一二人の投票で行われ、一回目の投票で小渕が二二五票、梶山一〇二票、小泉八四票となって、小渕が圧勝した。その結果、党内世論とマスメディアによる世論調査が示す結果が全く異なっていることが顕在化したのである。つまり、一九九八（平成十）年の自民党総裁選挙ではまだ党内世論が国民世論よりも力を持っていたのである。小渕内閣発足直後の朝日新聞の世論調査結果は、内閣支持率は支持が三二パーセント、不支持が四七パーセントで、政権発足時の不支持率としては過去最高だった。自民党内の力学だけで次の総裁（首相）が決められていく不透明な政治手法は、次第に限界に近づきつつあった。

「平成の借金王」

首相就任後、小渕が最初に取り組んだのは、橋本が政権を失うきっかけとなった景気低迷や金融危機からの脱却だった。八月の臨時国会の所信表明演説で自らの内閣を「経済再生内閣」と表現し、財革法の凍結、六兆円を上回る恒久的な減税、事業規模一〇兆円を超える補正予算の編成などの具体的な数字を挙げて積極的な財政出動を打ち出し、橋本内閣の「緊縮財政路線」を完全に否定した。ただちに有識者を集めて「経済戦略会議」を発足させ、二七兆円規模の緊急経済対策を提言させた。さらに翌一九九九年十一月には一八兆円規模の「経済新生対策」をとりまとめた。日本銀行も歩調を合わせてゼロ金利政策を決定した。

こうした政策は、衆議院議員の任期が二〇〇〇年秋に切れることを意識した選挙対策の側面もあったようで、同年四月からの介護保険料徴収の半年間延期、七〇〇〇億円の地域振興券発行、〇一年四月に実施予定のペイオフ（預金保護）解禁の一年延長など、露骨な人気取り政策も含まれていた。

公共事業費の増額などの積極的財政出動で景気回復をめざすという伝統的手法は、短期的効果を生み出し日本経済は回復軌道に乗ったかに見えた。しかし、日本経済の根本的な構造問題は手つかずで、結局は国の借金を増やすだけに終わった。小渕が首相在任中に発行した国債は合計で八四兆円と歴代首相の中で最も多い額となり、小渕は自らを「平成の借金王」と自虐的に表現するほどだった。大量の国債発行によって一度膨らんだ財政規模を縮小することは難しく、以後、毎年のように新規赤字国債発行額は三〇兆円を上回るようになり、累積債務が雪だるま式に増えていった（図6－1）。

もう一つの課題である金融危機乗り切りのため政府は、経営破綻した金融機関の事後処理手続きなどを定めた「金融再生法案」（金融機能の再生のための緊急措置に関する法律案）を国会に提出した。これに対し民主党など野党三党は対案を提出した。参議院で野党が多数を占める「ねじれ国会」では野党の協力がなければ成立は困難である。野党の反対で廃案になれば、金融危機がさらに深刻化するおそれがある。自民党は野党側との協議で大幅に譲歩し野党案をほとんど全面的に受け入れて、金融再生

図6-1 年度別国債発行額

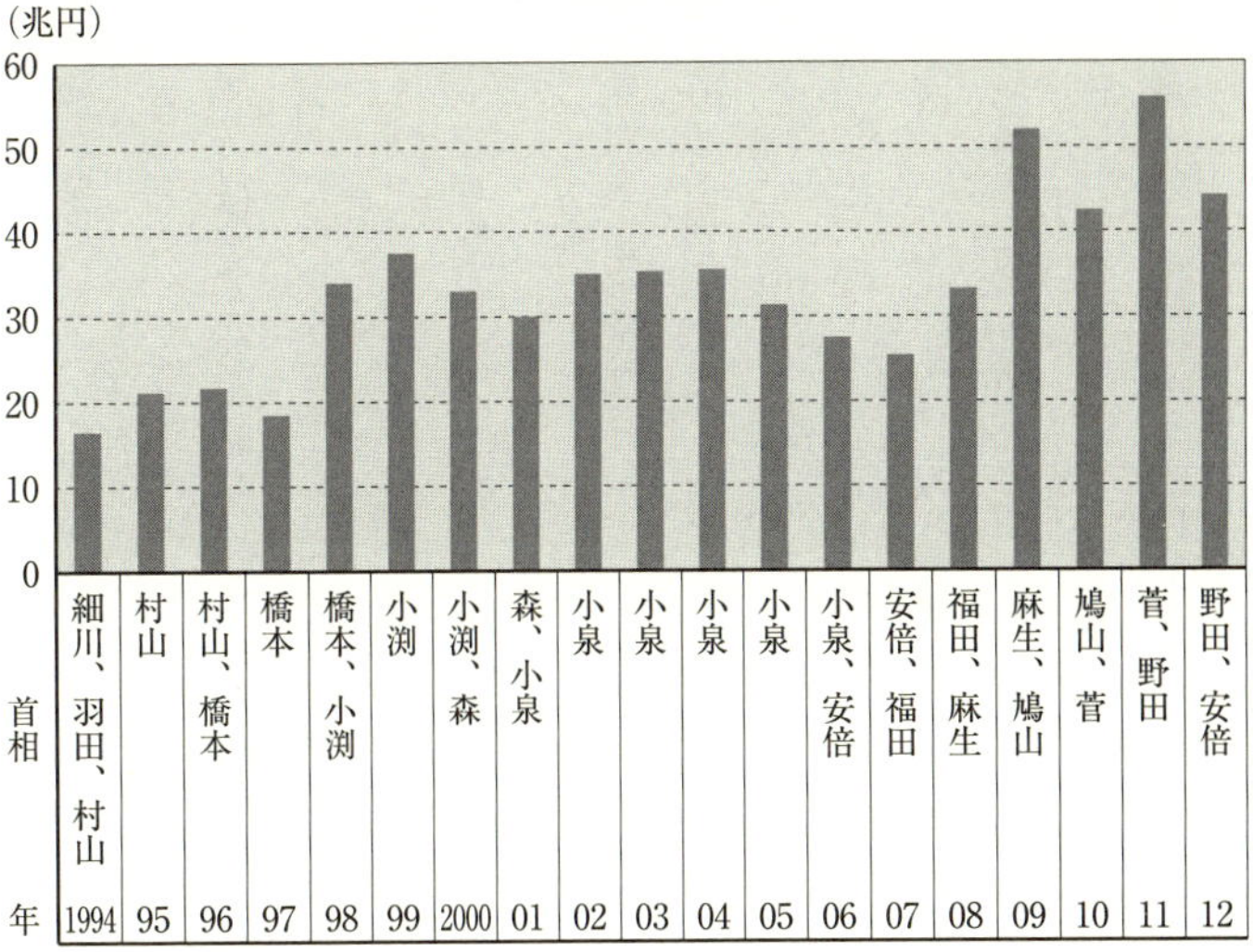

［出典］ 西田，2012 などをもとに筆者作成。

法は一九九八年十月に成立した。

政府はさらに、破綻前の銀行の経営を立て直す目的で公的資本を注入することを定めた「金融機能早期健全化緊急措置法案（金融機能の早期健全化のための緊急措置に関する法律案）」も提出した。こちらは公明党や自由党の賛成で成立し、民主党は賛成に加わらなかった。

金融危機克服のための二つの法律に賛成する政党の組み合わせが変わったのは、この間に新たな連立の組み合わせを作る動きが本格化したからだった。重要政策について民主党案を丸のみばかりしていたのでは政権の安定は期待できない。自民党は「自社さ」に代わる新たな連立相手を求めて、自由党や公明党への接触を始めたのである。その中心人物は小渕内閣の官房長官・野中広務だった。自民党は一九九九年一月に自由党と、十月には公明党との連立合意を実現し、「自自公」連立政権が発足したのである。

一連の経緯について野中は、「自由党との連立の話は実は公明党から出てきたのです。公明党は「いきなり自民党と公明党が一緒になれますか。真中に座布団を置いてもらわないと連立はできません」と言ってきたんです」と語っている（五百旗頭ほか、二〇〇八ａ、一六九頁）。つまり、自民党に対するアレルギーが強かった公明党の党内事情もあっていきなりの自公連立が難しいことから、自由党との連立をつなぎとして利用したというのである。

実り豊かな「小渕外交」

アメリカの新聞『ニューヨーク・タイムズ』紙に「冷めたピザ」と揶揄されたように、小渕は地味で目立たない政治家の印象が強いが、実際には経済財政政策だけでなく外交面でもかなり積極的に政策を展開した。特に一九九八年秋には、日本との間に歴史問題や領土問題を抱える韓国、中国、ロシア、東南アジア諸国連合（ＡＳＥＡＮ）などとの外交に積極的に取り組んだ。

十月に韓国の金大中《キム・デジュン》大統領が来日し「二十一世紀に向けた新たな日韓パートナーシップ」と題する「共同宣言」を発表した。日本側が植民地支配を謝罪したうえで、日韓双方が「過去の不幸な歴史を乗り越えて〔中略〕未来志向的な関係を発展させる」という、未来志向が強調された建設的な内容だった。さらに金大統領は国会での演説で「韓国は、日本の変化した姿を正しく評価しながら、未来の可能性に対する希望を見出す必要があります」（『朝日新聞』一九九八年十月九日付夕刊）などと、戦後日本の経済成長などを高く評価し、日本国内で高く評価された。

他方、中国の江沢民国家主席も十一月に来日したが、日中首脳会談は険悪な雰囲気となった。首脳会談後の共同声明に日本側の「お詫び」を盛り込むかどうかで、事前の協議が難航したのである。日本側が国交正常化した一九七二（昭和四十七）年の共同声明ですでに「深い反省」を表明していると して拒否したため、江沢民は会談冒頭から二五分間、歴史問題や台湾問題について一方的に発言したのである。小渕は「日本政府として、改めて反省とおわびを中国に対して表明する」と口頭で表明したが、共同宣言には入れなかった。繰り返し謝罪する必要はないという判断だったようだが、江沢民はその後の宮中での晩餐《ばんさん》会でも、「日本軍国主義は対外侵略拡大の誤った道を歩んだ」などと日本に対する批判的な発言を続けた。

小渕は日中韓三カ国の首脳会談の実現にも強い意欲を見せ、中国の朱鎔基首相、韓国の金大中大統領、そして小渕首相の三人による首脳会談を一九九九（平成十一）年十一月、マニラでのＡＳＥＡＮ＋日中韓三カ国の首脳会議の機会に実現した。さらに森喜朗首相が参加した二〇〇〇年の会談では、三カ国首脳会議を定例化することで合意した。

外交に関する小渕の考えの根底には、「今世紀中の課題は今世紀中に解決の道筋をつけることが必要」（一九九九年一月十九日の施政方針演説）という問題意識があった。小渕が属していた竹下派は、歴史的に中国や韓国との外交関係を重視し多様な人脈を持つ派閥であり、小渕が一連の外交によって植民地支配や侵略、さらに沖縄問題という歴史の負の部分を清算し、外交関係を次のステップに進めようとする自民党ハト派の伝統的協調外交を展開しようとしたことは間違いないだろう。

暗　転

自自公連立政権が成立したのは二〇〇〇年一月だが、三党の連携はその前から強まっていたため政権は安定感を増した。それが最もよく表れたのが一九九九年の通常国会だった。日本周辺で起きた平和や安全に影響を与える事態での自衛隊などの対応を定めた「周辺事態安全確保法」、捜査機関による電話などの傍受を認める「通信傍受法」、国民に十桁の番号を付ける「住民基本台帳法」、日の丸と君が代を法的に位置づけた「国旗国歌法」など、与野党が対立する重要な法律が次々と成立した。

ところが、この安定は小渕自身の病によって一気に崩壊した。公明党が正式に連立に参加したことで影響力が落ちることを恐れた自由党党首の小沢一郎は、二〇〇〇年三月に入って自民党と自由党の完全な選挙協力や新たな政策合意、総選挙での現職優先などを小渕に求めた。さらに小沢は自民党と自由党の解党合併も主張した。総選挙後の生き残りをかけた小沢の要求だったが、自民党に受け入れる余地はなかった。三月の一回目に続いて小渕と小沢は四月一日、首相官邸で約五〇分にわたって再び協議し、小渕が小沢の要求を拒否したため自由党との連立を解消することとなった。

そしてその夜、小渕が首相公邸で脳梗塞《のうこうそく》で倒れたのである。もともと心臓の持病を持っていたところに首相という激務で体が限界に達したのだろう。小渕が昏睡状態に陥り回復の見通しが立たないことから、小渕内閣は四月四日に総辞職した。小渕はその後意識を回復することなく五月十四日に死去した。あっけない幕切れだった。

三　変われない自民党

「密室」での森首相誕生

小渕が倒れたことを受けて後継の首相には幹事長だった森喜朗が選出されたが、森の選出経過は不透明で正統性を欠いているとして、大きな問題になったので少し詳しく紹介する。

小渕が倒れて入院したという情報は、ただちに党内の一部幹部に伝えられた。翌四月二日の昼、都内のホテルに森喜朗幹事長、野中広務幹事長代理、青木幹雄《あおきみきお》官房長官、亀井静香政務調査会会長、村上正邦《むらかみまさくに》参議院自民党議員会長の五人が集まって対応を協議したものの、情報が不十分なためいったん散会した。同日夜、青木は小渕の入院を記者会見で公表した。その後、小渕の様態が急変したことから再び集まった五人が、小渕が首相の職務を続けることは無理と判断し、後継首相を森とすることで合意したのである。

三日には青木が、「小渕の指示」によって首相臨時代理に就任した。そして四日に内閣総辞職し、五日、自民党は両院議員総会で森を新総裁に決定して、同日の衆参両院本会議で森が首相に指名された。

この過程で問題とされたのが森首相誕生の正統性だった。小渕の病状などが十分に国民に知らされない中、自民党幹部五人がホテルの一室に集まって森を後継とすることで合意し、総裁選挙も行わないで決めてしまったのは正当な手続きをふんでいない密室の談合政治であるという批判が出たのだ。また、昏睡状態に陥った小渕の意思確認などがどのように行われたのかという点も疑問視された。

一連の経緯について森は、「五人の集まりでの合意は執行部として次期総裁候補に私を推薦するということです。次期総裁の問題を両院議員総会にかけるときは、他の人も立候補できるわけです。だから、密室ですべてを決めたわけじゃあない。両院議員総会で僕のほかにだれも出なかっただけの話です」と反論している（五百旗頭ほか、二〇〇七b、二二六頁）。

主要派閥間の合意で総裁選挙を優位に進めて首相に就任した小渕のケースでさえ不透明な選出であると批判を受けた。ホテルの一室で党幹部が合意したという森の選出過程になると、なおさらである。古《こ》野中や青木らの判断は、現職首相の突然の病による混乱を最小限にするための対応だったろうが、古色蒼然《しょくそうぜん》とした「密室」での後継決定は強い批判を浴び、森内閣はスタートからつまずいてしまったのである。

失言と「加藤の乱」で短命に

森首相のもとで行われた二〇〇〇年六月の総選挙での自民党の獲得議席は二三三議席で、改選議席を三八も減らしたが、連立を組む公明党と、自由党が分裂してできた保守党の議席を合わせると二七一となり、連立与党は絶対安定多数を確保した。森は引き続き政権を担い、七月には小渕が首相当時に開催を決めた沖縄サミット（主要国首脳会議）が予定通り行われた。しかし、森内閣は森自身の失言などで徐々に崩れていった。

五月、神道政治連盟国会議員懇談会で森は「日本の国はまさに天皇を中心とする神の国である」と発言した（『朝日新聞』二〇〇〇年五月十六日付朝刊）。当然、憲法の定める国民主権に反する発言であると批判された。総選挙中の六月には新潟での遊説中に「まだ〔投票態度を〕決めていない人が四〇パーセントぐらいある。そのままその人たちが（選挙に）関心がないといって寝ていてくれれば、それでいいんですけれども、そうはいかない」と発言した（『朝日新聞』二〇〇〇年六月二十一日付朝刊）。ついい本音が出てしまった発言だったが、民主主義を否定するものであると批判された。聴衆の「笑い」をとることを得意とする森らしい話術が裏目に出たのである。

こうした森の言動に批判を強めていたのが、元幹事長の加藤紘一や元政調会長の山崎拓だった。十一月に二人は臨時国会会期末に野党が提出予定の内閣不信任案に賛成する考えを表明した。加藤、山崎は共に派閥会長で両派の議員数を合わせると六〇を超えており、全員が賛成すれば数の上では不信任案可決が可能になる。この騒動は「加藤の乱」と呼ばれた。幹事長の野中ら執行部は激しい切り崩しを行い、結局、加藤派は分裂状態に陥ってしまい内閣不信任案は否決され、造反劇は失敗に終わった。有力な次期総裁候補の一人だった加藤はこの事件で完全に失脚してしまい、以後、中心的役割を担うことはなかった。しかし、この騒ぎによって森の求心力も著しく低下したのである。

政権の混乱はこれだけでは終らなかった。森にとって決定的だったのは「えひめ丸事件」だった。二〇〇一年二月十日の朝（日本時間）、ハワイのオアフ島沖で愛媛県立宇和島水産高校の練習船「えひめ丸」が米国原子力潜水艦「グリーンビル号」に衝突されて沈没し、教員と生徒九人が死亡する事故が起きた。その日は週末で、森はゴルフに出かけていた。森に第一報が届いたのは事故発生から二時間後の午前十一時前だったが、森はしばらくゴルフを続けた後に首相官邸に向かい、着いたのは午後二時過ぎだった。そのためマスメディアからは危機管理能力が欠けているなどと激しく批判された。内閣支持率が極端に下がり、二月には一部の新聞の調査で九パーセントと一桁まで落ちた。二〇〇一年には参議院選挙や統一地方選挙が予定されていたため、選挙に危機感を強めた国会議員や地方議員らから森首相に対する退陣要求が出てきて、結局、三月に退陣を表明した。

凝縮された自民党政治の矛盾

村山内閣誕生で政権党に復帰した自民党は、連立のパートナーを巧みに変えながら政権を維持してきた。一九九四年の村山内閣発足時は社会党、新党さきがけとの「自社さ」連立だったが、自民党が衆議院で単独過半数を回復すると社会、さきがけ両党が連立を離脱した。九八年の参議院選挙で自民党が大敗しねじれ国会になると、自由党と公明党が加わった「自自公」連立が成立し、政権は安定した。二〇〇〇年に自由党が連立を離脱すると、自由党が分裂して生まれた保守党が連立に加わり「自公保」連立となった。以後、公明党は自民党と、与党時代は連立を、野党時代にも選挙協力などの連携を維持し続けた。そして自民党と連立を組んだ政党のうち、公明党以外はことごとく議席を減らして多くが消えていった。連立は自民党にとって有益であったが、政党組織が強固な公明党以外の少数政党にとっては決してプラスには働かなかったのである。

自民党が政権維持のために他党との連立を組まなければならなかったのは、総選挙で単独過半数を獲得できなくなったためである。一九九三年以後の一〇年間の総選挙での自民党の獲得議席は、二二三（九三年）、二三九（九六年）、二三三（二〇〇〇年）、二三七（〇三年）と大きな変化がない。自民党の基礎体力は二三〇台の議席となり、政権を安定させるために他党との連立が欠かせないものとなったのである。これは伝統的に自民党を支えてきた農業協同組合（農協）や日本医師会、全国建設業協会（全建）などの組織が以前に比べると弱体化し組織票を動員できなくなったことが要因であり、自民党の権力基盤は大きく変化していたのである。

ところが、こうした現実を前にしても自民党の発想はあまり変わらなかった。橋本の財政構造改革が失敗に終わると、一気に旧来型の積極財政による景気回復に走った。政権維持にこだわる自民党は改革路線を完全に封印してしまったのである。その結果、橋本、小渕、森内閣では新規発行の赤字国債が毎年三〇兆円を超え、国の抱える累積債務は一気に膨張していった。一方で、バブル経済崩壊後の日本経済にとって最大の課題となっていた金融機関の不良債権処理は思うように進んでいなかった。政権維持を最優先する自民党は、橋本改革に対する反動で一気に旧態依然たる政治に逆戻りし、矛盾が凝縮された形で二十一世紀を迎えたのだった。

第7章

新進党の崩壊と民主党の誕生

↑新進党結党大会。テープが飛び，党名を書いた巨大な帆布が客席を覆うパフォーマンスで締めくくられた（横浜市・国立横浜国際会議場，1994年12月10日）（写真提供：朝日新聞社／時事通信フォト）。

衆議院に小選挙区比例代表並立制が導入されたことを受けて、政治の世界は新しい選挙制度の下での総選挙に向けて離合集散の動きが活発になった。

政権維持に失敗した新生党などの非自民勢力は、小沢一郎を中心に民社党、日本新党、さらには公明党の一部なども加わって自民党に対抗できる新党の結成を急ぎ、一九九四（平成六）年十二月、国会議員二〇〇人余りを集めた「新進党」を結成した。しかし、九六年の総選挙で政権奪取に失敗すると党内の旧勢力間で対立が激しくなり、一年後にあっけなく解党してしまった。

一方、リベラル勢力の結集をめざしていた新党さきがけの鳩山由紀夫や菅直人らは、総選挙直前に社民党やさきがけの議員らを集めて「民主党」を結党した。さらに総選挙後には新進党が解党してできた多くの政党を糾合して「新・民主党」を結党し、新進党に代わって野党第一党となった。

小選挙区制は政党や国会議員の性質も変え始めた。本来、政党は社会の一定部分を代表し、政策を実現するための集団であったが、小選挙区制導入後は立候補者にとって当選するための組織という性格が強まってきた。その結果、選挙に当選するために政党を渡り歩く政治家が多く出てきた。政治改革は政党と政治家を変えるという予期せぬ効果を生み始めたのである。

本章では、村山内閣発足後の野党勢力の動向に焦点を合わせつつ、政治改革がもたらした政治の変質を探ってみる。

一　新進党の成立と崩壊

新進党の誕生

一九九四年六月、羽田内閣総辞職後の政権維持に失敗した非自民勢力は、新しい選挙制度に対応するための新党結成に動き始めた。

九月に公明党が新党結成に参加する方針を決めた。ただし、参加するのは衆議院議員全員と参議院議員の一部に限定し、任期を三年残す参議院議員と地方議員や党職員は公明党を分党した形で作った政党である「公明」に残るという「分党方式」を打ち出した。その後、日本新党、新生党、民社党が相次いで解党し、十二月十日に衆議院議員一七六人、参議院議員三八人、合計二一四人の国会議員が参加する新進党が発足した。党首には元首相の海部俊樹が就任し、小沢一郎が幹事長に就いた。

初めて実施される小選挙区制の下でばらばらに候補者を擁立したのでは非自民勢力に勝ち目はない。自民党に対抗できる大きな政党を作り、候補者を一本化することは不可欠であり、新進党は少数政党が選挙で生き残るために大同団結した政党だったのである。

それゆえに政策面での合意形成は重視されていなかった。党綱領は冒頭に「自由、公正、友愛、共生の理念を高く掲げ、民主政治の健全な発展をめざすとともに、日本の良き文化・伝統を生かしつつ、地球社会の一員として、世界の平和と繁栄に責任を果たす「新しい日本」を創ります」とリベラリズムから保守主義まで、さらには国際協調主義などさまざまな概念を網羅的に並列している。また、結党宣言には「多様な選択肢のある公正な社会をめざし、人生に安心と生きがいのある活力ある福祉社会をつくりたい」「世界に開かれた日本を建設し、豊かさが実感できる社会を創造したい」など、差し障りのない項目が列挙されているが、具体性は欠けていた。

政党の性格が曖昧《あいまい》になったのは、新進党に集まった各党に「非自民」という点以外に政策的な共通点が少なかったためである。憲法改正を掲げる政党がある一方で、護憲の政党も含まれていた。また細川連立政権時代の小沢の政治手法に反発していた勢力もあれば、宗教色の強い公明党と同じ政党になることに抵抗感を持つ政党もあった。各党が異論なく参加できるようにするためには、政党の掲げる政策は抽象的で曖昧なものにならざるをえなかったのである。つまり新進党は、総選挙で自民党に対抗できる勢力を作ることだけを目的とした「選挙互助会的政党」の色彩が濃かったのである。

わずか三年で解党

新進党は結党翌年の一九九五年七月に、初めての参議院選挙でいきなり四〇議席を獲得する躍進を見せた。特に比例区は一八議席を得て自民党の一五議席を上回った。ところが、寄せ集めの政党ゆえ党内は早速軋《きし》み始めた。最初の批判は幹事長の小沢に向けられた。細川連立政権時代と同様に、二重権力構造を作って海部を党首に祭り上げてしまい、裏で実権を握る小沢の手法に対する不満が出てきたのである。十二月の代表選挙に小沢批判の急先鋒だった元首相の羽田孜が立候補すると、危機感を持った小沢も立候補した。かつて行動を共にして自民党竹下派を割り、さらに自民党を離党して新生党を作った同志が正面から対立したのである。結果は小沢の圧勝に終わったが亀裂は残り、羽田は六〇人余りの議員を集めて党内に自らのグループを発足させた。

そして新進党結党の最大の目的であった一九九六年十月の総選挙を迎えたが、結果は自民党二三九に対し新進党は一五六と伸び悩み、政権奪取は実現しなかった。そのため新進党内の亀裂はさらに深まり、総選挙直後から衆参両院議員が相次いで離党し始めた。十二月に羽田が一二人の議員と共に新進党を出て「太陽党」を結党した。翌年六月には元首相の細川護熙も離党した。離党者の数は一年足らずで三〇人を超えた。いずれも小沢の党運営などへの反発を理由にしていた。そのうち九人の衆議院議員が自民党に復党したため、自民党は九七年九月に過半数を回復してしまったのである。

そこで小沢は非自民勢力結集による政権獲得路線を転換し、新進党内の保守派と自民党内で社会党・さきがけとの連立に批判的な勢力とを連携させる「保保連合」をめざして動き始めた。一九九七年春には沖縄の米軍の基地使用を継続するための「駐留軍用地特別措置法改正案」について、首相の橋本と会談して成立に合意した。衆議院本会議で賛成した議員は全議員の九割に上った。ところが、小沢に対する自民党内のアレルギーの強さを知った橋本は、五月になって新進党との連立の可能性を明確に否定し、「保保連合」はあっけなくつぶれてしまったのである。

その後の新進党は解党に向かって走っていった。六月の東京都議会議員選挙には一一人の候補者を擁立したが、当選者はゼロに終わった。十一月になると、公明が翌年の参議院選挙の比例代表は新進党ではなく公明のままで候補者を擁立することを決めてしまった。八〇〇万票とも言われる創価学会票を期待していた小沢は強く反発したが公明は態度を変えなかった。

そして十二月に代表選挙が行われ、今回も反小沢勢力から鹿野道彦《かのみちひこ》が立候補し、小沢と激しい選挙戦を展開した。代表選挙は再び小沢が勝利したが、その直後に小沢は新進党解党を決めたのである。新進党は小沢が率いる「自由党」、旧公明党系の衆議院議員による「新党平和」、旧公明党系参議院議員による「黎明クラブ」、旧民社党系の「新党友愛」、鹿野らによる「国民の声」、小沢辰男《おざわたつお》らが結成した「改革クラブ」という六もの政党に分かれたのである。その他にも、すでに新進党を離党していた羽田らの「太陽党」、細川護熙らによる「フロムファイブ」という政党があった。

小沢はなぜ代表選挙に勝った直後に新進党解党という理解しにくい行動に出たのだろうか。その理由について小沢は「僕は公明党をなくして一つの政党をつくろうとしました。しかし、公明党をなくすとかなくさないとかいう問題は、創価学会の本質に触れる話になってくる。そして、学会は公明党をなくすことに絶対ノーだった。結局、公明党のほうから「分党させてほしい」という話になった」「（新進党には）公明党の票をあてにしている人もいました。それぞれ、いろいろな思惑があったから、この機会に「俺はあっちに行く」「僕はこっちに行く」ということになった。それで解党以外にないじゃないかとなった」と語り、公明党が次第に新進党に距離を置き独自行動を強めたことが最大の理由であると語っている（五百旗頭ほか、二〇〇六a、一六四－一六五頁）。しかし、公明党の動きは解党した理由の一部でしかないようだ。

小沢には一九九三年に細川連立政権を実現した成功体験の記憶が生々しく残っていたであろう。連立相手をうまく作って多数派を形成すれば政権を獲得できる、という体験である。一方で小沢は、国会内会派の「改新」騒動で社会党を外したように、自分の意に沿わない勢力を切り捨てることをためらわない狭隘《きょうあい》さも持っていた。新進党結党のときも小沢は「非自民」という看板のもとに保守勢力もリベラル勢力も集めて政権獲得に走ったが、総選挙で敗れ九三年の再現とはならなかった。すると、一転して官房長官の梶山静六ら自民党内の保守勢力に接近し、保保連合で政権奪取を実現しようとしたが、やはり失敗に終わった。数を集めて多数派を形成し政権を獲得するという、きわめて直線的な手法である。当然、新進党内から反発が出て党運営は行き詰まる。自分の思うようにいかない政党は不要であるとばかりに新進党を解党し、自らに近い保守系議員だけを集めた政党を作って再スタートしたのであろう。

本書の他の章でもふれることになるが、自自公連立や自由党の民主党への合併などの際の小沢の行動を分析すると、一定のパターンが浮かんでくる。政権獲得のためであれば相手が自民党であろうが民主党であろうがかまわない。パートナーを代えながら、政党を作ったり連立政権に参画したりする。ところが、自分が主導権を握れなくなってしまうと、政党を解体したり離党したり、連立を離脱したりして振り出しに戻してしまう。それゆえに小沢の行動は、「作っては壊し、また作っては壊す」と揶揄《やゆ》されたのである。

政党を政権獲得のための道具のように考える小沢流政治が、日本の政治を大きく混乱させたことは間違いない。政党と有権者の関係が固定的だった自社「五五年体制」は過去のものとなり、有権者の政党支持が流動化してマスメディアで話題になったり注目されたりする政党や政治家に票が集まるようになった。話題作りのために政党が簡単に作られ、選挙が終わると離合集散を繰り返すようになった。政治家もためらいもなく政党を渡り歩くようになった。社会の一定の階層などを代表し利害調整をして政策を実現するという政党の古典的定義は次第に当てはまらなくなり、政党は国政選挙の候補者が多くの票を獲得するための互助会組織のような性格を強めていったのである。

小沢の言動が大きな影響を与えて政党の性格が大きく変わっていった。そして小沢自身も同じような政治行動を繰り返し、二〇一二年の総選挙まで力を維持した。小沢という存在が、長く続いた日本政治の混迷の原因の一つであったことは否定できない。

二　民主党の誕生と急成長

幻の社さ新党構想

自民党に対抗できる政党をめざして結党した新進党は党内分裂から解党したが、その新進党に代わる存在として登場し成長していったのが民主党である。

実は、民主党結党が実現する前に別の動きがあった。新進党結党に参加しなかった社民党（一九九六年一月に社会党から社民党に党名を変更）と新党さきがけの間で浮かんできた、「社さ新党」構想である。一九九五年七月の参議院選挙で自社さ三党の連立与党はかろうじて過半数を維持したが、新進党登場の影響もあって社会党は改選を迎えた四一議席を一六に大幅に減らし、さきがけはわずか三議席しか獲得できず、結党時の勢いが消えてしまった。この結果に危機感を持った社会党委員長でもあった首相の村山富市とさきがけ代表の武村正義は、総選挙で生き残るためには両党の合併しかないと考えて党内や労働組合の説得を始めた。ところが、この構想にさきがけの議員が強く反対したのである。

当時さきがけの議員は日本新党などから移ってきた議員らを含め二十人余りに増えていたが、中核を担っていたのは結党時に参加した元自民党議員らだった。彼らは自民党時代に、国政選挙のたびに社会党の候補者や社会党を支持する労働組合を相手に激しく戦ってきた経験を持つ。それだけに社会党と連立を組むことまでは認められても、一緒に政党を作ることは受け入れられなかったのである。また彼らは自民党時代からそれぞれ強固な個人後援会を組織しており、小選挙区制になっても当選できるという自信があったようだ。

結党時のメンバーの一人である三原朝彦は「我々の選挙は政党や既存の組織に頼るのではなく個人の力でやる。労組に乗っかって選挙をするのは嫌だ。私は労組のために国会議員になっているのではない」と語り、渡《と》海《かい》紀《き》三朗《さぶろう》も「社会党と一緒になることに対して、私にも支持者にも、ものすごいアレルギーがあった」（いずれも一九九八年の筆者のインタビュー）と「社さ新党」に反対した理由を述べた。結局、さきがけ党内からの反発で村山も武村も身動きがとれなくなってしまい、「社さ新党」構想は消えてしまったのである。

民主党の誕生

新党問題が膠着《こうちゃく》状態に陥った中で次に動き出したのが、新党さきがけの代表幹事だった鳩山由紀夫だった。鳩山は元社会党代議士で落選中だった仙谷由人《せんごくよしと》、北海道知事の横路孝弘《よこみちたかひろ》ら社会党系の人物だけでなく、新進党議員だった船田元《ふなだはじめ》らにも幅広く接触し、自民党や新進党とは異なる第三極の結集をめざした。

そして一九九六年八月、鳩山は講演で「秋までに新党あるいは新党準備会的なものを示す」と述べて新党結成を表明した。新党の具体的構想については、「社民党やさきがけを丸ごとではなく、新進党や自民党からも同志が集まれる環境を作りたい」と語った。鳩山は社民党やさきがけがそのまま組織として新党に参加したのでは旧態依然の政党ができると考えて、新党への参加を政党丸ごとではなく一人一人の自主的判断とすることに強くこだわるとともに、村山や武村をはじめとする両党の幹部の新党参加を拒否したのである。新党さきがけの幹部らはこれを「排除の論理」と批判したが、鳩山の考えを変えることはできなかった。結局、新党さきがけは選挙基盤が弱い若手を中心に所属議員が鳩山の新党に参加することを容認し、党は分裂してしまった。当時、厚相として薬害エイズ問題に機敏な対応をして国民的な支持を得ていた新党さきがけの菅直人も鳩山新党に加わった。

一方、政党として完全に行き詰まっていた社民党は全員で鳩山新党に合流する方針を決めた。しかし鳩山は社民党に対してもそのまま新党に参加することは認めなかった。結局、社民党も党所属議員の鳩山新党への自主的参加を認めるとともに、社民党としても次期総選挙に臨む方針を決めた。鳩山新党への参加者は相次ぎ、当時、社民党幹事長だった佐藤観樹《さとうかんじゅ》までもが加わるなど、社民党も完全に分裂してしまった。鳩山の対応について村山は強く反発したが、「労働組合の方が民主党支持に移っていた。当然、労働組合に担がれている議員はみんな民主党に行くわけだ。社民党の場合、労働組合の支援なしに選挙に当選してきた議員なんてあまりいないから、もう大勢として新党に行ってしまう流れになっていた。〔中略〕ここまできたらもうしようがないからな。「我々は残って社民党の旗を守っていこうじゃないか」と言って、まるで決死隊のようなもんじゃな」と語っている（薬師寺、二〇一二b、二〇五―二〇六頁）。こうして総選挙に臨む鳩山新党の態勢ができあがったのである。

鳩山らは衆議院解散直後の九月二十八日に結党大会を開き、鳩山と菅が共同代表に就いた。党名は「民主党」とし、参加した国会議員は衆議院五二人、参議院五人で、大半が社民党と新党さきがけからの参加だった。総選挙には、新人を含め一六一人の公認候補を擁立して臨み、改選議席と同じ五二人が当選して、新たな選挙制度のもとでの政党としての基盤作りに成功したのであった。

当初、鳩山の新党結成の動きはほとんど注目されていなかった。しかし、社さ新党構想がつぶれたこと、新進党結党で二大政党のいずれもが保守系の政党となったこと、連合を中心に労働組合が社民党に代わる新たな支持政党を模索していたことなどが重なり、非自民、非新進のリベラル勢力結集に期待が集まった。そして総選挙が間近に迫ったことで新党結成に拍車がかかり、一気に結党にいたったのである。

そして、総選挙から一年余り経ったころ、民主党にいきなり大きな転機が訪れた。それが一九九七年十二月の新進党解党だった。鳩山と菅はただちに新進党から分かれた太陽党、国民の声、新党友愛などの政党に合流を働き掛け、九八年一月に国会内会派「民主友愛太陽国民連合（民友連）」を結成した。四月にはこれらの政党がすべて民主党に合流し、民主党は選挙を経ないで一気に国会議員数が衆議院九三人、参議院三八人、計一三一人の野党第一党になったのである。

民主党の政策

次に、民主党の政策を見ていく。結党時に民主党の中枢を担ったのが、自民党の腐敗を批判して飛び出した鳩山由紀夫、市民運動の立場から政治活動を続けてきた菅直人、さらにいち早く社民党の可能性に見切りをつけて新党結成に参加した元社会党議員らということもあって、民主党には「自民党政治の否定」という色彩やリベラル色が強かった。結党時に公表された「民主党のめざすもの」や「基本理念」と題する文書では、自民党政治の現状を「政官業癒着《ゆちゃく》の利権政治」「明治以来の官僚主導の国家中心型政治」などと否定的に評価し、「市民主体による自立と共生の下からの民主主義」「多極分散・水平協働型の市民中心社会」を作り上げるとしている。外交政策は、「これまでの過剰な対米依存を脱する」などと日米同盟関係を基盤とする政策を転換し、アジア外交の重視を主張している。特に基本政策では、冒頭に「日本社会は何よりも、アジアの人々に対する植民地支配と侵略戦争に対する明瞭な責任を果たさずに今日を迎えている。二一世紀に向け、アジアと世界の人々の信頼を取り戻すためアジアの国々の多様な歴史を認識することを基本に、過去の戦争によって引き起こされた元従軍慰安婦などの問題に対する深い反省と謝罪を明確にする」として歴史認識問題を取り上げている点が目立つ。

鳩山がよく使う「友愛」や「市民」という言葉がキーワードとして頻繁に登場しているが、全体的には観念的で、具体的に政策にどう反映させるのかは不明だった。しかし、官僚主導や利権政治、中央集権などの否定は、その後の民主党の政策に一貫して盛り込まれており、民主党の原点が示されていた。

民主党は結党から二年後に勢力を拡大したとき、あらためて「私たちの基本理念」や「基本政策」と題する文書をまとめた。その内容は「日本はいま、官主導の保護主義・画一主義と、もたれあい・癒着の構造が行き詰まり、時代の変化に対応できていません」など、その方向性は当初のものと大きく変わってはいないが、多様な勢力が参加したことで「生活者、納税者、消費者の立場を代表します」「民主中道の新しい道を創造します」などと幅を広げた表現となっている。

目を引くのが行財政政策や経済政策に関する部分で、「官僚の役割を事前調整から事後チェックへとシフト」「行政の裁量を減らす」「自己責任と自由意思を前提とした市場原理を貫徹する」「規制改革を長期的経済発展の基本と位置づけ、経済的規制は原則廃止する」などとして、行政が経済に強く介入する自民党政権時代の政策の転換を前面に出す、新自由主義的手法を打ち出していた。

そして新進党に代わって民主党が野党第一党となったため、「政権交代可能な政治勢力の結集をその中心となって進め、国民に政権選択を求める」として、結党時にはなかった「政権交代」という言葉が初めて登場している。

とはいえ、民主党の政策や党組織作りが本格化するのはそれからだった。結党時の民主党について菅は、「非常に民主的な政党だったんですが、ヒエラルキーがなくて、派閥的なものも薄くて、上下関係もあまり厳しくなくて、戦後生徒会民主主義的なところがあって、指示命令系統がきちんとしていない、何となくフワッとした政党でしたね」（五百旗頭ほか、二〇〇八b、一五九頁）と述べている。

社民党の衰退

ここで戦後長く自民党とともに「五五年体制」を担ってきた社会党について述べておこう。社会党は一九五五（昭和三十）年に左右両派が統一して以後、一貫して野党第一党の座を維持してきた。と

●武村正義

滋賀県生まれの武村は東京大学の教育学部と経済学部の二つの学部を卒業して一九六二（昭和三十七）年に自治省（現在の総務省）に入省したが、最初から政治家を志していたようで、わずか九年後の七一年に出身地の八日市市長に当選した。さらに、その三年後には滋賀県知事に当選し、八六年に衆議院議員となった。

若くして市長、知事となった武村は、次々と打ち出すユニークな政策と財政再建のための大胆な決断で、瞬く間に全国に知られるようになった。特に、有機リン合成洗剤を使った家庭からの排水で琵琶湖の富栄養化が進み赤潮が頻繁に発生するなど汚染が深刻化したため、「琵琶湖富栄養化防止条例」を制定したことは有名だ。

知事就任時の県政最大の問題は、前知事が残した巨額の財政赤字の克服であり、県職員の給与が払えないくらい深刻な状況に陥っていた。そのため、県議会議員や労働組合などの反対を押し切って、公共事業や補助金のカットや職員給与の引き下げなどを断行した。

そうした実績が評価され、国会議員になると一九九二（平成四）年十二月の宮澤内閣改造で、当選わずか二回で入閣候補に取り沙汰されたが、まだ早すぎるということで見送られた。本文で詳しく述べたように政治改革に奔走したが、武村の打ち出す案は反対派によってことごとくつぶされていき、最後は自民党を離党し、新党さきがけを作ったのである。

政治改革をめぐって同じく知事経験のある細川護熙と非常に緊密な関係になったが、連立政権がスタートすると、なぜか二人の関係は日に日に疎《うと》くなっていった。その理由は、当時、第一線で取材していた筆者にはなかなかうかがいしれなかった。

官房長官に就任した武村は、新生党の小沢一郎の政治手法に批判的で、事あるごとに小沢を牽制する発言をしていた。それが小沢らの反発を買って全面的な対立となっていったわけだが、細川からすると政権の足を引っ張るようなことをされてはたまらない。やむなく小沢の側についてはみたものの、結局、短命内閣に終わってしまった。

武村は何か問題が起きると秘かに昔馴染《なじ》みの自民党の幹部に会っていたため、自分の目的のためなら敵味方かまわずだれにでも接触するという否定的な意味で、「バルカン政治家」と呼ばれたこともある。だからといって必ずしも政界遊泳術にたけていたわけではない。一九九五年九月にはフランスの核実験に反対するため、現職の蔵相でありながらタヒチで反核集会に参加するなど、最後まで理想家肌のハト派政治家を貫いた。

議員引退後は砂漠化が問題となっている中国の植林活動のために毎年、訪中を続けている。

ころが七〇年代以降の「長期低落」時代を経て九三（平成五）年の総選挙後は選挙のたびに大きく議席を減らし続け、急速に存在感をなくしてしまった。その理由は選挙制度改革を受けた新党結成に失敗し多くの議員が民主党に流出したことや、最大の支持母体である日本労働組合総連合会（連合）が民主党支持に転じたことが挙げられる。

特に衆議院の選挙制度改革は社会党にとって決定的なものだった。野党第一党とはいえ社会党にとって小選挙区で自民党候補に勝つことは至難の技で、生き残りのためにも幅広い支持を集めることのできる新党結成が不可欠だった。ところが、その重要なタイミングで社会党は委員長の村山が首相に就任してしまった。党内は、政権運営にエネルギーを注ぎ村山を支えるべきだとする左派中心のグループに対し、自民党との連立に批判的な右派は政権運営に協力せず、次期総選挙に向けた新党作りを急ぐべきだと主張して、真っ二つに割れてしまった。

新党問題になかなか腰を上げない村山に対して最初に反旗を翻したのが元委員長の山花貞夫らで、一九九五年一月十七日に二四人が新党結成に向けて会派離脱届を提出した。ところが、この日は早朝に阪神・淡路大震災が起こった日で、大災害時の山花らの行動はかえって批判を浴びることになり、新党結成の動きはあっという間につぶれてしまった。

その後、新党結成を急ぐ右派は、書記長の久保亘を中心に労働組合と共に新党準備会を作ったり、新党結成を決めるための党大会の日程を決めたりするなど積極的に動いた。そのたびに村山は党大会開催の延期を決めるなど慎重姿勢を崩さなかった。しかし、新党問題先送りの限界が近づいてきたと判断した村山は、九六年一月に突然、首相を辞任した。村山は、直後の党大会で党名を社会民主党に変更して自らが党代表に就任するとともに、さきがけとの合併による新党結成をめざして動いた。その後の経緯はすでに述べた通りである。

右派と左派は、共に社会党のままでは小選挙区比例代表並立制のもとで生き残ることができないという認識では一致していた。しかし村山らは、社会党の地方組織や地方議員、さらにはこれまで掲げてきた社会民主主義的な政策の継続を重視していた。それに対して久保らは、既存の社会党組織にこだわっていたのでは支持を拡大できないとして、保守系議員も含めた勢力の結集をめざしていた。村山はその違いについて、「僕はやっぱり社会民主主義という主張を大事にしなければならないと考えていた。しかし、山花氏や久保氏は社会民主主義をあまり重視しないでむしろリベラルの方にウィングを広げて、そういうところに新しい主体を作っていくという考えだ」（薬師寺、二〇一二b、一六一頁）と述べている。

かつての左右対立のような激しさはなかったものの、両グループの人間関係の亀裂は深刻で、村山内閣時代に委員長と書記長の立場だった村山と久保はほとんど対話のない状態だったという。村山がさきがけとの新党構想に失敗し鳩山が民主党を結成すると、右派を中心に多くの国会議員が民主党に合流していったのも当然の流れだったのである。

「五五年体制」の崩壊と政権交代は、長く政界を支配してきた自民党と社会党の地位を不安定にしたが、両党の対応の差がその後の盛衰の違いを決定的なものにしたのである。野党に転じた自民党は巧みに社会党を取り込んで政権に復帰し、その後は連立相手を代えながら政策的成果を積み上げて議席を維持することに成功した。これに対し社会党は、党首が首相になるという好機に恵まれたにもかかわらず、それを党勢拡大に生かすことができないまま結果的に自民党の延命に手を貸しただけに終わった。長く政権を運営してきた自民党と、野党の立場で自民党批判に終始していた社会党の経験の違いが、政界が流動化する中で顕在化したのである。

左派を中心とする議員が残った社民党は以後国政選挙のたびに議席を減らし、二〇一二年の総選挙では二議席、一三年の参議院選挙では一議席にまで減ってしまった。激しく変化する現実を前に自己改革を怠ったこの政党は、国民から完全に見放されてしまい政治の中心から姿を消していったのである。

新党さきがけの解党

一方、武村正義を中心に結党された新党さきがけは、議員数は結党時が一〇人、一九九三年の総選挙で一三人に増え、さらに新進党への参加を断った議員らが加わって一時は衆参両院で計二〇人を超えた。しかし、民主党結党にともなう分裂で、九六年の総選挙に立候補したのは九人だった。そして、当選したのは武村と園田博之のわずか二人で、参議院議員と合わせても五人の政党になってしまった。以後、さきがけが党勢を回復することはなく二〇〇二年に解党した。

小政党のまま消えていったさきがけだが、日本政治史に残した足跡には大きなものがある。武村らの自民党離党が四十年近く続いた自民党単独政権時代に終止符を打ち、政界は流動化して連立政権時代を招いた。また、武村らが力を入れた政治改革は小選挙区比例代表並立制などの形で残った。

さきがけという政党は理想論や純粋さが前面に出る政党だったが、同時に比較的選挙に強い自民党出身者が多く、個人商店の集まりのような個性的な政党だった。

第8章

小泉内閣と構造改革

自民党総裁選挙に勝利した小泉純一郎（左から3人目）ら。左から，古賀誠幹事長，森喜朗前総裁（首相）（自民党本部，2001年4月24日）（写真提供：時事）。

橋本龍太郎、小渕恵三、森喜朗と続いた自民党政権下で、日本経済はバブル崩壊後の低迷から抜け出せないまま苦しんでいた。伝統的な積極的財政支出による景気刺激策は、一時的に景気を好転させても永続的な効果を上げることはなく、結果的に国の累積債務を大きく膨らませただけだった。そんな閉塞的状況の中で登場したのが小泉純一郎だった。

二〇〇一（平成十三）年の自民党総裁選挙で橋本らを破った小泉は自らの内閣を「改革断行内閣」と表現し、不良債権処理、財政再建、郵政民営化、規制緩和などの政策を次々と打ち出し実践していった。

その多くがこれまで長く続いてきた自民党政治を否定するものであり、党内はもとより霞が関の官僚らも激しく反発し抵抗したが、小泉は経済財政諮問会議を利用して、トップダウンで主要政策を打ち出していった。小泉と自民党が対立すればするほど、小泉に対する国民の支持が高まり、政策遂行力が強まる構図となった。つまり旧来の自民党を否定すればするほど首相の力が増すという、自民党史の中でも例のない政権となったのである。

小泉改革路線は、その後の内閣で必ずしも継承されたわけではなく、また野党のみならず自民党内からも「弱者切り捨ての新自由主義改革である」などという批判が出ており、評価が定まったとはいえない。しかし政治的側面についていえば、小泉改革がそれまでの自民党政治の手法や方向性を大きく変え、それが国民の高い支持を得たことで結果的に自民党を延命させたことは間違いない。

小泉内閣については二章に分けて紹介する。第**8**章では小泉が取り組んださまざまな改革について詳述し、第**9**章では改革を実現させた小泉内閣の政治手法を分析するとともに靖国神社参拝問題や北朝鮮訪問にも触れる。

一　小泉首相の誕生

派閥政治の終焉

森内閣の総辞職を受けて二〇〇一年四月に実施された自民党総裁選挙には、再び首相の座をめざした橋本のほかに、経済財政担当相の麻生太郎、党政務調査会会長の亀井静香、そして小泉が立候補した。総裁選挙は、国会議員の投票（三四六票）と都道府県単位での党員・党友の投票（一都道府県がそれぞれ三票で合計一四一票）で実施された。投票結果は同時発表ではなく、国会議員投票に先立って党員・党友の投票結果が公表された。事前の予想は党内最大派閥の橋本が優位だったが、党員・党友票の結果は小泉の圧勝で、小泉の一二三票に対し橋本はわずか一五票だった。この結果が国会議員投票に影響を与え、最終的に小泉二九八票、橋本一五五票、麻生三一票（亀井は途中で立候補を辞退した）となり、小泉が当選した。

この結果は自民党の変質を物語っていた。小泉にとっては三度目の総裁選挙だったが、過去二回の総裁選挙でも小泉の人気は高かったが、派閥力学の前に敗北していた。また、二〇〇〇年に首相の小渕が病に倒れた際には、自民党幹部がホテルの一室で後継を森喜朗にすることを決め、「密室政治」という批判を浴びた（第**6**章参照）。つまり、これまでの自民党総裁選挙は派閥間の力関係で勝者が決められていたのである。

　ところが、二〇〇一年の総裁選挙は一変した。党員・党友票の結果を見ると、派閥を前面に出した橋本に支持が集まっておらず、橋本派が強いとされた各種業界団体などの組織力が弱まり、党員・党友が派閥のしがらみに縛られず自由に投票するようになったことが示された。それを受けた国会議員投票では、党員・党友の投票結果を無視できなくなったため、多くの議員が小泉に投じた。小泉の当選は一般の国民の感覚に近い党員の声（世論）が力を増し、派閥を中心とする党内権力闘争の時代が

●変わる自民党総裁選挙

一九五五（昭和三十）年の結党時以後、野党時代の一時期を除き自民党総裁選挙は事実上、日本の首相選出を意味してきた。それだけに他の政党とは異なり、国民の圧倒的な注目を集めてきた。

　現在の総裁選挙は、国会議員が各一票、党員票は計三〇〇票とし、その内訳は都道府県各三票が基礎票で、残る一五九票は党員数に応じて配分され、その合計で当選者を決めるしくみとなっている。党員投票の結果が大きな意味を持っているわけである。

　総裁選挙の歴史を振り返ると一九七〇年代までは国会議員だけの投票だった。派閥優先の時代を象徴する出来事もあった。池田勇人が三選をめざした六四年は、佐藤栄作、藤山愛一郎《ふじやまあいいちろう》と合わせ三人が立候補し、激しい戦いを繰り広げた。各派が多数派工作をしたため、国会議員の対応をお酒に喩《たと》えて、「生一本（所属派閥の意向に従う）」「ニッカ（二派閥か

らカネをもらう)」「サントリー(三派閥からもらう)」「オールドパー(あちこちの派閥からもらう)」という隠語がはやった。実際、総裁選挙に出るためには相当の資金が必要といわれていた。

一九七八年に党員による予備選挙が導入され、上位候補だけが国会議員による本選に残るしくみとなった。さらにその後、議員投票と党員投票が同時に行われる現在の制度に改められていった。

とはいえ、必ず投票が行われたわけではない。一九七〇年代を中心に党内実力者間の話し合いで次期総裁を決めることは少なくなかった。田中角栄辞任後の「椎名裁定」による三木武夫(七四年)、あるいは「中曾根裁定」による竹下登(八七年)などの例がある。

また、予備選挙導入後は派閥の組織力、動員力の競争となり、当時最大派閥だった田中派が圧倒的な力を発揮した。一九七八年には、田中派の支持を受けた大平正芳が現職の福田赳夫を破った。敗北後、福田は「天の声にも変な声がたまにはある」という名言を残した。八二年にはやはり田中派の支持を受けた中曾根が圧勝し、発足した内閣は「田中曾根内閣」と揶揄《やゆ》されたほどだった。

党員投票と議員投票が同時に行われるようになっても派閥の力がものをいう時代は続き、一九九一(平成三)年は当時、竹下派幹部だった小沢一郎が宮澤喜一ら三人の候補者を個人事務所に呼んで面接し派閥として支持する人物を決めた。結果は、竹下派が支持した宮澤が当選した。

派閥が前面に出る総裁選挙を大きく変えてしまったのが、二〇〇一年の小泉純一郎の当選だった。橋本派が全面的に支持する橋本龍太郎が、一匹狼的存在の小泉に完敗したのである。以後、総裁選挙の候補者は増える傾向にあるが、かつてのような派閥領袖《りょうしゅう》の立候補は減り、国民に人気のある政治家が党内基盤とは無関係に立候補するようになった。派閥よりも党員投票が力を持つ時代になったのである。

終わったことを示したのである。

「改革断行内閣」の誕生

小泉は祖父の代からの三代目議員で、急死した父の後を継いで三十歳で衆議院議員となった。元首相の福田赳夫の秘書を務めたこともあって福田直系の議員で、福田と対立した田中角栄の流れを継ぐ田中派―竹下派―橋本派とは常に一線を画してきた。田中流の積極財政政策、調整型政治、数による党内支配を嫌い、派閥の中にあっても群れることを嫌う一匹狼的な存在だった。

小泉内閣は二〇〇一年四月二十六日に発足した。当時の日本経済はバブル経済崩壊の後遺症もあって、国内総生産（GDP）成長率はそれまでの一〇年間の平均が一パーセント台にとどまっていた。国民の給与は伸びず消費も増えず、失業率は四パーセント台と高止まりしていた。また金融機関の抱える不良債権が思うように減らないために、信用収縮した状態が続いていた。

初閣議で小泉は、「『構造改革なくして景気回復なし』との認識の下、この内閣を、各種社会経済構造の改革に果敢に取り組む『改革断行内閣』とする決意である」と語るとともに、「『構造改革を通じた景気回復』には痛みも伴う」と述べ、自民党内閣が長年続けてきた国民に受けのいい積極的な財政出動による景気対策路線の転換を指示したのである（「内閣総理大臣説示」二〇〇一年四月二十六日）。

さらに五月七日の国会での所信表明演説で小泉はより具体的な政策を打ち出した。内閣が取り組む最重要課題を経済再生であるとして、「従来の需要追加型の政策から、不良債権処理や資本市場の構造改革を重視する政策へと舵取りを行う」と述べたのである。不良債権処理は二年から三年以内に最終的に処理するとしたほか、競争力のある産業社会実現のための徹底的な規制改革、財政健全化のため国債発行を三〇兆円以下に抑えることなどを示した。持論の郵政三事業の民営化についても、「検討を進め国民に具体案を提示します」と言及することを忘れなかった。

「構造改革なくして日本の再生と発展はない」「聖域なき構造改革」「恐れず、ひるまず、とらわれず」「民間にできることは民間に委ね、地方にできることは地方に委ねる」など、小泉が得意とする短くてわかりやすい言い回しが数多く登場し、国民に周知されていった。

小泉が打ち出した改革に対する国民の期待の強さは、マスメディア各社の行った内閣支持率調査の結果に表れ、発足直後は軒並み八〇パーセントという高い数字を記録した。また、就任後初の衆参両院本会議や予算委員会のテレビ中継番組の視聴率は六―七パーセント台と、民放のワイドショー並みの高い数字を記録した。小泉内閣はそれだけ国民に注目されていたのである。

経済財政諮問会議

五年余りの首相在任中に小泉が取り組んだ改革を列挙すると、「不良債権処理」「新規国債発行の抑制」「日本道路公団や郵政三事業の民営化」「国と地方の税財政改革（三位一体改革）」「さまざまな分野の規制緩和」などである。これらの改革を首相官邸主導で進めていくために活用したのが、経済財政諮問会議だった。

経済財政諮問会議は二〇〇一年一月の中央省庁再編で内閣府に作られた。内閣府設置法は諮問会議の役割について「内閣総理大臣の諮問に応じて経済全般の運営の基本方針、財政運営の基本、予算編成の基本方針その他の経済財政政策に関する重要事項について調査審議すること」（一九条一項一）としており、強い権限を持っているわけではないが、幅広い分野の課題を扱うことができるようになっている。

首相が議長を務め、民間の有識者を含む一〇人以内の議員で構成される。小泉は諮問会議を担当する経済財政政策担当相に慶應義塾大学教授の竹中平蔵《たけなかへいぞう》を起用した。民間議員は、ウシオ電機会長の牛《うし》尾治朗《おじろう》、トヨタ自動車会長の奥田碩《おくだひろし》、大阪大学教授の本間正明《ほんままさあき》、東京大学教授の吉川洋《よしかわひろし》の四人で、他は官房長官の福田康夫《ふくだやすお》、財務相の塩川正十郎《しおかわまさじゅうろう》ら関係閣僚だった。

諮問会議の活動は、予算編成のスケジュールに連動していた。まず一月に「構造改革と経済財政の中期展望（改革と展望）」を改定し、その年に内閣が取り組むべき重要課題を提示する。その後、通常国会での予算審議や法案審議が終わる初夏まで内部で集中討議を続け、六月末に次年度の予算や税制についてまとめた「経済財政運営と構造改革に関する基本方針（骨太の方針）」（表8-1）をとりまとめる。「骨太の方針」はほぼそのまま閣議決定される。七月になると、「骨太の方針」をふまえて次年度予算の歳出規模の大枠や重点配分すべき分野を示す「予算の全体像」を打ち出す。さらに各省からの概算要求が出たあとの十一月には「予算編成の基本方針」をまとめる。

最初の「骨太の方針」は小泉内閣が発足して間もない二〇〇一年六月二十六日に閣議決定され、今後二―三年間を日本経済の集中調整期間と位置づけて、民需主導による経済再生をめざすと同時に、不良債権の最終処理や国債発行額を三〇兆円以下に抑えることなどを打ち出した。

表 8-1　「骨太の方針」の主な内容

年	内　容
2001	今後 2-3 年を日本経済の集中調整期間とする。不良債権の抜本的解決。国債発行額を 30 兆円以下に抑制。公共事業 10% 削減。
02	2010 年代初頭のプライマリーバランス黒字化。三位一体改革。構造改革特区構想。
03	三位一体改革。混合診療解禁などの規制改革。
04	2005 年に郵政民営化法案提出。社会保障制度改革。
05	公務員の総人件費削減。公務員の定数削減。
06	道路特定財源の一般財源化。

小泉や竹中が諮問会議を活用した狙いは、財務省（旧大蔵省）の持つ予算編成に関する主導権を首相官邸に移し、首相主導で決めていく体制を作ることにあった。同時に自民党の政務調査会や部会の影響力をできるだけ排除しようとしたのである。

つまり小泉は、政府と自民党が共に主体的役割を果たしていた二元的政策決定過程を改めて、首相主導、官邸主導による一元的政策決定過程を作り上げようとしたのである。当然、内閣に入っていない国会議員や官僚組織は、自分たちの権限が縮小するとして強く反発する。自民党からは、「党の意向が政策に反映されないのはファッショである」「首相に人気があるからといって何でもトップダウンでやっていいものではない」といった不満が出た。

郵政民営化など小泉が押し切って実行した政策は多かったが、すべてを首相主導で決めることができたわけではない。諮問会議と各省や自民党との駆け引き、主導権争いは政権が終わるまで続いた。小泉内閣時代に内閣府政策統括官として諮問会議にかかわり、のちに安倍・福田内閣で経済財政政策担当相を務めた大田弘子《おおたひろこ》によると、骨太の方針をめぐる自民党との事前調整は二〇〇三年から本格化し、原案に対して四七カ所の修正要求が出されて修正作業を進めたこともあるという。もちろん全面的に修正を受け入れるわけではなく、「修正しながらも中核部分をしっかりと残せるかどうか。そこが、知恵の絞りどころであり、ギリギリの交渉である」と紹介している（大田、二〇〇六、五三頁）。

以下、小泉内閣が取り組んだいくつかの大きなテーマについて項目ごとに見ていく。

二　小泉改革の中身

財政再建

すでに紹介したようにバブル経済の崩壊で税収が伸び悩む中、歴代内閣による景気対策のための積極的財政政策が続き、新規国債発行額が毎年三〇兆円を上回るようになったため国の財政は累積債務が急増していた。小泉は危機感を持ち、「簡素で効率的な政府を作る」ことを目標に掲げた。

小泉が公共投資や減税など積極的な財政による景気対策に否定的な考えを持っていたのは、自らが秘書として仕えた元首相の福田赳夫の影響が大きい。福田は、大蔵官僚出身ではあるが必ずしも財政均衡論者ではなく、一九六五（昭和四十）年に戦後初めて赤字国債を発行した蔵相であり、首相時にも大量の国債を発行した。一方で、七三年、日本経済が石油危機によって狂乱物価など激しいインフレに苦しむ中で田中角栄首相に蔵相就任を要請されると、田中の看板であった「列島改造論」の撤回を条件に引き受けて総需要抑制策を打ち出し、インフレを収束させた。福田は著書『回顧九十年』で蔵相時代に官僚の反対論を押し切って赤字国債を発行したことについて、「私は公債が景気調節に貴重な役割を発揮できると考えていた。不況のときは公債発行で景気を刺激できるし、景気がよくなり過ぎれば公債発行を抑制するとか、やめるかすれば景気が正常に戻る。つまり公債政策は悪用すると大変な過ちとなるが、これを適切に運用すると景気を平準化する機能を持つという妙味があるとの考え方を説明した」(福田、一九九五、一六七頁)と書いており、現実に合わせた柔軟な財政政策をとった政治家だった。しかし、小泉が初めて身近に福田に接したのは、福田が田中角栄と首相の座を争ったり、田中内閣で蔵相に就いたりしたころで、福田は田中の金権政治や利益誘導政治を厳しく批判していた。若い小泉は当然、その影響を強く受けたであろう。さらに小泉は、大蔵政務次官を務めるなど大蔵官僚に近い感覚も身につけていった。

首相就任後、小泉はただちに国債発行額を三〇兆円以下に抑えることや公共事業の一〇パーセントカットなどを打ち出した。二〇〇二(平成十四)年度予算では目標を達成できたが、〇三年度から〇五年度は景気低迷で税収が減ったため、国債発行額は三〇兆円を上回った。在任中の国債発行額は、合計で約一五〇兆円にのぼり、国債残高も五四〇兆円に増えた。公共事業予算は、二〇〇〇年度の一二兆円が〇六年度には七兆円と大幅に削減された。

他方で小泉は首相在任中、一貫して消費税増税を任期中は行わないことを強調し、「増税なき財政再建」を主張し続けた。国民の支持が得られない政策はとらないという小泉流の手法を貫徹したのである。

不良債権処理

小泉が低迷する経済の立て直しのために必要だと考えたのが、金融機関が抱える膨大な不良債権の処理だった。バブル崩壊によって地価が激しく下落したため、このころはすべての金融機関が大量の不良債権を抱えていた。小泉は二〇〇二年九月の内閣改造で、金融機関への公的資金注入に消極的だった金融担当相の柳澤伯夫《やなぎさわはくお》を更迭し、経済財政担当相の竹中に兼務させた。竹中は、「銀行の体力の範囲で処理を進める漸進的な政策から公的資金注入も視野に厳格な資産査定で銀行の健全性を見直す強硬策へと踏み出す」と政府の方針を変えた。そして一カ月後、不良債権処理を加速させて〇四年度中に主要銀行の不良債権比率を半分にするという「金融再生プログラム」をまとめた。

その後、日本経済の回復も手伝って主要銀行の抱える不良債権比率は、二〇〇一年度末の八・四パーセントから〇四年度末には二・九パーセントに劇的に改善し、この問題は峠を越した。竹中の手法は一部で「ハード・ランディング」と批判されたが、この間、金融機関の新たな破綻《はたん》はなかった。

郵政民営化

小泉改革の代名詞になっているのが郵政民営化である。小泉が自民党総裁選挙に立候補するたびに公約に掲げてきたテーマであり、首相になった以上、一歩も譲らない構えだった。

郵政事業は「郵便貯金」という銀行業務、「簡易保険」という保険業務、はがきや手紙などを配達する「郵便」業務という三つの事業から成っていた。郵便貯金と簡易保険には合計三五〇兆円という、大手都市銀行や保険会社が足元にも及ばないほどの巨額の資金が集まっていた。

小泉が問題にしていたのは、この巨額の資金の使い道だった。これらの多くは財務省（旧大蔵省）の財政投融資計画に従って道路公団などの特殊法人が行う公共的事業の原資となったり、景気対策のために増発された国債の購入に使われたりしてきた。その結果、市場原理から外れた非効率な使われ方がなされるとともに、巨額の財政赤字を生み出す原因の一つになっていたのである。

また、政治的には特殊法人に回る資金が旧田中派を中心に長年政治的利権の温床になっていた。そして、郵政民営化に強く反対する全国特定郵便局長会（大樹会）は、選挙での集票力を梃子《てこ》にした強い政治力を持ち、橋本派（旧田中派）と深い関係を持っていた。

小泉の狙いは、民営化によって財政投融資のシステムを変えてしまうとともに、郵政事業に集まる資金を非効率な「官業」ではなく民間経済に回すことで、経済全体を活性化させることにあった。小泉はかつて自らの著書で、郵政民営化について次のように述べている。

「郵便、郵便貯金、簡易保険の郵政三事業はどれも、民間を圧迫し、ひいては日本経済の健全な競争を疎外していると言えます」（小泉、一九九七、一七頁）

「民間が独自にやっていける分野は、特殊法人などの活動を必要としなくなっているんです。だったら、すべてを民間に委ねて、廃止してしまえばいいというのが本当の姿でしょう。大体、国家予算の一般会計とは別に、財政投融資資金による、もうひとつの国家事業が行われていることが疑問です。どうしても国がやらなければいけないことは、一般会計で行えばいいのですから」（同、一二八頁）

民営化論は、政界でも霞が関官僚の間でも相手にされなかった。特殊法人は官僚の退官後の重要な天下り先となっていたため、特殊法人が行き詰まってしまうような民営化に対してはすべての役所が反対した。自民党は選挙のたびに大量の票を集めてくれる全国特定郵便局長会の主張に、また社会党も郵便局員らで作る労働組合・全逓信従業員組合（全逓）の意向に、それぞれ逆らうことはできなかった。

実は郵政民営化につながる動きは橋本内閣で始まっていた。橋本は一部事業の民営化で動いたが自民党内の強い反対にあって後退してしまった。結局、行政改革会議が一九九七年十二月に出した最終報告では、二〇〇三年から郵政三事業を公社化するとともに民営化はしないという方針となった。公社化法案は小泉内閣時代の〇二年七月に成立し、〇三年四月に日本郵政公社が発足した。

しかし小泉が民営化をあきらめたわけではなかった。小泉は二〇〇一年の自民党総裁選挙で郵政民営化を掲げて当選し、さらに〇三年九月の総裁選挙でも「二〇〇七年の郵政民営化」を訴えて再選された。二度目の総裁選挙勝利の後、小泉は一気に走り出した。竹中に対して経済財政諮問会議で郵政民営化案を作成するよう指示し、十月に「郵政民営化の基本原則」を決めた。直後に総選挙があり、自民党は郵政民営化問題について小泉の指示で「二〇〇四年秋頃までに結論を得る」という公約を掲げた。総選挙で自公両党が過半数を維持したため、小泉の主張は政治的にも正統性を持つことになった。

翌二〇〇四年九月、小泉は「郵政民営化の基本方針」を閣議決定し、直後の内閣改造で竹中を郵政民営化担当相に横滑りさせるとともに、自民党幹事長には小泉の方針を支持していた元農水相の武部《たけべ》勤《つとむ》を起用し、民営化に向けた態勢を固めた。

その後、竹中を中心に郵政民営化法案を作成して自民党の了承を求めたが、二〇〇五年四月に自民党総務会は郵政民営化法案を認めず、法案の国会提出だけを了解するという異例の対応をした。これを受けて小泉は法案を閣議決定した。六月には総務会で再び法案の修正案を審議したが、出席者の合意が得られず、結局多数決で了承するというこれまた前例のない事態となった。しかし、総務会で承認したことで形の上では党議拘束がかかることとなった。

民営化法案は七月五日、衆議院本会議で採決され、自民党から三七人が造反して反対票を投じたが、かろうじて可決された。ところが八月八日の参議院本会議では、二二人が造反したため否決されてしまった。小泉はただちに衆議院を解散して総選挙に打って出た。これが「郵政解散」である。

解散直後の記者会見で小泉は、「約四〇〇年前、ガリレオ・ガリレイは、天動説の中で地球は動くという地動説を発表して有罪判決を受けました。そのときガリレオは、それでも地球は動くと言ったそうです。私は、今、国会で、郵政民営化は必要ないという結論を出されましたけれども、もう一度国民に聞いてみたいと思います」とその理由を述べた。小泉は衆議院本会議で造反した議員の自民党公認を認めないばかりか、それぞれの選挙区に対立候補を擁立して総選挙に臨んだ。その結果、自民党は二九六議席と圧勝し、民営化法は総選挙後の十月十四日に成立した。

法成立を受けて二〇〇七年十月に日本郵政公社は民営化され、「ゆうちょ銀行」「かんぽ生命保険」など四つの会社に分社化された。総資産三三八兆円、従業員二四万人という巨大な日本郵政グループが発足したのである。ところが、その後の内閣によって小泉が実現した郵政民営化は大きく後退していった。小泉内閣で郵政事業を担当する総務相だった麻生太郎《あそうたろう》は、のちに首相に就任すると国会で「自分は郵政民営化に賛成ではなかった」と答弁し、物議をかもした。

二〇〇九年に民主党が政権を獲得すると、郵政民営化路線はさらに後退した。一二年に改正郵政民営化法が成立し、政府が保有する「ゆうちょ銀行」と「かんぽ生命保険」の全株式の売却義務が撤廃され、将来にわたって国の関与が残ることとなった。郵政の完全民営化路線は大きく転換されたのである。

小泉の掲げた民営化には政策的側面と政治的側面の二つがあった。政策的には三五〇兆円という巨額の資金を効率的に活用するための郵政事業の縮小と、郵政事業を民間企業との競争にさらすという目的があった。政治的には田中派の流れをくむ橋本派にとっての利権の温床となっていた財政投融資の世界を改革するとともに、全国特定郵便局長会という組織の政治力を削ぐ狙いもあった。

「郵政解散」という強引な手法によって改革は成功したかに見えたが、あまりにもドラスティックな改革だったことが、その後の反動を大きくしてしまったのである。

規制改革、三位一体改革など

小泉内閣はこのほかにも「道路公団の民営化」「規制緩和」「三位一体改革」などの改革を進めた。

小泉が首相就任直後にいち早く取り組んだのが道路公団の民営化だった。日本道路公団、首都高速道路公団、阪神高速道路公団、本州四国連絡橋公団の四つの道路公団は、独占的に高速道路の建設や管理を行っていた。国の高速道路整備計画は九三四二キロメートルの高速道路建設を定めている。当時、未完成区間は約二〇〇〇キロメートルあったが、そのうち約七〇〇キロメートルは採算性が低いと見られていた。採算を度外視した建設を進めてきた結果、公団はすでに四〇兆円を超える赤字を抱えていた。また公団や関連企業への官僚の天下り、建設業者の談合、族議員の跋扈《ばっこ》など、高速道路の世界は利権の温床と批判されていた。

小泉は無駄な高速道路の建設をやめることなどを目的に道路公団の民営化を検討することに着手し、二〇〇二年に道路関係四公団民営化推進委員会を発足させ、その意見書をもとに道路関係四公団民営化法案を作り国会に提出し、〇四年六月に成立させた。その内容は、①日本道路公団を東日本、中日本、西日本の三社に分割するとともに、首都高速道路公団など三公団と合わせて六つの会社を発足させる、②高速道路資産と四四兆円の累積債務は新たに作る「日本高速道路保有・債務返済機構」が引き継ぎ、高速道路のリース料を債務の返済に充てる、③四四兆円の債務は四五年以内に完済する、などとなっている。

民営化推進委員会の意見書は採算性の低い道路を建設できない内容となっていたが、自民党道路族議員らが強く反発したため小泉は大幅に譲歩し、成立した法律のもとでは整備計画の定めている道路すべての建設が可能となった。そのため道路公団民営化は他の改革に比べると不十分な内容という評価を受けた。

規制改革は、医療、福祉・保育、教育、労働、農業などの分野におけるさまざまな「社会的規制」を見直し、官庁の関与を減らし民間企業の経済活動を活発にすることを目的としていた。二〇〇一年四月に発足した「総合規制改革会議」（二〇〇四年からは「規制改革・民間開放推進会議」）を使って、具体的な規制緩和案を打ち出していった。労働者派遣法の緩和、地方自治体が特例措置で各種規制を緩和することができる地域を設定し経済の活性化を図る「構造改革特区」の設置、図書館や博物館など公共サービスの民営化などが提起され、実現していった。市場原理や競争原理を前面に出す小泉の規制改革に対しては、所得格差が拡大し貧困問題が生まれたなどという批判も出た。

そして、「地方にできることは地方に」という原則のもとに行われたのが「三位一体改革」である。これは国から地方への税源委譲、国庫補助負担金の廃止・縮小、地方交付税の見直しが柱だった。三位一体改革について政府内には二つの考え方があった。一つは地方自治体と総務省の主張で、地方分権の立場から税財源の委譲や課税自主権の強化などを求めた。もう一つは財務省や経済財政諮問会議の考えで、財政再建を重視して地方交付税や国庫補助負担金などの削減、市町村合併などを主張した。

最終的には、国庫補助負担金四・七兆円の削減、国から地方自治体へ三兆円の税源の委譲、五・一兆円の地方交付税改革が実現した。結果的には地方自治体の裁量が広がった部分もあるが、交付税の大幅削減など財務省が主張していた財政再建や行政改革の要素がより多く反映されることになった。

三　小泉改革の意味

自民党を否定し、自民党政権を延命させた小泉改革

戦後日本政治史の中で小泉改革が大きな転換期を形成したことは明らかである。元副首相の後藤田正晴はインタビューに答え、田中角栄が確立した政治手法と小泉改革を対比して次のように鋭く分析している。

「田中政治と全く接点のない首相が圧倒的支持で生まれたわけだ。この三〇年余りの野党を含めた政党や政府の首脳の顔ぶれをみれば、田中政治の遺伝子がいかに強いかがわかる。その手法、思想は今日まで自民党の体質の中にあった。僕はここに来て、田中的な政治手法がどうやら終わりになった、限界に来たということだと思う」

「公共事業や補助金で中央から地方、中小企業へとお金が流れる仕組みを作ったのが田中元首相だ。例えば、道路法などを議員立法で成立させ、各種の特別会計、特定財源、実施機関である公団や事業団という仕掛けを整えた。業界団体を受け皿として組織させて、その要望を受けて予算を流し、コントロールする。公共事

業中心の財政、しかも特殊法人や地方が実施の中心を担う枠組みができた。だが、もはや変えなきゃいけないところまできたわけだ」(『朝日新聞』二〇〇二年八月二十日付朝刊)。

戦後の日本は、復興から高度経済成長の時代を経て経済大国へと姿を変えてきた。その過程で強調されたのが田中の主張した「国土の均衡ある発展」であり、日本全土が平等に発展しできるだけ個人の所得や生活水準などの格差が少ない社会の形成だった。同時に、田中は「鉄の三角形」を作り、経済成長が生み出す富を再配分することで自民党政権を維持するしくみを作り上げたのである。

しかし、第**2**章で述べたように、一九八九年を境に日本自身と日本を取り巻く環境とが劇的に変化した。バブル経済崩壊後は国民に配分するための新たな富が生み出せなくなってしまったのである。一方で、経済のグローバル化によって日本企業は国際的な競争にさらされることになった。後藤田が指摘するように、田中型政治手法はあらゆる面で通用しなくなったのである。そこに小泉改革が登場する必然性があった。

単純化していえば、小泉改革は長く続いた田中政治の否定であり、「鉄の三角形」の破壊でもあった。それは同時に、格差のない「平準化社会」の形成というそれまでの政策の方向性の転換でもあった。ゆえに小泉改革は、「田中政治の否定」と「新自由主義的改革」という異なる次元の表現で形容されたのである。小泉自身もそうした見方を肯定しており、「格差が出ることが悪いとは思わない。今まで悪平等だという批判が多かったし、能力のある人が努力すれば報われる社会にしなければならない」(二〇〇六年二月一日、参議院予算委員会)と国会で答えている。

小泉に対する支持率は首相在任中、ほぼ一貫して五〇パーセントを超えた。小泉人気が凝縮して現れたのが二〇〇五年の総選挙だった。政治学者の菅原琢は各種世論調査などの統計的データを分析して次のように述べている。

「小泉政権の方針、政策は、とくに自民党が苦手としていた都市部住民、若年層と中年層からも支持を集めた。自民党は農村の支持基盤を維持したまま、都市部での支持を厚くすることに成功したのである。これが『小泉効果』である」（菅原、二〇〇九、一〇頁）

小泉改革の柱である小さな政府の実現や競争原理の拡大は、社会的弱者にとって必ずしも歓迎すべきものではないはずである。にもかかわらず、小泉改革が都市住民や若い人たちに支持されたのはなぜか。

高度成長を実現し国民を豊かにしたのは自民党だが、バブル経済の崩壊とその後の経済の行き詰まり状態を作ったのも同じ自民党である。経済成長を生み出す前提条件が全く変わってしまったにもかかわらず、自民党は昔ながらの手法で経済的危機を乗り越えようとしていた。そして長引く経済の低迷の中で、自民党政治に限界を感じていたのが伝統的な自民党政治の恩恵に浴することの少ない都市住民であり、若者であり、低所得者層であった。

彼らが望んだものは現状の変更であり、それが「自民党をぶっ壊す」といった小泉改革だったのである。フリーターの赤木智弘がそんな気持ちを代弁して、月刊誌に次のような論考を寄せている。

「私のような経済弱者は、窮状から脱し、社会的な地位を得て、家族を養い、一人前の人間としての尊厳を得られる可能性のある社会を求めているのだ。それはとても現実的な、そして人間として当然の欲求だろう。そのために戦争という手段を用いなければならないのは、非常に残念なことではあるが、そうした手段を望まなければならないほどに、社会の格差は大きく、かつ揺るぎないものになっているのだ。戦争は悲惨だ。しかし、その悲惨さは「持つ者が何かを失う」から悲惨なのであって、『何も持っていない』私からすれば、戦争は悲惨でも何でもなく、むしろチャンスとなる」（赤木、二〇〇七）

郵政民営化法案が参議院で否決されたことを理由に衆議院を解散するという小泉の強引な手法は、結果的に自民党の大勝利をもたらした。小泉は自民党を否定することで自民党への支持を獲得し、一方で小泉流改革によってより苦しい立場に追い込まれる可能性のある人たちが小泉改革を強く支持したのである。つまり、二重に逆転した政治状況が生まれたのである。

このような特殊な政治状況が長続きするはずもなかった。小泉退陣後、自民党内から「小泉改革は格差を拡大させた」「地方に痛みを強いることになった」「自民党の支持組織を潰した」などという批判が出て、郵政民営化は後退し、財政再建路線は逆に大量の国債を発行する路線に転じ、規制緩和は遅々として進まなくなってしまった。やがて自民党政権は行き詰まって二〇〇九年の総選挙で大敗し、野党に転じた。そして政権を獲得した民主党は、小泉改革を完全に否定したのである。

第9章

小泉改革を可能にしたもの

⬆総選挙で街頭演説をする小泉首相。行く先々で多勢の聴衆が集まった（甲府市，2005年8月27日）（写真提供＝朝日新聞社／時事通信フォト）

小泉純一郎は郵政民営化をはじめ数多くの改革に挑戦し実現していった。小泉の「改革」は内政にとどまらず、外交・安全保障政策の分野でも、北朝鮮訪問、自衛隊のインド洋やイラクへの派遣など新たな政策展開を実現した。

一連の改革を可能にしたのが小泉の政治手法であった。閣僚や党役員の人事はそれまでの派閥順送りをやめてしまい、派閥幹部に相談することもなく小泉が一方的に決めた。主要な政策は、中央省庁ではなく経済財政諮問会議を活用して打ち出し、官僚主導ではなく官邸主導で決めていった。歴代政権が重視していた与党との関係をしばしば軽視し、閣議決定前に政務調査会や総務会の了承を得る「事前審査制」を逸脱することも何度かあった。

小泉改革の中心は旧態依然の政策の見直しにあったが、同時に、内閣と党に二元化していた政策決定過程を一元化するとともに、主導権を官僚から政治家に移すなど、システムの改革でもあった。つまり、小泉の挑戦は「人事」と「政策の内容」と「政策決定過程」という幅広い分野の改革であり、それは首相を頂点とする日本の統治システム全体の改革でもあった。これらの改革を党内派閥や官僚組織に依存して実現しようとすれば、逆につぶされてしまうことは言うまでもない。そこで小泉が依拠したのは「世論の支持」であった。高い内閣支持率を権力の源として改革を実践するという、それまでの政権にはない手法を前面に出したのである。本章では、小泉改革を可能にした背景を政治的側面から分析する。

一　世論を背景にした改革

小泉流人事

「小泉流」の政治手法は首相就任後、組閣人事でいきなり実践された。自民党出身の歴代首相は、党内の各派閥に入閣候補者の推薦リストを出してもらい、その中から閣僚を選んでいた。安定した政権運営のために党内各派との良好な関係を重視すればするほど首相の人事権が制約されるしくみで、「年功序列、派閥順送り人事」と常に批判されてきた。首相が人物本位、能力本位で推薦リストにない政治家を起用したり、各派閥の閣僚数を大きく変えたりすることは困難だった。

ところが、党員投票で圧倒的な支持を得て総裁選挙に勝った小泉は、組閣にあたって「入閣候補について派閥の推薦は受けない」と宣言した。実際、小泉はだれにも相談しないで作成した閣僚リストを、「驚天動地の人事ですが、了解願います」と言って山崎拓幹事長ら党三役に見せた。竹中平蔵ら非議員三人、田中真紀子《たなかまきこ》ら女性五人を起用するとともに、党内最大派閥の橋本派からの入閣がわずか二人など、派閥の均衡を無視した人事となっていた。小泉は以後の組閣や内閣改造、党役員人事でも同じ手法を続け、派閥の介入をほとんど受け入れなかった。これは派閥に依拠しない政治活動を続けてきた小泉だからこそできた手法である。

「小泉流人事」は二〇〇五（平成十七）年の郵政選挙でも発揮された。小泉は、衆議院本会議で郵政民営化法案に反対票を投じた三七人を自民党の公認候補にしなかった。そればかりか、このうち三三人が無所属や国民新党から立候補すると、三一の選挙区に対立候補として新たな自民党公認候補を擁立するとともに、残る二選挙区でも対立候補を推した。造反議員を許さないという小泉の徹底した対応がメディアの話題を集め、自民党支持を増やすことにつながった。結局、造反議員の当選は一五人にとどまり、一方、自民党が擁立した公認候補は一三人が小選挙区で当選した。

政策決定一元化

小泉は自民党長期単独政権下で作り上げられた政策決定手続きも変えようとした。制度上は法案や予算案は各省庁が企画・立案し、関係省庁と調整をしたうえで最終的に閣議決定して国会に提出する。それを与野党が審議し、衆参両院で可決されれば成立して現実のものとなる。

ところが、これでは内閣に入っていない多くの自民党議員は与党に属していながら自分たちの要求を反映させる機会がない。だからといって国会審議の中で注文をつけたりすれば成立に時間がかかるおそれが出てくる。そこで自民党は、一九六〇年代に主要な法案や予算案は閣議決定前に自民党の政務調査会や総務会の了解を得なければならないという「事前審査制」を慣習として確立した。「事前審査制」は、官僚組織にとっても閣議決定前にあらかじめ自民党の了解を取り付けて国会での成立を確実なものにできる、というメリットがあった。

この仕組みが政府と党の二つの過程を経て法案や予算が決められていく「二元的政策決定過程」で

ある。円滑にことを運ぶため官僚は法案や予算編成の企画段階から自民党の族議員らに接触し、彼らの理解や協力を得られるようにしなければならなくなった。その結果、既得権に切り込むような改革は党側の抵抗で実現しにくくなった。また、一部の政治家の圧力によって特定の支持団体の利益が過剰に反映されるなど、不公平な政策や予算を生み出しかねないシステムでもあった。

多くの自民党議員が反対する郵政民営化法案について、小泉が従来の手順を踏んでいたならば、成立はもちろん法案を国会に提出することさえ不可能であっただろう。そこで小泉は「事前審査制」を無視する姿勢を打ち出したのである。最初に問題になったのは、二〇〇二年四月に国会に提出された郵便事業への民間参入を認める「信書便法案」だった。郵政族議員らが強く反対したため、自民党の総務会は法案の内容は了承せず、国会提出だけを了承するという異例の対応をした。さらに小泉は、〇四年九月には「郵政民営化の基本方針」を、そして〇五年四月には郵政民営化法案を、自民党の了解のないまま閣議決定した。郵政民営化法案についてはその後、小泉が自民党側の要求に応じて一部を修正したため六月に再び総務会で審議した。しかし、反対意見が収まらず最後は多数決で了承した。総務会は全会一致が慣例となっており多数決での了承は異例だったが、この結果、党議拘束がかかることになり、採決で反対した議員に対する処分が可能になったのである。

また小泉は経済財政諮問会議で決めた二〇〇一年の「骨太の方針」について、経済財政担当相の竹中平蔵に「党の意見は聞かなくていい」と指示するなど党内手続きを無視する姿勢を示した。さすがに党内からの反発が強かったため、翌年からは閣議決定前に竹中が自民党幹部への説明に回り調整をしていた。

郵政民営化については強硬な姿勢を見せた小泉だが、すべての法案や予算案を政府単独で決定しようとしたわけではなく、結局は二元的政策決定過程を完全に一元化することはできなかった。しかし、一部にせよ総務会の了承なしで閣議決定していったことは、自民党の歴史の中では画期的なことであった。

権力基盤は「世論の支持」

歴代首相ができなかった派閥の意向を無視した人事や、「事前審査制」を省いた政策決定などを小泉がなぜできたのか。最大の理由は、小泉が権力の基盤を派閥にではなく「世論の支持」に置いたことだった。

主要メディアが毎月のように実施する世論調査で小泉内閣の支持率は、発足当初は八〇パーセントを超え、その後も退陣するまでおおむね五〇パーセント前後だった。在任中にこれほど高い支持率を維持した首相はいない。

高い支持率を維持するために小泉は、テレビや新聞などのマスメディアを大いに活用した。毎日、午前と夕刻の二回、首相を担当する記者からの短い質問に答える「ぶら下がり取材」を始めた。この時の発言が連日、ニュースに引用され視聴者の好感を得たのである。また、小泉は歴代首相が応じることのなかったスポーツ新聞や婦人雑誌などのインタビューにも積極的に対応し、政治に関心の低い層の支持を得ようとした。

ただ露出するだけではない。小泉の人気の秘訣は発言のわかりやすさにあった。小泉の言葉は、主語と述語が一回ずつしか出てこない短いフレーズが多い。「構造改革なくして経済成長なし」「自民党をぶっ壊す」などが代表的な言い回しである。また「ぶら下がり取材」での記者の質問に対する答えもテレビニュースが使いやすくなることを意識した短い言葉が多かった。二〇〇一年五月の大相撲千秋楽で、けがをおして出場した横綱の貴乃花が優勝すると、土俵上で貴乃花に「痛みに耐えてよく頑張った！　感動した！　おめでとう！」と声をかけて表彰状を渡し、メディアが盛んに取り上げた。こうした小泉の手法は、「ワン・フレーズ・ポリティクス」と呼ばれた。

登場する媒体を伝統的な新聞やテレビニュースにとどめず多様化するとともに、自らが積極的に話題を提供することで、それまで政治ニュースに接することの少なかった階層にも認知してもらうことが可能になり、無党派層の支持獲得につながっていったのである。

また、小泉は自分を常に正しい側に仕立て、相手側を抵抗勢力など悪役に仕立てる二元論的な手法を駆使した。郵政民営化など一連の改革では、推進する小泉が正義であり、反対する族議員が抵抗勢力、つまり悪者であるという構図を作り上げることに成功した。「自民党をぶっ壊す」という発言も同じ発想からである。複雑な政策課題や政治課題を単純に二元論に帰してしまう手法は、問題の本質を見誤らせてしまう危険性を持っている。しかし、小泉流の問題提起はそれまでにないわかりやすさと新鮮さをもって国民に受け止められ、それが高い支持率につながっていったのである。

そして、高い支持率は小泉改革に正統性を与えるとともに、改革に反対する勢力の動きを押さえ込むのに有効な手段となった。小泉はメディアが頻繁に実施する世論調査結果の数字を自らの政権を安定させるために巧みに利用することに成功した、例外的な首相だったのである。

二　なぜ首相主導は実現したのか

制度改革の成果

「世論の支持」のほかにも小泉改革を可能にした要因はいくつか考えられる。最も多く指摘されているのは、橋本行革で実現した官邸機能強化の活用である。第**6**章で述べたように、橋本行革で閣議における首相の発議権、首相補佐官や官邸スタッフの増員、内閣府の設置、経済財政諮問会議の新設などが導入され、首相官邸の機能は制度的に強化された。それを活用することで小泉は政治的リーダーシップを発揮することができた、という分析である。

実際に小泉は、経済財政諮問会議を使って一連の改革を打ち出し実現していった。しかし、すべての制度改革を活用したわけではない。閣議における発議権はほとんど活用していない。首相補佐官には政治家を使わず、外交問題や都市再生問題などでそれぞれ官僚ＯＢら非議員を起用したにとどまった。また首相官邸の知恵袋役を期待されて発足した内閣府には各省が単独では手に負えない問題が数多く持ち込まれ、各省間の調整に追われる役所となり、期待された役割を十分に果たしたわけではなかった。つまり橋本行革という制度改革だけで首相主導が実現したのではないのである。

官僚組織の自律性の低下

そのほかの要素としてまず挙げることができるのは、霞が関官僚組織の自律性の低下である。戦後の長い期間、霞が関の官僚組織は内閣法に定められた分担管理原則に従って、それぞれの役所が独自に政策を企画立案してきた。そして省庁間で利害が対立したり権限争いが生じたりする問題については、財政支出がからめば大蔵省（現在の財務省）が調整役を果たすことが多かった。

大蔵省がそれだけの権力を持つことができたのは、主計局を中心に実質的な予算編成権を持っていたためである。経済成長にともなって毎年増える税収を原資とする「富の再配分」の権限を背景に、大蔵省は各省、さらには自民党に対しても影響力を持っていた。ところが、バブル崩壊後の日本経済の低迷によって税収が伸びないばかりか累積債務の急増に苦しむ時代になると、各省が族議員と一体になって予算増額を求めるとともに歳出削減を受け入れないため、大蔵省による調整に限界が生まれた。その結果、各省は次第に首相官邸に直接調整を持ち込むようになってきたのである。

派閥・族議員の力の低下

自民党内の派閥の力の低下も首相主導を可能にした。派閥は首相を支える主流派と、首相に批判的な非主流派あるいは反主流派に分かれ、政権運営に大きな影響を与えてきた歴史を持っている。派閥トップの領袖《りょうしゅう》は、所属議員に対する政治活動資金の分配、閣僚をはじめとするポストの獲得、選挙での全面的な支援などによって求心力を維持していた。そして自民党総裁選挙などの党内権力闘争で所属議員が領袖を支えることで、ギブ・アンド・テイクが成立する関係となっていた。

ところが、バブル経済崩壊後は企業からの政治資金が大幅に減少し、派閥領袖の資金力は大きく低下した。また小選挙区制導入の結果、公認候補の選考や選挙運動が政党中心となり、派閥の役割が低下していった。閣僚や党役員人事についても小泉が派閥推薦を無視して行ったことで、派閥の力の低下がはっきりしたのである。派閥の弱体化は小泉に対抗する有力な政治家の台頭を困難にしてしまい、結果的に小泉は改革を推進しやすくなったのである。

さらに、自民党政務調査会の部会の力の衰退も顕著になった。政務調査会には各中央省庁に対応した一〇余りの部会があり、すでに述べた「事前審査制」を使って政府の政策決定に大きな影響力を発揮してきた。特に公共事業や農林水産業など予算規模の大きな分野では、政策や予算に精通する族議員が強い発言力を持ち、支持組織の利益を実現するために、しばしば政府が打ち出した政策に注文を付けて変更させてきた。

つまり、族議員の活動を可能にしたのも、潤沢な予算を原資とした「富の再配分」機能だった。財政状況が厳しくなって再配分が困難になるとともに族議員の要求は通りにくくなり、彼らの活躍の場は次第に狭まってきた。そのことも小泉の首相主導を可能にしていったのである。

派閥についてさらにいえば、小泉とは対立関係にあり、かつ党内で圧倒的な力を持っていた田中派の流れをくむ橋本派が、その力を失ったことも大きな要素である。この派閥は首相候補や幹事長ら党執行部の中心的な担い手を次々と輩出してきた人材の宝庫でもあった。ところが、一九九〇年代に入って首相の竹下登や副総裁の金丸信が金銭スキャンダルで相次いで失脚し、小沢一郎や羽田孜ら将来を有望視されていた政治家が次々と派閥を離脱し、やがて自民党を離党した。さらに二〇〇〇年には竹下、小渕恵三、梶山静六という派閥実力者が死去し、急速に影響力を失ってしまったのである。

つまり小泉は、霞が関の官僚組織に加え自民党内の派閥力学、さらに政務調査会などの党組織が大きく変化し力を失ってきた中でスタートしたのであり、それは既得権益を守ろうとする勢力の抵抗を押し切ってさまざまな改革を実現するには絶好のタイミングだったのである。

小泉の政治手法の問題点

世論の支持をバックに従来のシステムを壊しながら改革を進めていった小泉の政治手法が、一定の成果を上げたことは間違いない。しかし、同時に小泉流政治には問題点もあった。小泉が国会で荒っぽい答弁を繰り返したことで、政策に関する緻密で論理的な審議が消えていった。小泉は二〇〇一年の自民党総裁選挙で八月十五日の靖国神社参拝、国債発行三〇兆円以下、ペイオフ解禁を公約したが、いずれも実行できなかった。国会で民主党の菅直人に「守れた約束がありますか」と問われた小泉は、「確かにその通りにはやっていないということになれば約束は守られていない。しかし、もっと大きなことを考えないといけない、総理大臣として。その大きな問題を処理するためには、この程度の約束を守れなかったというのは大したことではない」と答弁した（二〇〇三年一月二十三日、衆議院予算委員会）。国民にわかりやすい発信を優先するあまり、小泉の答弁は単純で論理を欠くものになりがちだった。

「世論」という数字に依拠した小泉政権は五年余りの長期に及んだが、「世論」が政治過程で大きな力を持った結果、その後の政権は逆に「世論」に振り回されるようになった。小泉のように巧みに「世論」を操り権力安定の源とすることはだれにでもできるわけではない。ポスト小泉の首相たちは、力を増した「世論」と小泉改革に対する反動を強めた伝統的自民党との狭間に立たされ、短命内閣を繰り返すことになったのである。

三　靖国問題と拉致問題

靖国神社参拝問題

次に、小泉内閣の一連の改革以外で注目すべき問題として、「靖国神社参拝問題」と「北朝鮮訪問と拉致《らち》問題」を見てみる。小泉内閣では自衛隊の海外派遣など安全保障政策でも大きな変化があったが、それについては第**10**章で詳述する。

小泉は二〇〇一年の自民党総裁選挙中に、「首相に就任したら八月十五日の戦没者慰霊祭の日にいかなる批判があろうと必ず靖国神社に参拝する」と公約した。小泉は厚相など閣僚を務めていたときにも八月十五日に靖国神社を参拝していたが、自民党総裁選挙で参拝を公言したのは、首相の参拝を求めていた日本遺族会の支持を得るための総裁選挙対策と見られていた。

当然のことながら、首相就任後最初の終戦記念日に小泉が参拝するかどうかは大いに注目され、中国政府は早々と日本政府に対して参拝しないよう要請してきていた。官房長官の福田康夫らが中国政府と水面下で調整を続けるなどした結果、小泉は八月十五日ではなく十三日に参拝した。前倒しした理由について小泉は、「中国や韓国や近隣諸国との友好関係を図っていきたいと心から思っているが、八月十五日に参拝することによって逆の取り方をされることが鮮明になってきた。逆にとられるのは好ましくない」と語った（『朝日新聞』二〇〇一年八月十四日付朝刊）。以後、小泉は首相在任中は、毎年、日にちは変えながらも一度は参拝をし続け、最後の年である二〇〇六年には公約通り終戦記念日の八月十五日に参拝した。

その結果、中国、韓国との首脳同士の往来が途絶えるなど日中、日韓関係は最悪の状態に陥った。中国や韓国が首相の靖国神社参拝を問題にするのは、極東国際軍事裁判（東京裁判）で絞首刑の判決を受けたA級戦犯らが合祀《ごうし》されているためである。A級戦犯とは朝鮮半島の植民地支配や中国大陸への侵略で中心的役割を果たした軍国主義者たちであり、彼らが祀られている靖国神社を首相が参拝することは、戦前の日本の歴史を正当化するに等しいという論理で強く反発していた。これに対し小泉は、「私は特定の人に参拝しているんじゃないんです。〔中略〕一部の、自分では許せない人がいるから、それより圧倒的多数の戦没者の方々に対して哀悼の念をもって参拝するのが何故いけないのか。

私はA級戦犯の為に行っているんじゃない」と反論した（二〇〇六年八月十五日）。

戦後、靖国神社には吉田茂や岸信介ら多くの首相が参拝していた。そしてそのころはまだ中国や韓国は問題視していなかったが、一九七八（昭和五十三）年にA級戦犯一四人がひそかに合祀され、翌年、その事実が公になると態度を変え、次第に批判を強めてきた。そして戦後四十年となる八五年八月十五日に、当時の首相である中曾根康弘が首相の立場で公式参拝をすると両国は強く反発した。深刻な外交問題に発展することを避けるため、中曾根は翌年からは参拝を見送った。

その理由について中曾根は、中国の胡耀邦総書記や韓国の全斗煥《チョン・ドファン》大統領の名前を挙げて「こういう首脳間の特別な信頼関係が壊れ、相手に迷惑をかけるというのは、両者にとっても、両国のために

首相の靖国神社参拝

首相の靖国神社参拝が国内外で問題になったきっかけは、東京裁判のA級戦犯が合祀されたことだった。

太平洋戦争で亡くなった軍人の合祀は、厚生省が対象者の名前である「祭神名票」を神社に送り、それを受けて神社側が手順を踏んで行っていた。A級戦犯についても一九六六（昭和四十一）年に厚生省が「祭神名票」を送ったが、当時はリベラルな考えの持ち主といわれていた筑波藤麿《つくばふじまろ》が宮司《ぐうじ》を務めており、合祀を受け入れなかった。ところが、筑波が一九七八年に急逝《きゅうせい》すると、保守派で旧海軍出身の松平永芳《まつだいらながよし》が宮司となった。松平は就任直後の十月に、秘密裏に合祀したのである。

つまり、A級戦犯は戦後三三年間にわたって合祀されていなかったが、宮司が交代するとあっという間に合祀され、その事実も公にされなかったのである。長い間合祀されなかった理由は、宮司の筑波だけでなく昭和天皇も合祀に消極的だったため、とい

われている。そして、A級戦犯合祀の事実は一九七九年になって新聞に報じられた。

戦後、天皇は一九七五年まで数年おきに合計八回参拝していたが、合祀が表に出てからは一度も参拝していない。また平成時代になってからも、天皇は参拝していない。

首相の場合は、戦後、春や秋の例大祭を中心に、多い人は年に数回参拝していた。そしてA級戦犯合祀が明らかになった後も、鈴木善幸や中曾根康弘は参拝を続けた。しかし、中曾根が一九八五年八月十五日の終戦記念日に公式参拝をしたことに対し中国や韓国が激しく反発して以降、首相はほとんど参拝しなくなり、二〇〇一（平成十三）年に小泉が参拝するまでの間、明らかになっているのは一九九六年に橋本龍太郎が参拝したケースしかない。

合祀については、当初は自民党内からも批判の声が出ていた。外相の桜内義雄《さくらうちよしお》は、合祀は戦犯を認めたサンフランシスコ平和条約一一条から見て問題があると指摘し（『朝日新聞』一九八五年十二月五日付夕刊）、金丸信は幹事長時代に「戦犯が戦争犠牲者と一緒にまつられることには、私にも抵抗感がある。乃木《のぎ》（希典《まれすけ》）将軍や東郷《とうごう》（平八郎《へいはちろう》）元帥でさえまつられてないのに、おかしい」（『朝日新聞』一九八五年十一月五日付朝刊）と批判している。しかし、時間が経つにつれて合祀そのものを問題視する声は消えていった。

外交問題化することを避けるために「分祀案」や「国立追悼施設建設案」などが出たが、実現しないままだ。そして二〇一三年十二月に首相の安倍晋三《あべしんぞう》が参拝すると、それまでの中国、韓国だけでなく、アメリカが「失望」を表明し、欧州連合（EU）やロシアも参拝を批判した。首相参拝によって北東アジア地域の秩序が不安定化するおそれや、安倍政権の保守化・右傾化に対する懸念が表明されたのである。つまり、参拝問題はいつのまにか地域問題を超えたグローバルな問題になってしまったのである。

もよろしくないので、こちらで身を退こうと思ったのです。中韓両国の反発を考慮して参拝を取り止めたのは事実だね」（中曽根、二〇一二、四四三頁）と語り、近隣諸国との外交関係への配慮を優先したことを認めている。

以後、公に靖国神社に参拝した首相は一九九六（平成八）年の橋本龍太郎だけだった。それだけに、毎年一回参拝した小泉の行動は突出していた。すでに紹介したように、小泉は他の議員らと群れて行動することを嫌う政治家であり、党内タカ派議員グループに属していたわけではない。また、歴史問題では「A級戦犯は戦争犯罪人である」と明言したほか、日本が国連安全保障理事会常任理事国入りすることに消極的な見解を示すなど、どちらかといえばハト派的な主張をしていた。

そのため、小泉がなぜこれほどまで靖国参拝にこだわったのかははっきりしない。しかし、中韓両国との外交関係が停滞した反射的効果として日米関係を重視せざるをえなくなり、それが第**10**章で詳しく述べるように、アメリカの要請を受けての自衛隊の海外派遣の積極的実施につながった。つまり、小泉の靖国参拝は日本の外交・安全保障政策全体に大きな影響を与えたのである。

小泉訪朝と拉致問題

日本が植民地支配をした朝鮮半島は戦後、冷戦のもとで南北二つの国に分断された。日本は南の韓国とは一九六五（昭和四十）年に国交を結ぶことができたが、北朝鮮とは何度か交渉がもたれたものの進展のないままとなっていた。ところが小泉内閣時代の二〇〇一（平成十三）年秋に、北朝鮮側から日本政府にひそかに国交正常化に向けた交渉開始の働き掛けがあった。小泉は、首相官邸と外務省のごく一部の人間だけに限って情報を共有しながら、極秘に北朝鮮との水面下の接触を開始したのである。

日本側担当者は中国などで北朝鮮側担当者と接触を繰り返し、北朝鮮が本気で正常化しようとしているか確認作業を進めた。そして、二〇〇二年四月になって小泉は、北朝鮮を訪問し金正日《キム・ジョンイル》総書記と会談して国交正常化に向けた交渉を開始する方針を固め、具体的な訪朝日程の調整に入った。

日本との国交正常化に消極的だった北朝鮮が対応を変えた背景には、アメリカの北朝鮮に対する厳しい姿勢があった。二〇〇一年九月にニューヨークなどで起きた同時多発テロを受けてアメリカは、テロ対策や核拡散防止に力を入れ出した。さらに〇二年一月の一般教書演説でG・W・ブッシュ大統領は、当時、国際社会の合意に反して核兵器などの大量破壊兵器を開発しているとされていたイラン、イラクと北朝鮮を「悪の枢軸（axis of evil）」という表現で批判し、厳しい態度で臨む姿勢を見せていた。北朝鮮は、アメリカの強硬姿勢に危機感を持ち、自らの体制を守るために日本に接近し、国交正常化を進めようとしたのである。

水面下の交渉の末、小泉は九月十七日に北朝鮮の平壌《ピョンヤン》を訪問し、金正日総書記と会談した。会談で小泉は北朝鮮による日本人の拉致問題を取り上げて強く抗議した。これに対し金正日は、「七〇年代、八〇年代初めまで特殊機関の一部が妄動主義、英雄主義に走ってこういうことをした」などと拉致の事実を認め謝罪した。そして拉致被害者の安否について北朝鮮政府は、「八人死亡、五人生存」

と回答してきた。一方、小泉は日本の植民地支配について、「痛切な反省と心からのお詫びの気持ちを表明する」と述べた。そのうえで両首脳は国交正常化交渉を開始することなどを盛り込んだ「平壌宣言」に署名した。

宣言には、北朝鮮が日本に対する請求権を放棄し、日本は国交正常化後に北朝鮮に対して経済協力の形で資金提供すること、北朝鮮が核開発について国際合意を守るとともにミサイル発射についてはモラトリアムを続けること、などが盛り込まれた。

日朝国交正常化は、戦後日本外交が抱える最も重要な課題の一つだった。したがって、小泉の訪朝は日朝関係が国交正常化に向けて動き出す画期的な外交となるはずだった。ところが、小泉がめざした年内国交正常化は、訪朝直後から大きな難題に直面した。一つは、拉致問題に対する国内の強烈な反発である。もう一つは、北朝鮮の核開発に対するアメリカの強い懸念であった。

金正日が拉致を認めて謝罪したことと被害者の安否に関する具体的な情報を示したことは、日本国民に大きな衝撃を与えた。小泉は国交正常化に積極的だったが、国内のマスメディアや世論は北朝鮮に対する感情的批判を強め、拉致問題が解決しない限り国交正常化すべきではないという空気が一気に強まった。

十月には五人の拉致被害者が帰国し、さらに二〇〇三年五月に小泉が再訪朝するなどして五人の被害者の家族や子どもらの帰国も実現した。しかし、それ以外の行方不明者についての調査などは全く進展がなかったため、日本政府は拉致問題について強い姿勢で北朝鮮に臨んだ。拉致問題を認め謝罪すれば国交正常化が実現し経済協力を受けられると考えていた北朝鮮は、拉致問題の全面解決を求める日本政府の強い姿勢に反発して「拉致問題は解決済み」という強硬な姿勢に転じ、政府間は再び対話ができない状況に陥ってしまった。

一方、九・一一同時多発テロで多数の被害者を出したアメリカは、北朝鮮の核兵器開発を強く懸念していた。核開発技術が拡散しテロリストの手に渡ることなどを恐れていたのである。そしてアメリカは、北朝鮮が核兵器開発に必要な高濃縮ウランを作るための遠心分離機を入手したという情報を得て、小泉訪朝直後の二〇〇二年十月初めに国務省高官が訪朝して北朝鮮に証拠を突き付けたところ、北朝鮮が開発の事実を認めた。この事実が表に出たことで、日本政府は北朝鮮との国交正常化交渉と核開発問題を切り離すことができなくなってしまったのである。

北朝鮮の核開発問題は、二〇〇三年に北朝鮮のほか、アメリカ、中国、日本、ロシア、韓国の各国が参加して始まった六者協議で議論された。この協議は〇七年まで繰り返し開かれたが、核開発の放棄を求める各国に対し、北朝鮮は核の平和利用は自分たちの権利であるなどと主張して譲らず、ほとんど何の進展もないまま休止状態に入った。北朝鮮はその後も繰り返し核実験やミサイル発射実験を実施し、国連安全保障理事会の制裁決議を受けている。

小泉の訪朝は、アメリカなど関係国との事前調整をしないまま踏み切った、日本外交にはめずらしい主体的なものだった。そして、五人の拉致被害者の帰国を実現するという成果を上げたが、最終目標の国交正常化は実現せず、核開発問題などの解決にも寄与することはできなかった。

同時に小泉訪朝は「外交」と「世論」の関係の難しさを顕在化させた。拉致問題に対する国民の厳しい反応が政府の北朝鮮政策を大きく規定し、拉致問題に対する強硬姿勢を前面に出さざるをえなくなっていった。小泉内閣時代に内政、外交の双方の分野で、「世論」がかつてないほど大きな力を持つようになったのである。

第10章 変貌する安保政策

⬆イラク復興支援のため南部のサマワに派遣された陸上自衛隊の宿営地を訪れた矢崎一陸上幕僚長（看板の左側）（イラク・サマワ，2004年4月2日）（写真提供：時事）。

本章は、一九九〇年代以降の日米同盟関係を中心とした日本の外交・安全保障政策の変遷と政治のかかわりを中心に見ていく。

戦後の日本政治において日米同盟関係を軸とする外交・安全保障政策は、経済や財政などの主要政策、そして首相の座をめぐる権力闘争とともに大きな柱の一つであり続けてきた。

冷戦時代に日本は西側諸国の一員として国内に多数の米軍基地を提供するとともに、「限定的かつ小規模な侵略までの事態に有効に対処することができる」と定義した基盤的防衛力整備という考えのもとで自衛隊の組織や装備の充実を図ってきた。しかし、安全保障政策に関する与野党間の議論は自衛隊の合憲性など観念論的な論争に終始し、現実をふまえた政策の展開は乏しく、その必要性も低かった。

ところが、冷戦終結で状況は一変した。米ソ両大国のもとで固定的だった世界秩序が流動化し始め、湾岸戦争に始まる地域紛争の頻発、アメリカでの同時多発テロをきっかけとするテロとの戦いが世界的課題になってきた。また、日本周辺においては北朝鮮の核・ミサイル開発、あるいは人民解放軍の急速な近代化を進めた中国の台頭という新たな課題に直面するようになってきた。

こうした変化をふまえて一九九〇年代から二〇〇〇年代初めにかけて、日本は国連の平和維持活動（PKO）への参加やアメリカの対テロ戦争への協力という形で自衛隊の海外派遣に踏み切った。それにともないＰＫＯ協力法やテロ特措法などの法整備が一気に進められ、安全保障政策の現実化と世界化が進んだ。自衛隊は冷戦時代の「静的存在」から、国内外で具体的な活動をする「動的存在」に変化したのである。

一　湾岸のトラウマからPKO法案の成立まで

湾岸戦争

一九八九（平成元）年の冷戦終結に世界は大いに沸いたが、それがただちに世界の平和と安定をもたらすことはなかった。八九年十二月、アメリカのG・ブッシュ大統領とソ連のゴルバチョフ大統領が地中海のマルタ島で力と力の対決を終わらせる握手をしてからわずか八カ月後の九〇年八月二日未明に、中東の大国の一つであるイラクが国境付近に結集させていた約一〇万人の軍をクウェートに侵攻させ、短時間で占領してしまった。イラクとクウェートの両国政府は前日まで油田の帰属問題などについて交渉を続けていたが、合意に達することができず決裂していた。侵攻はその直後のことだった。

国際社会はイラクの突然の暴挙を強く非難し、アメリカを中心に二八カ国が参加する多国籍軍が組織された。さらにイラクに対して、一九九一年一月十五日までにクウェートから撤退しなければ「加盟国が武力行使を含むあらゆる手段を行使できる」という国連安全保障理事会決議が九〇年十一月に採択された。しかし、イラクのサダム・フセイン大統領は国際社会の警告を無視し続けた。米英軍を中心とする多国籍軍は、期限後の九一年一月十七日にイラクの首都バグダッドなどに対し巡航ミサイルなどを使った本格的な攻撃を開始した。

圧倒的な軍事力を誇る多国籍軍は短期間でクウェートの解放を実現し、アメリカのG・ブッシュ大統領は二月二十七日に勝利を宣言した。三月四日に多国籍軍とイラク軍の間で停戦合意が成立し、湾岸戦争は一カ月半で終了した。米国は国連安全保障理事会決議がフセイン体制を倒すことまでは認めていないとして、地上軍をイラクの首都バグダッドまで進攻させることはしなかった。その結果、フセイン体制が維持され、二〇〇三年のイラク戦争につながることになったのである。

湾岸戦争に対する日本の対応であるが、政府は一九九〇年十月に多国籍軍の後方支援を目的とした自衛隊派遣のための「国連平和協力法案」を国会に提出した。これに対し野党各党は、「自衛隊を出せば武力行使につながり憲法違反になる」などと強く反対した。当時の国会は参議院で野党が多数を占めていたため最初から成立の見通しはなく、この法案は衆議院段階で採決しないまま一カ月足らずの審議で廃案となった。しかし、自民、公明、民社の三党は廃案と同時に、自衛隊とは別に国連のPKOに協力する新組織を作ることを合意した。この合意が後のPKO協力法につながっていくのであった。

結局、日本政府は湾岸戦争に対しては自衛隊を中心とする人的貢献はできず、多国籍軍に対する総額一三〇億ドルの資金援助が中心の対応となった。提供した金額こそ各国の中で最多だったが、対応が後手に回ったこともあって、アメリカ政府内からは「too little too late」などという批判が出た。

また、クウェート政府が国際社会に感謝するため『ワシントン・ポスト』紙に掲載した全面広告の国名リストに、日本は含まれなかった。さらに、ワシントンで行われた大々的な勝利パレードにアメリカ政府はやはり多国籍軍に参加した約三〇カ国の大使を特別席に招いたが、日本大使は一般席にしか招かれないという出来事も起きた（五百旗頭ほか、二〇〇八c、二〇四頁）。これらの出来事は、資金提供だけでは国際社会に評価されないということを知らされた屈辱的な経験であり、その後、日本政府関係者の間で「湾岸のトラウマ」と呼ばれることになった。

日本政府が資金提供以外に何もしなかったわけではない。戦争終結後の四月には自衛隊法に基づいて海上自衛隊の掃海艇など六隻をペルシャ湾に派遣し、タンカーなどが安全に航行できるようにするため機雷の掃海作業を行った。これは自衛隊の初めての海外任務だったが、戦争終結後ということもあって国際社会からはさほど注目されなかった。

国連平和協力法案の作成で中心的役割を果たした当時の外務省条約局長の柳井俊二《やないしゅんじ》は、「こんな法律は、まったく先例がないわけですよ。真っ白い紙を置いて何を書こうかというようなものです。しかし、日本国内の政治情勢や世論は、後方支援といえども自衛隊を海外に出すことについてはものすごいアレルギーがありました。それは自民党の中でさえ強かった。ましてや、社会党や共産党、さらには内閣法制局は最も強かった」（五百旗頭ほか、二〇〇七a、四八頁）と当時の空気を語っている。

敗戦から半世紀近くの間、一貫して経済成長に集中していた日本にとって湾岸戦争は、戦後初めて現実味を持って「戦争」に直面した出来事だった。国民の間には太平洋戦争などの記憶が強く残っており、かつての侵略行為を連想させる自衛隊の海外派遣は、冷戦終結後の地域紛争解決のための国際社会と連携した行動であるとしても、まだ受け入れることができる状況とはなっていなかったのである。

ＰＫＯ協力法とカンボジア派遣

国連平和協力法案の廃案を受けて政府は一九九一年九月、「ＰＫＯ協力法案」を国会に提出した。国連のＰＫＯとは、国連安全保障理事会決議に基づいて国連が紛争地域の停戦確立や統治組織作りのために行う活動であり、法案は自衛隊をＰＫＯ活動に参加させることを目的としている。冷戦終結後、

●ガラス細工の安保政策

冷戦時代の日本の安全保障政策をめぐる国会審議は、およそ現実の国際情勢や自衛隊の運用とは無縁だった。憲法九条を盾に野党は政府の憲法解釈や日米安全保障条約の運用などについて細かな質問をして、政府の国会答弁の積み重ねが日本の安全保障政策となっていった。それは精緻なガラス細工で作り上げた芸術品のようであり、安全保障の分野を担当することになった外務省や防衛省、そして内閣法制局の官僚の最初の仕事はこの答弁の山を頭に入れることだった。そのいくつかを紹介しよう。

自衛隊は憲法で禁じている「戦力」に当たるかという質問には、「ことばの意味だけから申せば、一切の実力組織が戦力に当たるといってよいでございましょうが、憲法第九条第二項が保持を禁じている戦力は、〔中略〕自衛のための必要最小限度を超えるものでございます。それ以下の実力の保持は、同

条項によって禁じられていない」（一九七二年十一月十三日、参議院予算委員会）。

日本が核兵器を保有することについては、「自衛のための必要最小限度を超えない実力を保持することは、憲法九条二項で禁止されておらない。したがって右の限度の範囲内にとどまるものである限り、核兵器であると通常兵器であるとを問わずこれを保有することは同項の禁ずるところではない〔中略〕。したがって、核兵器のすべてが憲法上持てないというのではなくて、自衛のため必要最小限度の範囲内に属する核兵器というものがもしあるとすればそれは持ち得る」（一九七二年四月五日、参議院予算委員会）。

安倍内閣で焦点となった集団的自衛権については、「我が国が、国際法上、このような集団的自衛権を有していることは、主権国家である以上、当然であるが、憲法九条の下において許容されている自衛権の行使は、我が国を防衛するため必要最小限度の範囲にとどまるべきものであると解しており、集団的自衛権を行使することは、その範囲を超えるものであって、憲法上許されないと考えている」（一九七一年五月二十九日、政府の答弁書）。

悪文の典型のような日本語であるが、過去の国会答弁との整合性を維持しつつ、現実の変化にも対応できるように工夫した結果がこうなっているのである。

そして、このガラス細工を一気に壊したのが冷戦終結と自衛隊の海外派遣だった。それまで検討することさえタブーだった自衛隊の海外派遣とそれにともなう外国の領土における自衛隊の武器の使用基準、米軍との具体的な共同作業、北朝鮮のミサイルに関する情報の共有など、現実の動きに即した具体的な活動や政策が、国会で赤裸々に議論されるようになったのである。それとともに、憲法に違反しないための理屈を机上で練り上げてきた政府見解は、大きく見直され姿を変えてしまったのである。

米ソの対立が緩和したことで国連安全保障理事会が機能するようになり、地域紛争解決のためのPKOが増えていた。日本政府はPKO参加を国際貢献の一つに位置づけて積極的に取り組む方針を打ち出したのである。

PKO協力法案は紛争当事者間の停戦合意や受け入れ同意などを前提に、民主的手段による統治組織の設立を援助することなどを目的としていた。国連平和協力法案の廃案の際に、自民、公明、民社の三党がPKOへの協力について合意していたことが下敷きとなっていたため、公明、民社の両党は自民党と共にこの法案の成立を支持していた。これに対し、PKO派遣は海外派兵につながるなどと主張する社会党や共産党は強く反対していた。

PKO協力法案は一九九一年十二月に衆議院本会議で可決された後、翌年の通常国会に継続審議となった。そして九二年六月に参議院本会議での採決が予定されると、社会党は「牛歩戦術」で徹底的に抵抗した。「牛歩戦術」とは法案に反対する議員が長時間かけて投票する手法で、社会党など野党はPKO協力法案の採決前に参議院議院運営委員会委員長らに対する解任決議案などを次々と提出して廃案に追い込もうとしたのである。一つの議案の採決に最長一三時間もかかるなど「牛歩戦術」は合計六日間にも及んだが、結局は一部を修正して可決された。続く衆議院本会議での修正案の採決で社会党は全代議士の辞表を衆議院議長に提出して欠席するという戦術をとったが、六月十五日の衆議院本会議で可決され成立した。このときの社会党の対応は、対案もないまま政府提出法案に何でも反対するだけの古臭い野党という印象を国民に与えてしまい、党勢衰退に拍車をかけることとなった。

自衛隊を本格的に海外に派遣することが可能となるＰＫＯ協力法は、戦後日本の安全保障政策の大きな転換点となった。成立を受けて政府は、九月に陸上自衛隊員六〇〇人を、カンボジアで実施される総選挙の選挙監視などの目的のためにタケオに派遣した。

カンボジアＰＫＯには、自衛隊員のほかに文民警察官七五人らも派遣された。一九九三年五月四日、カンボジア北西部を車で移動中の日本人警察官が待ち伏せしていた武装グループに襲われ、一人が死亡し四人が負傷する事件が起きた。この事件を受けて政府内から自衛隊を撤退すべきであるという意見が出たが、首相の宮澤喜一は派遣継続を決断し、自衛隊は総選挙終了まで任務を遂行した。

カンボジアＰＫＯへの自衛隊派遣は初のケースだったため内外の注目を浴びた。自衛隊は犯罪などに巻き込まれることなく無事任務を終えることができた。その結果、自衛隊の海外派遣に対する国民の理解が進み、当初は強い反対意見が多かった各種世論調査の結果は、自衛隊派遣への支持が反対を上回るようになっていった。

二　日米安保再定義

朝鮮半島問題

冷戦終結によってソ連の脅威がなくなったヨーロッパは新たな平和の時代に入ったといわれていたが、日本が位置する北東アジアには冷戦構造が形を変えて残っていた。

まず朝鮮半島問題があった。戦後、朝鮮半島は南北に分断され、韓国と北朝鮮が存在して緊張関係にあった。北朝鮮は一九九三年三月に核拡散防止条約（NPT）からの脱退を一方的に宣言し、密かに核兵器開発を進めるとともに、五月には日本海に中距離弾道ミサイル「ノドン一号」の発射実験をするなどして緊張をあおっていた。

核拡散問題を重視するアメリカは、カーター元大統領が一九九四年六月に訪朝して金日成《キム・イルソン》国家主席と協議し、北朝鮮が核開発を凍結する見返りに米日韓の三カ国が共同で北朝鮮に軽水炉の原子力発電所を建設することで合意した。これを受けて米朝両国間で正式な協議が行われ、北朝鮮のNPT復帰と黒鉛炉の凍結・解体、そして北朝鮮に原子力発電所を建設するための朝鮮半島エネルギー開発機構（KEDO）を創設することなどを内容とする「米朝枠組み合意」が成立した。しかしこの合意は、北朝鮮がその後も核開発を継続したために実行されることはなかった。

また、北東アジア地域には中国の軍事力近代化と中台問題も存在していた。台湾の総統選挙を翌年に控えた一九九五年七月に、中国は総統選挙を牽制する目的で台湾近くの東シナ海で軍事演習を行い、ミサイルを発射した。これに対抗してアメリカが空母二隻を派遣し米中関係は一気に緊張したが、中国が演習を取り止めたことで事態は収束した。しかし、その後も中国の国防予算の急激な増大と軍事力の近代化は進み、それに比例して中国の対外強硬姿勢が目立つようになっていった。

日米安保共同宣言

一方、一九九〇年代前半の日米関係は経済摩擦が深刻化していた。日米間の貿易不均衡を前に、経済重視のクリントン大統領が日本に対して、自動車部品など特定分野のアメリカ製品について輸入量の数値目標を示すよう繰り返し要求してきたのである。日本側が一貫して拒否する姿勢を続けたため日米間の経済摩擦が高まり、九五年に最終決着するまでの数年間、厳しい交渉が続いた。

こうした中で日本外交にとって最も重要な日米同盟関係は、冷戦終結を受けてその存在意義が問われるなど揺らぎ始めていた。クリントン大統領の経済重視の姿勢がそれに拍車をかけた。さらに、一九九五年九月には沖縄で米兵による女子小学生に対する暴行事件が起き、日本国内で米軍基地に対する反発が高まった。危機感を強めた日米両国の外務・防衛担当者の間で冷戦後の日米同盟関係の意味をあらためて確認するための作業が進められ、九六年四月、クリントン大統領が来日し、橋本龍太郎首相との会談後に発表された「日米安全保障共同宣言」にまとめられた。

この共同宣言は、アジア太平洋地域には北朝鮮問題や中国問題など不安定性と不確実性が存在するとしたうえで、日米同盟関係をこの地域の安定と繁栄維持のための基礎であると位置づけた。そして、アメリカが北東アジア地域に一〇万人規模の前方展開兵力を維持すること、「日米防衛協力のための指針（ガイドライン）」の見直し作業を開始すること、沖縄の米軍基地の整理・統合・縮小を進めること、などを謳った。

また、日米首脳会談に先立ち橋本は駐日米大使のモンデールと共同会見し、沖縄の米軍基地問題で最大の懸案事項となっていた宜野湾《ぎのわん》市の普天間《ふてんま》飛行場を五年ないし七年のうちに日本に全面返還することで、日米両国政府が合意したと発表した。ただ普天間飛行場の返還は、移転候補地となったやはり沖縄県の名護《なご》市辺野古《へのこ》地区で反対運動が起きるなどしたため、二〇一〇年代に入っても進展しない状態が続いた。

日米ガイドラインの見直し

安保共同宣言を受けて、日米間では「ガイドライン」の見直しが進められた。「ガイドライン」は一九七八（昭和五十三）年に初めて合意された。当初は日本が攻撃された場合に自衛隊と米軍がどのような行動をとるかという役割分担を定めたものだったが、九七年の見直しでは、その範囲が拡大されて朝鮮半島有事など日本周辺地域で起きた有事の際に活動する米軍に自衛隊がどのような協力をするかなどが検討された。そして、集団的自衛権の行使を禁じている憲法の枠内で可能な支援策として、戦闘活動を行う米軍に対する物資の補給や兵員などの輸送、米兵らの捜索活動などの後方地域支援が打ち出された。これらの内容を盛り込んだ「周辺事態安全確保法」が、一九九九年五月に成立した。

「周辺事態」というのは、「そのまま放置すれば我が国に対する直接の武力攻撃に至るおそれのある事態」と定義されたが、具体的には朝鮮半島有事や台湾海峡での有事を想定していた。そこで軍事活動をする米軍に対する自衛隊の支援として、憲法違反にならないことを明確にするために「後方地域支援」という概念が作られたのである。これによって自衛隊の活動範囲が拡大することになった。また「後方地域支援」という概念は、後で述べるテロ特措法やイラク復興支援特別措置法（イラク特措法）にも生かされた。

橋本内閣が普天間飛行場の返還合意や「日米安全保障共同宣言」を進めた背景には、国民の間から日米安保条約不要論が出るなど、日米同盟関係の安定性が揺らぎ始めていたという事情があった。日本を取り巻く現実の世界は、北朝鮮の核開発問題や中国の軍事力近代化など決して穏やかなものではなく、地域の安定装置として日米同盟は重要性を増していた。しかし、日米同盟の必要性を国民に理解してもらうためには、批判の出ていた在日米軍基地の整理・統合問題に前向きの姿勢を示す必要があり、普天間飛行場返還合意はその象徴だった。

一連の作業は「日米安保再定義」と呼ばれ、それまで主に日本有事を想定して構築されていた日米同盟関係が、アジア・太平洋地域の安定のための枠組みであるという位置づけとなり、より広範囲な地域の秩序形成に寄与する同盟関係に変質していったのである。新たな役割を負うことで日米同盟は積極的な意味を見出し、自衛隊の活動範囲も制度的に広がっていったのである。

三　テロとの戦い

「九・一一テロ」

冷戦終結後の十年間、日本を取り巻く安全保障環境は変化のスピードを上げ、日本はＰＫＯ協力法や周辺事態安全確保法などの法整備を進めて対応していった。そして二〇〇〇年代に入ると、現実に自衛隊が海外で活動するようになった。

二〇〇一年は日米両国で共に政権が交代した年である。アメリカでは一月に共和党のG・W・ブッシュが大統領に、日本では四月に小泉純一郎が首相に就任した。前大統領のクリントンは米中関係や経済問題に重きを置いた外交を展開したが、ブッシュ大統領は一転して同盟国との関係を重視する伝統的な対外政策を打ち出した。

そこに起きたのがアメリカの「同時多発テロ事件」である。二〇〇一年九月十一日、テロリストが乗っ取った四機の航空機がニューヨークの超高層ビルやワシントンの国防省に突っ込み、約三〇〇〇人の犠牲者が出たのである。

まもなく犯行はビン・ラディンが率いるイスラーム原理主義のテロ組織アルカーイダによるものであると判明した。米大統領のG・W・ブッシュは、アルカーイダをかくまうアフガニスタン政府に犯人の引き渡しを要求したが拒否されたため、同盟国に協力を呼び掛け「有志連合」を編成してアフガニスタンに対する武力攻撃に踏み切った。戦闘は米英軍を中心に十月七日に始まり、短期間で首都カブールを制圧した。しかし、アルカーイダのメンバーらは広大なアフガニスタン国内に潜伏し、同盟国の軍隊は以後、長期間にわたってアフガニスタンの秩序回復とテロリストとの戦いを強いられた。

アメリカ政府は日本に対しても協力を求めてきた。首相の小泉は、戦闘の行われていない後方地域でのアメリカ支援を目的に、自衛隊を派遣する方針を固めた。しかし、アフガニスタンでの戦争は地理的に「周辺事態安全確保法」の適用範囲外であるため新たな法律が必要となり、「テロ特措法案」

を国会に提出した。この法案は十月二十九日に計六二時間の審議でスピード成立した。そして、政府は十一月にインド洋に海上自衛隊の補給艦など三隻の艦船を派遣し、テロ組織の海上輸送阻止や掃討作戦を展開している一〇カ国以上の艦船に燃料の補給活動などを実施した。テロ特措法は二年間の時限立法だったが延長を繰り返し、福田内閣で成立した「新テロ特措法（補給支援特別措置法）」の期間も含めると、インド洋での海上自衛隊の活動は二〇一〇年まで続いた。

政府が自衛隊の派遣を急いだのは、湾岸戦争のときの苦い経験があったためだった。テロ発生の数日後、米国務副長官のアーミテージに会った当時駐米日本大使だった柳井俊二は「湾岸戦争のとき日本の対応はつまずきが多くて、結局一三〇億ドルも支出したにもかかわらず『トゥー・リトル トゥー・レイト』と批判されるなどひどい目にあった。今回のテロは湾岸危機とは事情が異なり、日本だっていつテロにやられるかわからない。また、今回はグローバルな問題だから、私見だけれども日本としても目に見える貢献をすべきだと思う」と伝えたという（五百旗頭ほか、二〇〇七a、一九〇頁）。

テロ特措法による海上自衛隊の艦船のインド洋への派遣は、戦時に自衛隊を海外に派遣するという初めての活動であった。憲法の制約から戦闘行為に直接関与はしないものの、戦闘活動を展開中の米軍などへの後方支援が実現したことで、自衛隊の活動が大きく拡大した。

G・W・ブッシュ大統領とイラク戦争

冷戦終結後、アメリカは他の国に比べて圧倒的な軍事力を誇るスーパーパワーとして、世界の安全保障に大きな影響力を持つことになった。その力を背景に、アメリカが国連を中心とする国際社会との協調を無視して始めたのが、二〇〇三年三月のイラク戦争だった。イラクに対してはかねてから核兵器など大量破壊兵器を秘密裏に開発し保持しているという疑いがもたれ、国連安全保障理事会は繰り返しイラクに対し査察を受け入れるよう要求していた。しかし、サダム・フセイン大統領がかたくなに拒否したため、G・W・ブッシュ大統領は次第にイラクに対する武力行使に傾斜していった。

これに対しフランスやドイツは武力行使に反対の姿勢を示し、当初は日本も小泉首相がブッシュ大統領に直接、武力行使の自制と安全保障理事会を重視して各国との協調を優先すべきであるという考えを伝えた。同盟国からの慎重論を受けてブッシュは、一度は安全保障理事会に新たな決議を求め、安保理は二〇〇二年十一月にイラクに対して査察の全面受け入れと情報開示を求める決議を採択した。しかし、イラクが十分な対応を見せないため、三月十九日、イギリスなどと共にイラクに対する軍事攻撃を開始した。圧倒的な軍事力を持つ米英軍は短期間で首都バグダッドを制圧し、ブッシュ大統領は五月一日に戦争終結を宣言した。首都から逃亡したフセイン大統領は十二月になってイラク中部の民家に隠れているところを逮捕され、死刑判決を受けて〇六年十二月に処刑された。

イラクでの主要な戦闘行為は終了したが、フセイン大統領による独裁体制が崩壊したイラク国内は混乱を極めた。近隣諸国からテロ組織のメンバーがイラクに入ってきて反米武装闘争を展開したほか、イラク国内の宗教や民族間の対立も加わり連日のように大規模なテロが繰り返された。欧米各国はイラクに軍を派遣して治安活動やイラクの復興支援活動を続けることになり、米軍がイラクから完全に撤退したのは二〇一一年十二月だった。この間の各国軍隊の死者数は米軍を中心に約五〇〇〇人にも上ったといわれている。

小泉首相とイラク特措法

アメリカはイラク戦争でも日本に支援を求めてきた。G・W・ブッシュに武力行使の自制と国際協調を求めた小泉だが、米軍が軍事攻撃を始めるとただちに支持を表明するとともに、イラクに自衛隊を派遣するための「イラク特措法」の策定に着手した。イラク特措法は、イラクの復興と米軍などに対する物資の輸送などの支援活動を目的に自衛隊を非戦闘地域に派遣する、としていた。テロ特措法と同様に国会審議は迅速に進められ、法案は二〇〇三年六月十三日に国会に提出され、七月二十六日に成立した。

ただ国会審議では小泉の強引な答弁が目立った。混乱の続くイラクへの自衛隊派遣については、「戦闘に巻き込まれ自衛隊が武力行使を余儀なくされるおそれがある」など多くの疑問が指摘された。これに対し小泉は、「自衛隊は非戦闘地域に派遣されるのであり、武力行使に巻き込まれることはない」などと派遣を優先する姿勢を示した。また、「イラクのどこが非戦闘地域か」と追及されると、「自衛隊が派遣されるところが非戦闘地域だ」などと緻密さに欠ける答弁を繰り返した。

法律の成立は早かったが、イラク国内の治安状況が悪化したため実際の自衛隊派遣は大幅に遅れた。八月にはバグダッド市内の国連事務所の入ったビルが爆破され、デメロ事務総長特別代表ら約二〇人が死亡する大規模テロも起きた。また、秋には日本で総選挙が予定されており、選挙への悪影響を避けたいという配慮もあった。日本政府は繰り返しイラクに調査団を送り、陸上自衛隊の派遣先を検討したが、なかなか決めることができなかった。しかし最終的には比較的治安のいい南部の都市サマワに派遣することになり、自衛隊の第一陣が出発したのは十二月になってからだった。

その後、陸上自衛隊は二〇〇六年七月まで、サマワを拠点に道路建設や小学校など公共施設の復旧工事などを行い地元住民らから感謝された。また、航空自衛隊も〇九年二月まで輸送機を派遣し、バグダッドなどへの物資輸送などの任務をこなした。

小泉がイラクへの自衛隊派遣にこだわった背景には、日米同盟関係を重視したことのほかに、近隣諸国との外交が行き詰まっていたという事情もある。自らの靖国神社参拝で中国、韓国との関係が悪化し、北朝鮮との国交正常化交渉も拉致《らち》問題などのために膠着《こうちゃく》状態となり、アジア外交はうまくいっていなかった。二〇〇五年十一月、京都でG・W・ブッシュ大統領と会談した小泉は、記者会見で「日米関係が良ければ良いほど、中国、韓国、アジア諸国をはじめ世界各国と良好な関係を築ける。これが基本的な私の考え方だ」と発言しており、アメリカとの強い同盟関係を内外に誇示することでアジア外交を動かそうとしていたのである。もちろん、現実には日米同盟が強化されたからといって、近隣諸国との外交関係が改善されることはなかった。

G・W・ブッシュ政権内では、軍事力を使ってでも自由や民主主義という価値を世界中で実現すべきだという新保守主義（ネオコン）と呼ばれる考えが強まっていた。チェイニー副大統領やラムズフエルド国防長官らがその代表で、彼らの主張がイラク戦争開戦にもつながった。

こうしたアメリカの対外政策については、日本国内でも疑問の声が出ていた。小泉首相の諮問機関である「対外関係タスクフォース」（座長・岡本行夫《おかもとゆきお》）が二〇〇二年十一月に提出した報告書では、アメリカについて「超大国（スーパーパワー）から極超大国（ハイパーパワー）になりつつある米国では、反対意見や異なる価値体系に対する寛容の精神が弱まりつつある。米国は圧倒的な力をもってこの矛盾を抑えこんでいるが、そのために米外交の道義性が弱まる可能性もある。更に、アフガニスタンでの戦闘に見られたような米国の圧倒的な近代戦闘技術が、今後の国際紛争に対する米国の介入の敷居を低める危険性があることにも留意しなければならない」と指摘していた。岡本らの予想通りアメリカはイラク戦争に突入したが、アメリカには戦争終結後の国家再建や統治についての明確なシナリオや準備がなく、それがイラク戦争後の混乱の大きな原因となった。また、結果的にイラクから大量破壊兵器は見つからず、戦争の大義すら失われてしまう結果となった。

自衛隊のイラク派遣は、日米同盟関係を強化するとともに、自衛隊が広く国際社会に認知される機会にもなった。しかし、結果として日本は、「世界の警察官」を自任するアメリカが起こしたアフガン戦争、イラク戦争に相次いで付き合わされることになってしまった。政策的には、日米安全保障共同宣言に始まり周辺事態安全確保法、テロ特措法、イラク特措法と次々と法律が作られ、自衛隊の役割、活動範囲はグローバルに拡大していった。しかし、アメリカの要求に合わせただけの時限立法が目立ち、体系的な安全保障政策が構築されたとは言い難かったのである。

第11章 ポスト小泉政権の迷走

⇧ガソリン税の暫定税率が期限切れとなることを受けて，ガソリンスタンドには価格の見通しを説明するポスターが張り出された（名古屋市内，2008年3月29日）（写真提供：時事）。

自民党は小泉純一郎の登場で明らかに息を吹き返した。不良債権処理は一気に進み、日本経済はバブル経済崩壊後の長期低迷から徐々に抜け出し始めていた。また、政治的には二〇〇五（平成十七）年の「郵政選挙」で三〇〇近い議席を獲得し、数の上ではきわめて安定した政権を確立した。

ところが、小泉の退陣とともに状況は一変した。後を継いだ安倍晋三は、中国や韓国との外交関係を劇的に改善したものの、閣僚らの不祥事が相次いだうえに首相の対応が後手に回ったため国民の反発を招いてしまい、二〇〇七年の参議院選挙で歴史的な敗北を喫して、就任一年で辞任してしまった。

続く福田康夫は「ねじれ国会」に苦しんだ。野党の民主党は、ガソリン税などの暫定税率を定めた租税特別措置法案や日本銀行総裁人事案などに、ことごとく反対姿勢を打ち出した。「決められぬ国会」が出現し、政権運営に展望を失った福田は、自らの退陣と後継者による早期解散総選挙で事態打開を図ろうと考え、やはりわずか一年で辞任してしまった。

小泉後の三人目の首相となった麻生太郎は、アメリカ発の世界同時株安（リーマン・ショック）を前にして早期解散を断念し、景気対策に奔走することとなった。しかし、思うような成果を上げられず支持率を急激に落としたまま二〇〇九年八月の総選挙に臨み、大敗し自民党は野党に転落した。そして民主党が一挙に三〇〇を超える議席を獲得して政権交代を実現したのである。

本章は、自民党政権の崩壊につながったポスト小泉の三つの内閣について詳述する。

一　危機管理の甘さが招いた第一次安倍政権の失敗

第一次安倍内閣の誕生

自民党総裁任期切れで退陣する小泉の後継者に目されていたのは、安倍晋三、福田康夫、麻生太郎、谷垣禎一《たにがきさだかず》の四人だったが、中でも安倍と福田が有力視されていた。共に小泉内閣で官房長官を務め、改革路線を支えてきたこともあって知名度が高かった。二人共父親が自民党の大物代議士という世襲議員だが、安倍は五十代と比較的若く、逆に福田は七十歳を迎えていた。思想的には、タカ派の安倍に対して福田はハト派的考えの持ち主であり、対照的な政治家だった。

このころの自民党では、派閥力学だけで総裁を決めることは難しくなっており、国民世論の支持の有無、つまりはマスメディアの世論調査結果が大きな影響力を持つようになっていた。安倍と福田は共に森派に属していた。森喜朗、小泉純一郎と同じ派閥出身の首相が続いた後に、さらに同一派閥から、しかも二人も有力候補が出るということは一昔前には考えられなかったことであり、「人気」で総裁が選ばれる時代に入ったことを示した。

ところが土壇場になって福田が立候補しない考えを示したため総裁選挙は安倍の圧勝となり、二〇〇六年九月に第一次安倍内閣が誕生した。その顔ぶれは、官房長官の塩崎恭久《しおざきやすひさ》をはじめ安倍が個人的に親しい人物が閣僚や首相補佐官らに多く起用されたため、「お友達内閣」と揶揄《やゆ》された。

安倍がこだわったのが「官邸主導」だった。公募で各省課長クラス一〇人を集めて重要政策を官邸で企画調整するための「特命チーム」を作るなど、小泉型の政権運営をめざしたのである。しかし、必ずしも狙い通りにはいかなかった。小泉内閣では経済財政担当相の竹中平蔵が政策面で中心的役割を果たす一方で、首相官邸の運営では長年、小泉の秘書をしていた飯島 勲《いいじまいさお》が圧倒的な存在感を見せて全体を仕切った。しかし、安倍内閣では閣僚にも官邸にも中心となる人物がいなかった。全体の調整役が不在のまま閣僚や首相補佐官が思い思いに政策を打ち出していったため、一体感の弱い内閣となってしまったのである。

タカ派政策の展開

安倍は、自民党内でもタカ派議員として知られる政治家だった。総裁選挙前には『美しい国へ』というタイトルの本を出版し、首相就任後は「戦後レジームからの脱却」という言葉を繰り返し強調して、憲法改正や集団的自衛権の行使を認めない憲法解釈の見直しなどへの意欲を見せた。

「戦後レジームからの脱却」という言葉の意味を国会で問われて安倍は「この国の基本を形作る憲法や教育基本法などは、日本が占領されていた時代に制定されたまま半世紀以上を経て現在に至っています。私が戦後体制からの脱却という言葉で申し上げたかったことは、当時決まったものは変えられない、変えてはいけないという先入観のある時代はもう終わったということであります」「我が国が豊かな国民生活と明るい未来を手にするためには、経済、行財政の構造改革はもとより、教育再生や安全保障体制の再構築を含め、戦後長きにわたり続いてきた諸制度を原点にさかのぼって大胆に見直す改革、すなわち戦後レジームからの脱却がどうしても必要です」などと説明している（二〇〇六年十月四日、参議院本会議）。

つまり安倍の力点は、アメリカの占領下で作られた憲法や教育基本法がリベラル色の強いものであるとして、より保守色の強いものへと変えることであった。そのうえで、国家が前面に出た安全保障政策や教育行政を実現しようとしたのである。

首相就任後に安倍が最初に取り組んだのは外交だった。十月八日から中国と韓国を訪問し、胡錦濤国家主席や盧武鉉《ノ・ムヒョン》大統領と会談した。小泉同様、安倍も首相の靖国神社参拝を支持する政治家だったが、中韓両国との首脳会談で安倍は自らの靖国参拝について、「行くか行かないか、行ったか行かなかったかは、いわない」という姿勢を貫いた。中国側は安倍の対応を歓迎し、「戦略的互恵関係」を構築することで合意して関係改善を一気に実現した。

安倍はその足で韓国を訪問したが、その途中で北朝鮮が核実験を実施したため日韓首脳会談では北朝鮮に対する制裁など厳しい対応をすることで合意し、こちらも関係改善が実現した。安倍は一回目の首相在任中には靖国神社を参拝せず、日中、日韓関係は一変したのである。

一方、教育改革では二〇〇六年十二月に教育基本法が制定後初めて改正され、「伝統と文化を尊重し、それらをはぐくんできた我が国と郷土を愛する」（二条五）など保守的な内容の条文が追加された。さらに、憲法改正のための国民投票の具体的な手続きを定めた国民投票法や、防衛庁を防衛省に昇格させる法律も成立し、安倍の保守路線は着実に成果を上げた。

ただ、首相在任期間が短かったことや、年金記録問題など深刻な問題が次々と起きたため、持論のすべてに手をつけることができたわけではない。安倍が最もこだわっていた集団的自衛権の見直しは、二〇〇七年五月に「安全保障の法的基盤の再構築に関する懇談会」（座長・柳井俊二元外務事務次官）を立ち上げて具体的な議論を始めたが、報告書がまとまる前に安倍が退陣してしまった。また、憲法改正そのものについても具体的な議論をする時間的余裕はなかった。

相次いだ不祥事

訪中、訪韓で順調にスタートしたかに見えた安倍内閣だが、政権は足元から崩れていった。二〇〇六年十一月、安倍は党内からの強い要請を受けて、小泉内閣当時、郵政民営化法案の採決に造反したため総選挙で公認されなかった議員の復党を認める方針を打ち出した。ところが、世論の強い反発を懸念する幹事長の中川秀直《なかがわひでなお》が反対し、最終的に郵政民営化などの政権公約を順守することなどを書いた誓約書の提出を条件に復党を認めた。無所属で当選した一二人のうち誓約書の提出を拒否した平沼《ひらぬま》赳夫《たけお》以外の一一人が復党した結果、衆議院の自民党議員は三〇〇人を超えたが、逆に小泉改革の継承を期待していた国民の安倍内閣に対する支持は急落した。

さらに政権内で相次いだ不祥事とそれへの対応のまずさも安倍内閣の勢いを奪っていった。最初のスキャンダルは、安倍の強い意向で選任された政府税制調査会会長の本間正明の女性問題だった。本間は財政健全化のための公務員宿舎売却を主張していたが、自らは東京都内の一等地にある官舎に入居し、家族ではない女性と同居していたことが週刊誌に報じられ、二〇〇六年十二月に会長を辞任した。同じ月、行政改革担当相の佐田玄一郎《さたげんいちろう》が親族の経営する建設会社のビルを政治団体の所在地としたうえで、事務所経費の一部をその団体の収支報告書に記載するという不適切な会計処理をしていたことが発覚し、閣僚を辞任した。

二〇〇七年に入ると、厚労相の柳澤伯夫が少子化問題に関連して「一五歳から五〇歳の女性の数は決まっている。産む機械、装置の数は決まっているから、あとは一人頭で頑張ってもらうしかない」と女性を機械に喩《たと》える発言をした（『朝日新聞』二〇〇七年一月二十八日付朝刊）。柳澤は直後に発言を撤回し、閣僚は辞任しなかったが、女性団体などから強い非難を浴びた。

五月には、農水相の松岡利勝《まつおかとしかつ》が衆議院議員宿舎の自室で自殺するという衝撃的な事件が起きた。松岡も不明朗な事務所経費の処理が問題になり、国会で野党から繰り返し追及を受けていた。五年間に約三千万円という膨大な光熱水費の支出を追及されると、事務所に「何とか還元水とかそういったようなものを付けております」（二〇〇七年三月五日、参議院予算委員会）と答弁して話題になった。松岡は大臣の辞任を考えたが、安倍は「適切な処理をした」という答弁で切り抜けるよう指示したといわれている。

六月には防衛相の久間章生《きゅうまふみお》が講演で、「原爆を落とされて長崎は本当に無数の人が悲惨な目にあったが、あれで戦争が終わったんだという頭の整理で今、しょうがないなと思っている」と原爆投下を容認するかのような発言をして（『朝日新聞』二〇〇七年七月一日付朝刊）、閣僚を辞任した。久間は長崎県の小選挙区選出議員だっただけに、ことさらに批判が高まった。

参議院選挙が近づいても不祥事は続き、松岡の後任の農水相赤城《あかぎ》徳彦《のりひこ》が、やはり不適切な事務所経費処理をしていたことが発覚した。安倍は野党からの辞任要求を拒否したが、参議院選挙で自民党が大敗すると直後に更迭した。赤城の後任の遠藤《えんどう》武彦《たけひこ》も、就任直後に自らが組合長を務める農業共済組合が国からの補助金を不正受給していたことが判明し、一週間余りで大臣を辞任した。

さらに安倍は、「消えた年金問題」という国民生活に直結する問題でも迅速な対応に失敗した。二〇〇七年二月に民主党衆議院議員の長妻《ながつま》昭《あきら》が国会で、社会保険庁が所管する国民年金や厚生年金などの年金保険料の支払い記録がきちんと管理されていない問題を追及した。その後、納付者を特定できない年金記録が五〇〇〇万件もあることが判明した。当初、安倍の反応は鈍かったが、多くの高齢者が不利益を被るという社会問題となったため、さかのぼって年金を受け取ることのできる期間を延長するなどの対策を講じざるをえなくなった。

一連の不祥事に共通しているのは、安倍が問題を深刻に受け止めず、逆に当事者である閣僚らをかばおうとしたことである。メディアが次々と新たな事実を報じ、それが国会で追及されて問題が深刻化していくというパターンを繰り返し、やがて内閣全体への批判につながっていったのである。

参議院選挙敗北と退陣

マスメディア各社の行う世論調査結果で安倍内閣の支持率は発足当初七割を超えていたが、参議院選挙直前には三割前後にまで落ち込んでいた。この支持率は七月二十九日投開票の参議院選挙の結果にも反映され、自民党はわずか三七人の当選という歴史的惨敗を喫した。これに対し民主党は六〇人が当選し、非改選議員を含めた議員数でも自民党は八三で一〇九の民主党を下回り、結党以来、初めて参議院で第二党に転落した。自民党敗北の原因は、一連の不祥事などに対する安倍の対応ぶりにリーダーとしての決断力や指導力がなかったと国民が判断したためだった。

当然、自民党内からは安倍の退陣論が出たが、安倍は「景気回復を本物にしなければいけない。その使命を果たすことが私の務めだ」と述べて続投を宣言した。八月に入ると、インドなどへの活発な外遊を行うとともに内閣を改造して政権維持への意欲を見せた。九月十日には臨時国会の所信表明演説を行い、「国民のために闘うとの覚悟を持って、引き続き改革に取り組む」と語っていた。

ところが、この演説に対する衆議院本会議の代表質問が予定されていた十二日の昼過ぎ、安倍は自民党幹部を首相官邸に呼んで突然、首相を辞める意向を伝えたのである。直後の記者会見で安倍は退陣の理由について、民主党の小沢一郎代表に党首会談を求めたが断られたことを挙げて、「国民の支持、信頼の上に力強く政策を進めていくのは困難」と述べた。

安倍は翌日、慶應義塾大学病院に入院し、九月末に病院内で記者会見を行って「この一カ月、体調が悪化し続け、自らの意志を貫くための基礎となる体力に限界を感じた」などと述べ、退陣の理由が自らの健康問題であったことを明らかにした。激務の連続の中で持病が再発し首相の職務を続けることができなくなった、というのが真相のようだ。しかし、所信表明演説をしたにもかかわらず代表質問の直前に退陣というのは異例であり、安倍の辞任は自民党の統治能力の低下を示すことになった。

第一次安倍内閣がわずか一年という短命に終わった最大の理由は、危機管理の甘さである。安倍は党内派閥の支持ではなく国民の人気に押されて誕生した首相だった。しかし、政治経験の浅い安倍は党所属議員や各省官僚らの人脈が乏しく、閣僚らの不祥事が起きても強いリーダーシップを発揮することができなかったのである。

支持率の高さと政権担当能力の高さは必ずしも連動しない。また、小泉がうまくいったからといって他の首相に同じことができるとは限らない。安倍内閣の失敗は、安易に国民の支持率に依拠して政権運営をしようという政治手法の限界を示した。しかし、自民党はこの後も同じ過ちを繰り返していったのである。

二　「ねじれ国会」に苦しんだ福田、麻生首相

福田内閣の誕生と「ねじれ国会」

安倍の後継は福田康夫となった。元首相・福田赳夫の息子で、森内閣や小泉内閣で官房長官を務めた。官房長官以外に閣僚歴はないが、外交をはじめ各分野の政策に通じており、官房長官時代には重要政策の大半を実質的に仕切るなど安定感のある政治家と見られていた。官房長官として連日、記者

会見に臨んでいたこともあって国民への知名度は高く、党内の大勢が福田を支持し、総裁選挙では麻生太郎に圧勝した。

小泉構造改革を支えた福田だが、政治手法は小泉とは異なっていた。福田は官僚を重視し、トップダウンではなくボトムアップで政策を決めていく手法をとった。また小泉の構造改革に理解は示しつつも、急激な改革ではなく漸進的な改革をすべきだと考えていた。

福田内閣は発足当初から「ねじれ国会」という大きな制約に直面した。最初の課題は、インド洋に派遣している海上自衛隊の補給艦などの活動を継続させるための「新テロ特措法案（補給支援特別措置法案）」の成立だった。旧法の期限が二〇〇七年十一月一日に迫っていたが、民主党は「インド洋における給油活動は米軍の軍事活動に参加することであり、憲法違反である」と反対していた。野党がまとまって反対する限り法案は参議院で可決できない。ただ、自民・公明の連立与党は衆議院で三分の二以上の議席を確保していたため、憲法五九条の規定により、衆議院で可決した法律が参議院で否決され、あるいは可決後六〇日以内に参議院で採決されない場合には、衆議院本会議で再議決することが可能だった。

しかし、再議決の規定を活用しても成立は旧法の期限切れには間に合わない。期限が切れると派遣中の自衛隊の艦船は帰国しなくてはならず、テロに対する国際社会の活動から離脱することになる。法案は十一月十三日に衆議院を通過したものの、二〇〇八年一月十一日に参議院で否決され、衆議院本会議で再議決されて成立した。この問題がねじれ国会の迷走の始まりだった。

テロ特措法の期限切れ直前の十月三十日、福田は民主党代表の小沢一郎と国会内で会談して法案支持への協力を求めたが、物別れに終わった。二人は十一月二日に再び話し合った。二度目の会談は休憩を挟み四時間も行われ、主なテーマは「新テロ特措法案」の扱いではなく自民党と民主党の大連立だった。福田、小沢のいずれが持ちかけた話かははっきりしないが、双方ともに大連立に前向きな姿勢を示し、小沢は党に持ち帰って協議することになった。ところが民主党内は自民党との大連立への反対論が圧倒的に強く、小沢が党内説得に失敗したため大連立は実現しなかった。

大連立は政権を担う自民党にとっては歓迎すべき話だが、次期総選挙での政権交代をめざす民主党にとっては自民党を助けることにしかならない分の悪い話である。にもかかわらず小沢は積極的な対応を見せた。その理由について小沢は、記者会見で「民主党はまだ力量不足で、次期総選挙での勝利は厳しい。政権担当能力に疑問を呈されている」と語った。大連立構想が不発に終わった後、小沢は国会運営で自民党に対し徹底抗戦するという政局優先の姿勢を強めていったのである。

決められない国会

二〇〇八年一月に通常国会が召集され、福田内閣はいきなりガソリン税などの暫定税率を定めた租税特別措置法の延長問題に直面した。ガソリン税など五つの税は、本来の税率を二倍にした暫定税率が適用され、その税収が高速道路などを建設するための道路特定財源となっていた。暫定税率は五年ごとに延長されていて、〇八年三月末が期限となっていた。それまでは年度末に衆参両院でそれぞれ一―二日間審議するだけで成立しており、与野党間で対立する法案ではなかった。しかし民主党は、暫定税率の廃止と道路特定財源の一般財源化を主張して租税特別措置法の延長に反対する姿勢を示していた。

暫定税率の適用期限が切れると、ガソリンに課税される税金は一リットル当たり二五円下がり、国と地方を合わせて年間二・六兆円の税収減となる。国民にとってはガソリン価格が下がるだけに歓迎されるが、ガソリン価格の急落は経済を混乱させるとともに大幅な税収減となる。

政府は通常国会召集直後の一月二十三日に租税特別措置法改正案を国会に提出した。同時に、年度内に成立しなかった場合を考えて、現行法を二カ月延ばすための「つなぎ法案」も提出した。一月中に「つなぎ法案」を衆議院通過させれば、民主党が抵抗しても六〇日ルールを適用して年度内に再議決でき、四月からの税率を現状のまま維持できるという筋書きだった。しかし、民主党が強く反発して来年度予算審議に応じないかまえを見せたため、与野党間で協議した結果、暫定税率については「年度内に一定の結論を得る」という合意をして「つなぎ法案」を取り下げた。

ところが、政局優先の民主党との間で暫定税率をめぐる協議は進まず、自民党は二月末に次年度予算案と租税特別措置法改正案を野党欠席のまま衆議院本会議で可決した。結局、改正案は年度内に成立せず、暫定税率は四月一日から一時的に失効し、ガソリン価格をめぐって市場は混乱した。

また、国会は日本銀行の新しい総裁、副総裁の人事をめぐっても混乱した。日本銀行総裁など三五機関の約二三〇のポストの人事は「国会同意人事」とされており、衆参両院の同意が必要なうえに、一般の法律と異なって再議決が認められていない。ねじれ国会での同意人事の実現には野党側の賛成が不可欠だった。

日本銀行総裁の福井俊彦《ふくいとしひこ》と武藤敏郎《むとうとしろう》ら二人の副総裁の任期は二〇〇八年三月十九日までだった。当時、世界経済はアメリカのサブプライムローン問題をきっかけに連鎖的な株安が進行するなど不安定な状況であり、新しい日本銀行総裁を円滑に決める必要があった。政府は福井の後任に副総裁の武藤を、新たな副総裁に元日本銀行理事の白川方明《しらかわまさあき》ら二人を起用する案を国会に提示した。民主党は武藤が元財務事務次官であることを理由に反対し、参議院で否決してしまった。政府は、次にやはり財務事務次官を務めた田波耕治《たなみこうじ》を総裁とする案を提示したが、同じ理由で否決された。結局、副総裁に就任したばかりの白川を総裁とする案が四月九日に両院で認められて決着したが、この間、日本銀行総裁が不在となった。いずれも民主党の政局優先の対応が生み出した混乱だった。

顕在化した日本型二院制の欠陥

ガソリンの暫定税率や日本銀行総裁人事問題は、「ねじれ」状態となった国会が円滑に意思決定するための手順が憲法に定められていないという制度的欠陥を露呈させた。

憲法は予算と条約に関しては衆議院の優越性を認めているが、一般の法案については衆参両院が対等な関係にある。両院の意思が異なった場合には意見を調整するための両院協議会を開くことができるとされている。ただ、この協議会に出席する一〇人ずつの委員はそれぞれの院の多数派から選出されるため、最初から合意形成が不可能なしくみになっているのである。

また内閣との関係でいえば、衆議院は内閣に対して不信任を決議できる。その場合、首相は内閣総辞職のほかに衆議院を解散するという対抗措置をとることができる。他方、参議院に関しては法的には不信任案のような手段は明記されていないが、慣習として首相や閣僚に対する問責決議を採決してきた。ねじれ国会のように参議院で野党が過半数を占めれば、問責決議を可決できる。この決議には法的拘束力はないが、政治的には重い意味を持つ。首相に対する問責を議決した場合、野党は内閣がかかわる一切の法案審議などに応じないという強硬手段に打って出ることになる。それに対して首相には対抗手段がなく、国会は機能不全に陥ってしまうのである。

自民党単独政権時代に、野党は与党への抵抗手段として内閣不信任案や問責決議案をしばしば活用してきた。衆参両院で野党が少数派の時代には、これらは「形式的な意思表示」でしかなく儀式化していた。しかし、ねじれ国会では問責決議が実質的な力を持ってしまう。にもかかわらず、野党は国政混乱の責任は一切負わない仕組みとなっている。

動かぬ国会は統治全体にも影響を及ぼす。野党が反対する法案は成立する可能性が低いため、官僚機構は「成立する見通しのない法案は作らない」という姿勢になり、新たな政策の企画立案機能が縮小していく。政治は目先の国会対策にエネルギーを集中することを強いられ、「小さな政治」が蔓延《まんえん》する結果となるのである。

与野党が共に「決められない国会」が問題であることを認識しながらも、政権交代を追求する民主党が硬直的な対応にこだわったため、円滑な意思決定を可能とするための話し合いなどは全く行われなかった。結局、福田内閣はねじれ国会のもとで野党が支配する参議院にどう向き合うかに苦しめられ続けた。暫定税率のような単純な法案でさえ成立させるために膨大なエネルギーと時間を使わざるをえず、政権は短期間で勢いを失っていったのである。

再び突然の辞任

通常国会をなんとか終え、日本が議長国となった北海道・洞爺湖《とうやこ》での主要八カ国首脳会議（G8サミット）後の八月初め、福田は内閣を改造して自前の人事を行った。ところが九月一日夜、福田は突然、記者会見を行い退陣を表明した。最大の理由は秋の臨時国会の展望が開けないことだった。

ねじれ国会のもとで臨時国会を召集しても、政局を最優先する民主党が法案の審議拒否などあらゆる手段を使ってくることは明らかで、国会は意思決定できない状態が続く。内閣支持率や自民党支持率がさらに下がり、最後には衆議院の解散・総選挙に追い込まれかねない。福田は最悪の状態を回避し、自民党が政権を維持するためには、新首相のもとで早期に衆議院を解散し総選挙に臨むべきであると考えたのである。

会見で福田は、「先の国会では民主党が重要案件の対応に応じず、国会の駆け引きで審議引き延ばしや審議拒否を行った。その結果、決めるべきことがなかなか決まらない事態が生じたほか、何を決めるにもとにかく時間がかかった」と民主党を批判した。そのうえで、「今度開かれる国会で、このようなことは決して起こってはならない。そのためにも，体制を整えた上で国会に臨むべきであると考えました。〔中略〕この際，新しい布陣の下に政策の実現を図ってまいらなければいけないと判断をし，私は本日，辞任をすることを決意いたしました」と述べた。

二代続けて首相が政権を投げ出すような形で退陣したことは，自民党の統治能力の低下を強く印象づけることになった。そしてそれは，次の麻生太郎内閣で決定的になっていくのであった。

麻生内閣の誕生と解散の先送り

安倍，福田の相次ぐ退陣で，自民党内には政権維持に対する危機感が強まった。衆議院議員の任期切れが一年以内に迫ってきたが，自民党への支持率は低迷していた。総選挙を有利にするためにも，総裁選挙では国民の人気が高い政治家を選ぶ必要があり，知名度の高い麻生太郎が他の候補者を圧倒して新総裁に選ばれた。つまり総裁選挙は国政を運営する統治者を選出するためものではなく，総選挙向けに国民の間で人気のある「選挙の顔」を選ぶ行事となったのである。

自民党は麻生のもとでできるだけ早い衆議院の解散・総選挙を考えていたが，自民党の戦略を狂わす出来事が総裁選挙の真っ最中に起きた。九月十五日に，経営難に陥っていたアメリカの大手証券会社リーマン・ブラザーズが破綻《はたん》したのである。その二週間後にはニューヨーク株式市場のダウ平均株価が七七七ドルと過去最大の下げ幅を記録し，金融危機が一気に世界に拡大していった。

麻生首相は，十月末の衆議院解散，十一月投票をめざしていた。ところが，リーマン・ショックによって国内経済が混乱したため、自民党内からも解散先送り論が出てきた。麻生は早期解散を断念し、総事業費二六兆円の景気対策とそのための二次補正予算案の編成を表明した。ところが、補正予算成立の見通しが立たないため、結局補正予算案の提出を先送りしてしまった。麻生内閣の支持率は短期間で二〇パーセント台に下がり、「麻生人気」を生かした自民党の早期解散・総選挙戦略はあっさり崩れてしまったのである。

二〇〇九年になっても経済状況に変化はなく、五月に公表された一－三月期の国内総生産（GDP）速報値は実質でマイナス四・〇パーセント（年率換算でマイナス一五・二パーセント）と戦後最悪になった。自民党政権に対する国民の期待感は急速に低下し、七月に行われた東京都議会選挙では、民主党が二〇議席増やして五四議席を獲得し第一党に躍進したのに対し、自民党は三八議席にとどまった。

●世襲議員の時代

本文で触れることができなかったが、一九九〇年代以降、自民党の統治能力が次第に低下していく中で、「世襲議員」の増加が大きな問題になっていた。目立ったのは歴代首相の顔ぶれだった。これだけ世襲議員の首相が続くというのは例がない。橋本龍太郎、小渕恵三、小泉純一郎、安倍晋三、福田康夫、麻生太郎はいずれも父親が衆議院議員、さらに民主党政権になっても鳩山由紀夫の父親が衆議院議員である。

世襲議員とは親や親族が国会議員であり、引退にともない選挙区を引き継いで当選した議員のことをいう。後援会組織や政治資金組織をそのまま引き継いで選挙をするのであるから、全くの新人に比べると圧倒的に有利であり当選率もきわめて高い。

数字を見てみると、衆議院の世襲議員は一九八〇年代以降、大体一二〇－一三〇人で全体の四分の一を占めている。小選挙区制度導入後は、自民党と民主党が交互に三〇〇議席を獲得するという極端な雪崩現象が起きて大量の新人が当選したため、そのあおりを受けて世襲議員が一〇〇人を切ることもあった。政党別では自民党が圧倒的に多くて議員全体の四割を占めていた。特に大敗した二〇〇九年の総選挙では五割近くにはねあがった。

世襲の最大問題点は、「政治家」という公的ポストがまるで伝統芸能のように特定の家の家業として私物化され代々引き継がれていくことにある。議員がそのポストを守ることに熱心になれば、当然のことながら政治の活力は低下してしまい、民主主義は壊れていく。

日本は他の先進国に比べて世襲が多いと言われている。各選挙区で政党組織が力を持たず、政治家が作り上げた個人後援会がすべてを仕切っていることが、世襲を許容させているのである。そして有権者も政治家を自分たちの地域代表とみなして利益誘導を期待しているのである。

現職議員が引退するとなると、自民党は表向き「公募」で候補者を選ぶが、多くの場合、引退議員の子どもや親族が応募し、選考委員も後援会幹部が務めているため、世襲を覆すことは稀である。小選挙区制導入後は、全くの新人が公認候補となるのはますます難しくなっているようだ。

また、日本では公務員が立候補する場合は役所を辞めなければならない。大手企業社員の場合も会社を辞めて立候補するケースが多い。当然、落選すれば無職になってしまう。つまり、被選挙権が事実上制約されていて、弁護士や医師ら生活基盤が確立している人でなければ、なかなか立候補できない現実も、世襲容認を加速させている。その結果、本来広く国民に開放されているべき政治空間が、参入障壁の高い閉鎖的なものになっているのである。

結局麻生は、通常国会会期末が近づいた七月二十一日に衆議院を解散した。この総選挙では「雪崩《なだれ》現象」が起きて民主党に大量の票が流れ、小選挙区制特有の極端な議席の移動が生まれた。民主党が三〇八議席なのに対し自民党はわずか一一九議席にとどまり、戦後初めて選挙による政権交代が実現したのである。

ポスト小泉内閣の失敗

五年間にわたって高い支持率を維持した小泉の後を継いだ安倍、福田、麻生はいずれも短命に終わり、自民党は政権も失ってしまった。ポスト小泉の三つの内閣はなぜ短命に終わってしまったのか。いくつかの理由が考えられる。

まず、小泉改革路線からの転換が挙げられる。小泉は田中角栄を中心にして構築されてきたそれまでの自民党政治の打破をめざし、郵政事業や道路公団の民営化、各種規制緩和などの構造改革を進めた。伝統的自民党政策の転換という刷新性が広く国民に支持され政権を強くしたのである。ところが、ポスト小泉の三人には明確な刷新性はなかった。自民党内からは「小泉改革によって格差が拡大した」「地方切り捨てだ」などと逆に小泉改革を否定する動きも出て、三内閣の政策は郵政民営化にブレーキをかけるなど旧来型の政治に回帰する部分もあった。その結果、自民党に対する国民の期待や信頼が失われていった面がある。

首相の人気に依存する政治を展開したことも、短命につながった要因であると指摘できる。小泉退陣後、自民党は政治家としての実績や実力ではなく、国民の支持の高さを基準に後継の総裁を選び続けた。しかし、世論は変化が激しく安定性を欠くという本質を持っている。ねじれ国会問題も加わって、各内閣共に発足直後に高かった支持率は短期間で急落し、政権が行き詰まって退陣に追い込まれていった。世論調査の数字に依存する政治は、本質的に脆弱《ぜいじゃく》さを持っている。そして頻繁な首相の交代は自民党の人材払底《ふってい》につながっていった。

自民党の統治能力の欠如が露呈したことも指摘できる。閣僚のスキャンダルの発覚、ねじれ国会で法案を成立させるための与野党協議、リーマン・ショックなどの経済危機への対応など、三つの政権はある種の緊急事態に直面し続けた。にもかかわらず首相や自民党の対応は後手に回ってしまい、迅速な措置を講じて危機を乗り切ることができなかった。そこに自民党の力の衰退が表れたのである。

同じ頃、民主党も小沢一郎代表の金銭スキャンダルに見舞われていた。二〇〇九年三月に政治資金規正法違反の疑いで小沢の秘書が逮捕され、その後、小沢自身も東京地方検察庁特捜部の取り調べを受けた。民主党内から小沢の辞任論が出て、小沢は五月に辞任し、後任の代表に鳩山由紀夫が就任した。しかし、小沢の政治資金問題はその後もくすぶり続けた。にもかかわらず八月の総選挙で民主党が大勝したのは、国民が民主党を高く評価し、期待を寄せたという積極的な要因からではなく、統治能力を失ってしまった自民党に対する失望感が、消極的選択として民主党への投票につながった。〇九年の政権交代は、改革を放棄し統治の力を失った自民党の自滅が原因だったのである。

第12章 進化する民主党

⬆小泉純一郎首相との党首討論で，マニフェストを手に質問する民主党の菅直人代表（国会，2003年10月9日）（写真提供：共同通信社）。

この章では二〇〇九（平成二十一）年の総選挙で政権交代を実現した民主党の、政権獲得までの成長過程を検証する。一九九六年に結党した民主党は、二〇〇五年の「郵政選挙」を除けば、衆参両院選挙で着実に議席を増やしていった。同時に、政権交代を前提にした統治システム改革と民主党独自の政策について検討を重ね、マニフェストにまとめていった。

民主党は、自民党の統治のあり方を「官僚主導」「政官業の癒着《ゆちゃく》政治」などと否定し、事務次官会議の廃止などで官僚の影響力を減らして、閣僚らを中心に政策を決めていく「政治主導」を掲げた。また、自民党政権時代の予算や制度の無駄を総点検するための「行政刷新会議」も早くから提起していた。こうした改革案の多くが、民主党政権誕生後に実行された。

政策を見ると、結党直後は「友愛」「市民」「共生」など抽象的な言葉が多く具体策は乏しかったが、選挙を重ねるにつれて徐々に明確になってきた。自民党の政策を「公共事業中心のばらまき政策」と否定して、財政再建とそのための消費税増税を打ち出した。しかし、同時に農家の所得を補うための直接補償制度や子ども手当、高速道路の無料化など形を変えたばらまき政策も掲げた。

そして、自由党から移ってきた小沢一郎が二〇〇六年に党代表になると、民主党の政策は変質していった。小沢が最も重視したのは選挙対策であり政策もそのための手段となった。子ども手当の増額をはじめ有権者に受けがいい個別支給型政策が次々と打ち出されたが、そのために必要な膨大な財源については、予算の無駄をカットすることなどを挙げただけで、消費税増税をも否定する現実味の乏しい内容に変化した。

政権獲得後、党内は財政健全化を重視するグループと選挙至上主義のグループに分かれ、それが消費増税をめぐる党内対立や党分裂につながっていったのである。

一　統治システムの改革をめざして

民主党の特徴

先に述べたように、一九九六年に結党した民主党は、国政選挙のたびに議席を増やしていった（表12－1）。その結果、政権交代を前提に、政党として党組織の整備や党員の獲得、政権構想の具体化など、自民党に取って代わることのできる政権担当能力を国民に提示していかなければならなくなった。

新しい政党である民主党には、いくつかの特徴があった。まず、選挙に当選するための選挙互助会的性格である。もともと民主党には、衆議院選挙に導入された小選挙区比例代表並立制が少数政党に圧倒的に不利であることを受けて、社会党や新党さきがけの国会議員を中心に選挙に生き残るために作られた政党という側面があった。日本社会の特定の階層やグループを代表した政党でもなければ、特定のイデオロギーを信奉する人たちの集団でもなかった。

この性格は、新進党解党後に誕生した「新党友愛」や「国民の声」など多くの政党と合併したこと

表12-1　国政選挙における民主党の獲得議席数

年　月	民主党	自民党	その他
◆衆議院選挙			
1996年10月	52	239	新進156
2000年　6月	127	233	公明31
03年11月	177	237	公明34
05年　9月	113	296	公明31
09年　8月	308	119	公明21
12年12月	57	294	公明31，維新54
◆参議院選挙			
1998年　7月	27	44	公明9
2001年　7月	26	64	公明13
04年　7月	50	49	公明11
07年　7月	60	37	公明9
10年　7月	44	51	公明9
13年　7月	17	65	公明11

［出典］　筆者作成。

でさらに強まった。社会党、民社党、自民党、日本新党、新党さきがけなどさまざまな政党の出身者が小選挙区で勝ち抜くために集まり、党全体が寄り合い所帯的議員政党の色彩を強くしたのである。したがって、きちんとした党組織はなく党員数はわずか四－五万人にすぎず、それが大きく増加することはなかった。

党組織の脆弱《ぜいじゃく》さを補ったのが、組合員数六八〇万人を擁する国内最大の労働組合である日本労働組合総連合会（連合）だった。選挙区内の支持基盤が弱い若手を中心に、多くの議員が連合傘下の労働組合に支えられるというかつての社会党にも似た構図ができていった。その結果、参議院選挙の比例代表では毎回、連合傘下の労働組合の組織内候補が一〇人近く当選しており、社会党ほどではないにしても労組依存体質を持っていたのである。

寄り合い所帯のような民主党だが、議席増とともに政権交代の可能性が出てきたことで、一体性を高めるための党内議論が活発化してきた。その一つは、統治システム全般の見直しであり、政権運営のあり方や政策決定の手法、内閣と官僚や党の関係などが中心的課題だった。もう一つは、自民党政権とは異なる民主党らしい政策の体系化と具体的政策の検討であった。

統治システム改革は、長期に及んだ自民党政権によって確立されていたシステムを根本から見直して具体的な改革案を提示するという野心的な作業であった。国家の基本的なシステムを改革しない限り個別の政策をいくら変えても財政や経済の建て直し、福祉政策の充実など国が直面する重要課題への対応には限界がある、という問題意識があった。統治システム改革と民主党独自の政策は、二〇〇三年の総選挙で導入されたマニフェストに盛り込まれ国民に提示された。

「統治システム改革」構想

統治システム改革から見ていこう。第**7**章で述べたように、結党時、民主党は自民党政治を官僚主導のもとでの政官業の癒着構造であると否定的にとらえて見直しの必要性を強調しており、統治システム改革の検討は結党から間もない一九九八年に始まった。党内に「政権運営委員会」（座長・鹿野道彦。以下、鹿野委員会）を発足させ、日本と同じ議院内閣制であるイギリスの視察などをふまえて十二月に「新しい政府の実現のために」と題する報告書をまとめた。

報告書は自民党政権の問題点として、「内閣と党の二元的システム」「派閥や族議員の跋扈《ばっこ》」「官僚主導」「中央省庁の分担管理の原則と縦割り行政」「国会審議における政府委員の答弁」などを挙げ、それらの見直しが必要であるとした。具体策として、首相の基本方針提案権や発議権の明確化などリーダーシップの確立、内閣と党の一体化のための幹事長や政策調査会会長の入閣、事務次官会議の改組と政務次官会議の重視などを挙げた。こうした問題意識はその後も一貫して維持され、二〇〇九年に民主党が政権を獲得した後に実際に導入されたものも少なくなく、民主党の統治についての考え方の基本をなしていた。

「鹿野委員会」に続いて、二〇〇二年には「第二次政権運営委員会」（座長・仙谷由人）が作られ、七月に「民主党政権の確立と運営に関する中間報告」をとりまとめた。当時は小泉内閣の全盛期だったこともあって、中間報告は小泉内閣批判に力を入れた政治的文書という性格も持っていた。統治システム改革の内容は「鹿野委員会」とほぼ同じで、官僚主導の政府運営を官邸中心、首相主導に転換すること、内閣と与党の一元化、大臣の官邸常駐、政権交代に向けた「ネクスト・キャビネット（次の内閣）」の発足などを提示した。さらに、現実に政権獲得した場合、総選挙直後に政権移行チームを立ち上げるなどの具体的な政権運営をまとめた「一〇〇日改革プラン」と「三〇〇日改革プラン」を作成する方針も盛り込んだ。これらの作業によって、政権交代を現実のものとしてとらえる空気が党内に徐々に生まれてきたのである。

「政権運営委員会」はそのまま「政権準備委員会」と名前を変えて、二〇〇三年九月の総選挙に向けたより具体的な報告書をまとめた。その特徴は民主党が政権を獲得した場合の「一〇〇日改革プラン」「三〇〇日改革プラン」の具体的な内容を提示したことである。

総選挙に勝利した場合、投開票日から五日目までを「第一ステージ」とし、官房長官や副長官、党幹事長の候補による「政権移行チーム」を発足させて主要閣僚を決定するほか、事務次官会議を廃止し、代わりに副大臣会議を設定する。次の三〇日目までが「第二ステージ」で、首相の所信表明演説の準備や予算編成方針案の策定などを行い、新たな政府の政権運営の基本的な骨格形成を完了させるとしている。

さらに「第三ステージ」の「一〇〇日改革プラン」では、自民党政権時代の政官業の癒着体質のもとで行われてきた利権温存のための無駄な歳出の見直しを「お化け退治」と称し、その実施機関として若手官僚や民間人を集めて政策の総点検を行う「行政評価会議」の設立を打ち出した。この会議はのちに「行政刷新会議」となって鳩山内閣で「事業仕分け」を行った。最後の「第四ステージ」である「三〇〇日改革プラン」では、財務省が握っている予算編成や歳入構造の改革に関する権限を官邸に移すとともに、官僚の仕事を行政執行に特化させ、政策の企画立案は政治家や政治的任用を受けたスタッフが行う「政官関係の見直し」や縦割り行政の源である分担管理原則を定めた各省設置法の廃止、などを打ち出している。

自民党政治を否定するとともに、官僚主導を政治主導に改めることにも力点が置かれていた。また報告書は、野党議員が知りようのない官邸や霞が関の政策決定過程などをふまえた改革案となっていた。これらは参議院議員の松井孝治《まついこうじ》が中心になって作成した。松井は通産官僚出身で、橋本内閣の行政改革で担当事務局員として首相官邸勤務を経験し、統治システムの現状や課題を熟知していたのである。

松井は、「総理官邸というのは空洞化していて、総理は各省が担ぐ神輿《みこし》の上に乗っているだけで、できることは政策の角度の微調整くらいしかない。あとは総理個人のアドリブ、それはスパイスを振りかける程度のものですが、そんなことでしのいできている。僕は官邸勤務でそういう実態を知ったのです」と語り、官邸主導を実現することに力を入れたと証言している（薬師寺、二〇一二a、二一一頁）。首相官邸勤務経験のある松井がいたことで、政権交代を想定した現実味のあるきわめて詳細な制度設計が可能となったのである。

マニフェストで具体化

民主党独自の「統治システム改革」の構想は、総選挙のたびに作られるマニフェストに繰り返し盛り込まれ、次第に具体性を増していった。

二〇〇三年の総選挙向けのマニフェストには、直前にまとめられた「政権準備委員会」の報告書の内容がほぼそのまま盛り込まれた。〇五年の「郵政解散」による総選挙のマニフェストでは「新政権樹立宣言　岡田政権五〇〇日プラン」と題して、やはり政権獲得後の具体的なプランを示した。新たな要素は、「行政評価会議」の名前を「行政刷新会議」とした点や、小泉内閣が活用した経済財政諮問会議を廃止し「国家経済会議」を創設するとしている点などである。

それまでの「三〇〇日プラン」を「五〇〇日プラン」に変えたのは、民主党が参議院で過半数を確保していないため、衆議院で仮に多数派になっても法律改正などが困難であることを前提に制度設計したためで、二〇〇七年に行財政改革関連法案群を国会に提出して自民党との違いを参議院選挙で国民に訴える、という戦略を打ち出していた。

ところが、その二〇〇七年の参議院選挙時の党代表は小沢一郎に交代していた。小沢は参議院選挙が政権交代をめざすものではないとしてマニフェストは政策中心の内容とし、統治システム改革案を外した。

そして、政権交代が現実のものとなった二〇〇九年総選挙のマニフェストでは、統治システム改革についての言及は冒頭に簡単に「五原則、五策」が記されただけだった。その内容は基本的にそれまでの路線を継承していた。五原則は「政権党が責任を持つ政治家主導の政治へ」「内閣の下の政策決定に一元化へ」「各省縦割りの省益から、官邸主導の国益へ」「タテ型の利権社会から、ヨコ型の絆の社会へ」「中央集権から地域主権へ」、五策は「国会議員約一〇〇人を政府に配置し、政務三役を中心に政治主導で政策を立案、調整、決定する」「閣僚委員会の活用、事務次官会議は廃止」「総理直属の国家戦略局を設置し、政治主導で予算の骨格を策定」「幹部人事は政治主導で新たな人事制度を確立」「行政刷新会議を設置」となっていた。

マニフェストの記述を簡略化した理由について松井は、「つまり政権が近づいているわけですから、政権構想にあまり詳しく言及するべきではないというのが僕の意見でした。〔中略〕もう政権交代何日間で何をやるかというようなことを国民に見せる段階ではない、そういうことは二〇〇五年で卒業した。今度は大きな原則を示せばいいと思ったのです」（薬師寺、二〇一二a、一二三頁）と語っている。

二〇〇九年の総選挙の場合、自民党の支持率が低迷し民主党への政権交代の可能性が高かった。マニフェストに統治システム改革の段取りや内容を事細かく記述すると、実際にその通りにできなかったときに野党やマスメディアから批判される可能性がある。松井らは、政権交代の可能性が高まったために逆に改革の内容をオブラートに包む作戦に出たのだった。

改革案の特徴

民主党がまとめた統治システム改革案の特徴を整理してみると、以下のようになる。

一つ目は、自民党政権時代に作られた政策の必要性や予算額の適否などを検証し、無駄な政策や非効率な政策を廃止することに焦点を絞った点である。特定政党による政権が長く続けば、数多くの既得権が生まれ、無駄な予算につながりやすい。これに対して政権交代で生まれた新政権は過去のしがらみにとらわれることなく、既存の政策の見直しに手をつけることが可能になる。その発想が「事業仕分け」につながっていったのである。この作業によって生まれる財源は、民主党の掲げる新たな政策に回すことが可能にもなる。

二つ目は、自民党政権時代に構築された「政官関係」の徹底した見直しである。民主党は自民党政権時代のシステムを「官僚主導」と否定し、「政治主導」を実現するために政策決定過程での官僚排除を試みた。具体的には、明治以来続いていた事務次官会議の廃止と、大臣、副大臣、政務官の「政務三役」による政策の企画立案である。ここから浮かび上がるのは、民主党が「政」と「官」の関係を基本的に対立的にとらえていたことである。官僚機構の役割を否定的にとらえており、政治家と官僚の新たな関係を構築するという発想は乏しかった。こうした発想がのちに政権を担ったとき、大きな障害となったのである。

三つ目は、内閣と党の関係の一元化と「官邸主導」の実現である。自民党政権では、党の政務調査会や総務会による事前審査制によって政策決定過程に対する党の関与が担保されていた。民主党はこのシステムを、族議員が支持組織の要求を強引に政策に反映させるなどの癒着の温床になっていると見ていた。そのため党の政策調査会の廃止、あるいは幹事長や政策調査会会長が閣僚を兼務することで内閣と党の一元化をめざすとしていた。

統治システム全体の改革案作りは、日本の政治においては画期的なことだった。しかし、初めての試みゆえにいくつかの問題点を指摘することができる。

まず、内閣と国会の関係についての言及がない点である。三権分立を掲げている日本では、内閣は国会に対してほとんど何の権限も持っていない。例えば予算や法案の審議日程などについて内閣は全く介入できない。一方で、国会は衆議院と参議院で多数派が異なる「ねじれ国会」が恒常的なものとなり、国会としての意思をどのようにして安定的に形成していくかということが大きな課題となっていた。重要政策を円滑に実現するためにはこうした点の改革も必要だが、民主党の改革案には国会への言及はなかった。

また、内閣に入ることのできない与党議員の処遇についても十分な検討がなされていなかった。大臣や副大臣、政務官は政策決定の場で活躍することが可能になる。しかし、内閣と党の一元化のもとで政策決定過程における党の役割を縮小するとなると、内閣に入っていない与党議員は出番がなくなってしまう。こうした議員からの不満は当然予想される。同じことは政官関係についても指摘できる。民主党案は官僚の役割を行政の執行に限定するとしており、官僚の持つ専門性や膨大な情報をどう生かすかについては言及がない。官僚の協力なしに少数の政治家だけで政策の企画立案を担い切れるのか、などという疑問はぬぐいきれなかった。

そもそも民主党の改革案は、統治全体にかかわる大きな問題であるにもかかわらず、党内全体での議論がほとんどなされていなかった。会議に参加したのは一〇人ほどで、問題意識が党内で共有されないまま政権を獲得して実践に移すこととなってしまったのである。この点について松井は、「何十人も集まってオープンに議論して作るようなものじゃあないですからね。議員全員に声をかけて開くような会議ではないんです。メンバーは全員参加しても一〇人あまりですが、実際に出席するのは数人ではありました」と語っている（薬師寺、二〇一二a、二一四頁）。

そもそも首相官邸をはじめ政権中枢のメカニズムなどは経験者でなければ理解しにくい問題だけに、野党の経験しかない議員が統治システムに関心を持つことは元から難しかったのである。

二　マニフェストをめぐる試行錯誤

マニフェストで具体化した政策

次に、民主党が野党時代に積み重ねていった政策について分析する。第**7**章で詳述したように、民主党は一九九六年の結党時と九八年に多数の政党の参加で再結集したときに、「基本政策」などの文書を公表した。九六年は結党直後ということもあって、「しなやかな市民中心社会」「共生型市場経済の確立」「創造的情報市民社会の構築」など、具体性の乏しい抽象的で観念的な項目が目立った。一九九八年になると、政策の項目は細分化されているが、具体的な目標年次や必要経費などはまだ示されておらず、いわゆる実現させたい政策を列挙しただけの「お買い物リスト」にとどまっている。

民主党の政策が「マニフェスト」という形に整ってきたのは、二〇〇三年十一月の総選挙からである。表紙は代表の菅直人で「強い日本を作る」というタイトルとなっていた。個別の政策については「脱官僚宣言」と題して、霞が関のひも付き補助金の全廃、国会議員の定数削減や公務員の人件費の一割削減、新しい年金制度の創設、道州制の導入などを掲げていた。

二〇〇五年の総選挙向けマニフェストは、表紙が代表の岡田克也で、タイトルは「日本を、あきらめない」だった。公共事業優先だった自民党の政策を批判し、「コンクリートからヒト、ヒト、ヒトへ」というコピーのもと、月額一万六〇〇〇円の子ども手当の支給、年金の一元化と月額七万円の最低補償年金、農家への「直接支払制度一兆円」、高速道路無料化など、巨額な財政出動を伴う政策を打ち出した。岡田のもとでのマニフェストの特徴は、財政再建への積極的取り組みや新規政策の財源の明示にあった。新規政策実施に必要な予算を七兆円とし、その財源や財政再建のために直轄公共事業の半減や補助金の削減、公務員人件費削減、特別会計の徹底的な見直しなどで一七兆円の経費削減をするとしている。そしてプライマリーバランス（基礎的財政収支）を八年間で黒字化するとした。財政再建を目的とした増税はしないが、年金を目的とした消費税の導入は掲げており、岡田は選挙中の遊説で繰り返し三パーセントの税率引き上げを主張した。

岡田は二〇〇五年マニフェストについて、「私が意識したのは、やはりマニフェストである以上は財源の裏づけが必要だということと、実現可能なプランでなくてはいけないということです」と語っている（薬師寺、二〇一二a、一二三頁）。菅、岡田時代のマニフェストは、自民党政治を利益誘導政治と批判していたこともあって、民主党独自の新たな政策を盛り込みつつも、同時に財源の確保や財政再

●マニフェスト

総選挙のたびに話題になる「マニフェスト」の由来はイギリスである。保守党と労働党など二大政党による政権交代が定着していたイギリスでは、一八〇〇年代から主要政党がそれぞれの政策をまとめてマニフェストとして国民に提示していた。日本で話題になったのは二〇〇三（平成十五）年春の統一地方選挙が最初で、一部の候補が自らの政策をマニフェストとして掲げた。国政選挙で登場したのはやはり〇三年の総選挙で、民主党が党の政策をマニフェストとして提示した。

日本ではマニフェストに必要な要素は、個々の政策の具体的な数値目標、いつまでに実現するかという工程表、必要な費用をどこから生み出すかという財源などとされている。実際にその政党が政権をとった場合に、マニフェストの内容がどこまで実現できたかが検証できることも必要とされている。ただ、

モデルとされたイギリスのマニフェストにはそこまでの詳細な数値は記載されていない。

　日本でマニフェストが脚光を浴びたのは、それまでの国政選挙で自民党などが掲げていた「公約」が、有権者の支持を得るためのばらまき政策を羅列しただけのいい加減な内容となっていたためだ。特に自民党の場合、公共事業など具体的な内容は建設省などの事業官庁が予算獲得を目的に作成していたともいわれている。どこまで信用していいかわからない公約に比べると、マニフェストのほうが具体的で信頼性が高い印象を与えたのである。

　問題は、実際にその政党が政権を獲得したときのマニフェストの扱いである。マニフェストには法的拘束力はない。また、政治が対応すべき課題は日々変化し、選挙期間中に主張していた政策をそのまま実施すべきかどうか、状況に応じた柔軟な判断が必要になる。

　民主党の場合、リーマン・ショックや東日本大震災という大きな出来事が起こったことを受けて、政権獲得後の経済情勢が激変した。ところが、小沢一郎らのグループがマニフェストに書かれていないことを理由に消費税増税に反対して離党したため、政権そのものが崩壊した。「マニフェスト原理主義」は、権力闘争にも活用できるのである。

　マニフェストは、選挙に勝つために多少無理をしてでも有権者に気に入ってもらえるよう魅力的な内容にしなければならない一方で、実際に政権をとったときに実現可能なものでなければならないという二律背反的な要素を持っているのである。さらに、あまりにも細かな内容まで盛り込んでしまうと、現実の政権運営を縛ってしまい、政治が硬直的になりかねない。だからといって、漠然とした内容では評価しようがなくなる。

　民主党の失敗をふまえてマニフェストの見直し論が強まっているが、「公約」に戻ってしまったのでは意味がない。試行錯誤がまだ続きそうである。

建を強く意識していたのである。

作成過程も斬新だった。二〇〇三年の総選挙に向けて、民主党は党内に「政策準備委員会」と「政権準備委員会」を発足させた。前者が政策を、後者がすでに述べたように実際に政権を獲得したときの政権運営のあり方を検討した。両者がまとめたものを「マニフェスト」として打ち出したのである。「政策準備委員会」の事務局長だった参議院議員の福山哲郎《ふくやまてつろう》によると、政策については総選挙の三カ月前ほどから、党がまとめた原案を都道府県組織、支持団体の連合、日本経済団体連合会（経団連）や経済同友会、各種非政府組織（NGO）や非営利組織（NPO）などに示して、要望を聞いたり意見交換をしたりしてまとめていった。つまり国会議員だけの議論にとどめず「マニフェスト作成を国民的な運動に広げようとした」（薬師寺、二〇一二a、一六七頁）のである。支持組織などとのしがらみが少ない新しい政党だからこそできた手法であろうが、原点にはボトムアップで物事を決めるという発想があった。

変質した政策

民主党の政策は、小沢一郎が党代表になったことで大きく変化していった。二〇〇三年の民主党と自由党の合併で民主党に移った小沢一郎が党代表になったのは、〇六年だった。小沢体制のもとで最初に公表された政策文書が、〇六年十二月に作成された「政権政策の基本方針（政策マグナカルタ）」だった。翌年の参議院選挙を前に党の基本政策を取りまとめて小沢の求心力を高めることが目的で、それまでのマニフェスト作成にあまりかかわっていなかった元社会党書記長の赤松広隆《あかまつひろたか》ら旧社会党系議員らが中心となって作った。

冒頭に教育委員会の廃止を柱とする「日本国教育基本法の制定」を掲げるなど保守的な政策が打ち出されたほか、民主党がそれまで主張していた消費税増税を撤回して、「現行の五パーセントを維持するとともに全額、年金財源とする」とした。他方で基礎年金の全額税方式や農家への個別所得補償など巨額の財政支出を伴う政策も掲げていたため、党内からは財源が明確でないという批判が出た。

二〇〇七年の参議院選挙向けのマニフェストでは、こうした小沢色がさらに強く出た。「国民の生活が第一。」と題するこのマニフェストには、基礎年金部分への消費税全額投入六・三兆円、子ども手当一カ月二万六〇〇〇円（総額四・八兆円）、農家への個別所得補償制度一兆円、高速道路無料化一・五兆円などの新規政策が列挙された。必要となる経費は合計一五・三兆円に上ったが、財源は「補助金の無駄の排除」「行政経費の節減」「国家公務員の人件費削減」など、増税ではなく歳出の見直しによって生み出すとして、その一覧表を初めて掲載した。つまり、国民の新たな負担のないまま一五兆円の新規政策を実現する、という内容である。

松井孝治は二〇〇七年のマニフェストを見て、「このマニフェストで政権交代が単なる銭勘定の話になってしまったんですよ」「二〇〇七年は一五・三兆円、二〇〇九年は一六・八兆円という膨大な金額のムダを見つけ出して財源に充てるとしている。民主党は野党で、しかも銭勘定のプロではない。〔中略〕一般の国民からすると、この数字が実現可能なものかどうか分からないですよ。結局数字だけが独り歩きする恐れがある」（薬師寺、二〇一二a、二三〇–二三一頁）と批判している。

小沢の手法ははっきりしていた。子ども手当など国民への直接的な行政サービスは一人当たりの具体的な金額を明示する。しかし、財源は歳出削減などにとどめ国民に新たな負担を求めない。そうすることによって有権者からより多くの支持を得ようという、選挙での議席獲得を最優先する利益誘導型政策である。

松井の指摘通り、同じ手法は二〇〇九年総選挙のマニフェストでも使われた。小沢は自らの政治資金問題の責任をとって総選挙目前の五月に代表を辞任し、後任に鳩山由紀夫が就いた。しかし、総選挙向けのマニフェストはすでにできあがっていた。新規政策は、〇七年のマニフェストからさらに膨れ上がり、当初の案では必要経費は二〇・五兆円となっていた。鳩山のもとで幹事長に就任した岡田は、マニフェスト原案の詳細を知ってその実現性に疑問を持ち、新規政策の大幅な削減を主張した。その結果、最終的な経費は一六・八兆円まで削られたのである。

民主党の政策の特徴

一九九六年の結党から二〇〇九年に政権を獲得するまでの間、民主党の政策は小沢一郎が代表に就任する前と後で大きく変化した。その変化を整理してみる。

小沢就任前は、菅直人、岡田克也、前原誠司らが代表を務めたが、自民党の政策を財政バランスを無視した利益誘導政治、ばらまき政策であると批判し、歳出一辺倒ではなく歳入と歳出のバランスを重視し、民主党独自の新規政策は財源の裏づけを考慮し抑制的であった。また自民党政権時代の補助金などを活用した予算のあり方を、「官僚主導の裁量行政」であると否定した。こうした特徴については、「裁量行政の手段となる補助金を廃止し、官僚制の規模を縮小し、人材面での交流も抑制する。代わって、国民から託されたマニフェストに基づく政策を実行するというのが民主党の基本的な主張であった。また、その政策設計には、客観的な基準による資格さえ満たせば受益者となれるという普遍主義的な性格もある」（上神・堤、二〇一一、二五二頁）という分析もなされている。

これに対し小沢が代表になってからの政策は、選挙対策を最優先し国民に対する「富の再配分」をさまざまな形で打ち出した。それは形を変えた「ばらまき政策」であり、財源は明示されず財政再建も軽視された。

さらに詳しく分析すると、子ども手当や農家への個別所得補償のように、補助金などを国民に直接支給する形をとっている。自民党政権では、農業協同組合（農協）や日本医師会などさまざまな中間団体を経由してお金が分配された。それらの組織の多くが自民党の強固な支持組織となっていった。それに対する小沢の手法には、自民党支持組織を経ない直接支給という形をとることによって自民党支持組織の弱体化を図る、という政治的意図も盛り込まれていたのである。つまり小沢代表時代の民主党の政策は、形を変えた裁量行政であり、自民党の政策と同じような介入主義的で大きな政府を指向するものに変質したのである。

同じ民主党であるにもかかわらず、一見正反対にも見える政策の転換が起きたのは、先にも述べたように、そもそも民主党が小選挙区比例代表並立制に対応するために少数政党が集まって誕生した、という結党の経緯が背景にある。政策的共通性を持たない議員が増えていき、党首交代とともに脇役だった旧社会党議員らが中枢に登場したことで政策の中核が転換したのである。

政策や統治システム作りは、政党のアイデンティティ形成に大きな意味を持つ過程である。ところが民主党は、所属議員らが十分に一体化できないまま、議席を増やし政権を獲得してしまった。つまり民主党は最初から党内対立や党分裂につながるさまざまな素地を内在していたのである。

第13章

民主党政権の誕生と混迷

↑衆議院本会議で首相に指名され，一礼する鳩山由紀夫民主党代表（2009 年 9 月 16 日）（写真提供：時事）。

本章は、二〇〇九（平成二十一）年八月の総選挙で国民の圧倒的な支持を得て誕生した民主党政権が、鳩山由紀夫、菅直人の二つの内閣で共に政権運営に失敗し、国民の支持を急速に失っていった過程を取り上げる。

鳩山内閣は発足後、マニフェストに盛り込んだ独自の政策や統治システム改革の実現に突き進んだ。麻生内閣が打ち出した大型補正予算の執行を凍結し、公共事業中心の景気対策の見直しを打ち出した。また、事務次官会議を廃止し、各省政務三役が中心になって政策を決めていく「政治主導」の実践をめざした。長く続いた自民党政治を変えようとする「刷新性」に多くの国民が期待し、注目したのである。

ところが、ピークはあっけなく終わってしまった。閣僚らの過剰な改革指向が内閣の一体感を弱め、政官関係を崩壊させ、円滑な政策決定を阻害したのである。また、マニフェストを実行するための財源不足がただちに露《あらわ》になってしまい、二〇一〇年度予算案の編成が行き詰まってしまった。普天間飛行場の移転問題の先送りという決定的な失敗に、鳩山と幹事長の小沢一郎の金銭スキャンダルも加わって、鳩山内閣はわずか九カ月で崩壊してしまったのである。

続く菅直人首相は政権発足直後の参議院選挙に敗北して、いきなり躓《つまず》いた。二〇一一年三月に起こった東日本大震災では、菅の強い個性もあって福島第一原子力発電所事故への対応などで政府内の情報共有や迅速な意思決定に失敗した。菅は政権延命を試みたが、野党のみならず民主党内からも批判が強まって退陣に追い込まれてしまった。

政権交代に備え入念な準備をしたはずの民主党だったが、現実は国民の期待を大きく裏切るものとなったのである。

一　失速する民主党政権

スタートダッシュ

二〇〇九年九月十六日に発足した鳩山内閣は、次々と「改革」を打ち出していった。鳩山首相が初閣議で示した「基本方針」は、「今日の日を、日本が明治以来続けてきた政治と行政のシステムを転換する、歴史的な第一歩にしなければ、この内閣の意味はありません」と自らの内閣の歴史的意味を高らかに謳い、事務次官会議の廃止など具体的な政策を一五項目にわたって列挙した。その多くはマニフェストに盛り込まれた内容だった。

内閣発足の日、最も耳目を集めたのは閣議後に公表された「政・官の在り方」という文書だった。その内容は政治主導を実現するための「政官関係」の見直しについての具体策で、①大臣以外の与野党の政治家から官僚に具体的な要請などがあった場合には大臣に報告する、②官僚から大臣以外の政治家に働き掛けは行わない、③府省の見解を表明する記者会見は、大臣ら「政」が行い、事務次官ら「官」の定例記者会見は行わない、などとなっていた。つまり官僚が政治家に接触すること、あるいは官僚が記者会見をすることを全面的に禁止したのである。官僚の役割を極端に抑え込もうとする内閣の姿勢は、最初から官僚との関係に軋轢《あつれき》を生んでしまったのだった。

そして新任閣僚は、長く続いた自民党政治の転換に向けて一気に走り出した。麻生内閣が編成した一四兆円の第一次補正予算の執行を停止して、各閣僚が内容の見直しを始めた。さらに国土交通相の前原誠司は、懸案となっていた群馬県の八ツ場《やんば》ダムの建設の中止を初会見でいきなり表明し、岡田克也外相は自民党政権下で作られた日米間の核兵器などに関する密約の調査を官僚に命じるなど、新閣僚の発信力が注目を集めた。

十一月には自民党政権時代から続く政策の中から無駄な事業などを洗い出す「事業仕分け」が始まり、民主党議員らが官僚らを吊るし上げる姿が連日報道されて、喝采《かっさい》を浴びた。自民党政治を否定する新政権の一連の動きは、国民に新鮮なものとして受け止められ、首都圏では駅売りの新聞部数が増えるというあまり例のない事態まで起きるほど、政治が国民の間で肯定的に語られ注目される状況が生まれたのだった。

機能不全に陥る

しかし、ハネムーンのような期間は長続きしなかった。最初の躓きは「政官関係」の軋《きし》みだった。「政治主導」の名のもとに、多くの省で大臣、副大臣、政務官の政務三役が官僚を排除して会議を開き重要な事項を決めていった。官僚は政務三役が何を決定したのかを事後報告の形で知ってあわてることが少なくなかった。政務三役に就いた政治家が「政治主導」を過剰に意識したことで、政務三役と官僚との間の意思疎通が不十分となり、相互に不信感が生まれて、次第に円滑な政策の決定や遂行が難しくなっていったのである。

また、統治システム改革の柱の一つであった「国家戦略局」構想が不発に終わった。自民党政権時代の「経済財政諮問会議」を小泉改革の実現に寄与した組織であると批判していた民主党は、諮問会議に代わるものとして「国家戦略局」を打ち出した。当初は「国家戦略室」としてスタートしたが、職員が揃わず実質的に機能しなかった。そして、戦略局を法律的に明確に位置づけるための「政治主導確立法案」は国会に出されたが、成立が見込めなくなり二〇一一年五月に取り下げられ、構想は空中分解してしまった。

首相官邸の求心力を高めるための「閣僚委員会」構想も機能しなかった。「閣僚委員会」は、内閣が主要問題について機動的に意思決定することを目的に作られた。案件ごとに関係閣僚が随時集まって協議し、迅速に結論を出し、その決定は閣議決定と同じ重みを持たせるというのが当初の狙いだったが、現実にはあまり開かれることはなかった。そして、閣僚は自分が目立つことを優先して、前原の打ち出した八ッ場ダム建設中止のように、実現するために必要な手順を十分に踏んでいなかったため、多くの政策が困難に直面していった。

予期せぬ問題も生じた。幹事長の小沢一郎は政権発足直後の十八日、民主党所属の全議員に「政策調査会の機能はすべて政府（＝内閣）に移行する」として、党政策調査会の廃止を通告するファクスを送った。政府に入っていない議員が政策決定過程に全く関与できなくなることを補うために、各省副大臣らが与党議員に対し政策を説明し、意見交換するための「各省政策会議」を設置した。しかし、政策会議は実質的に何の権限も持っておらず、与党議員が政策に注文をつけても政府側はそれを聞き置くだけの会議となってしまい、出席議員があっという間に減ってしまったのである。当然のことながら議員の不満が強まっていった。

苦渋の予算案作成

鳩山にとって財政面での最大の課題は、初めて編成する二〇一〇年度当初予算に、マニフェストで打ち出した新規の政策を盛り込むことだった。そのために必要な財源は、初年度で七・一兆円にも上った。

鳩山はまず、麻生内閣時代に作られた一四兆円規模の二〇〇九年度第一次補正予算の執行を凍結し、その内容を大幅に削減するとともに、事業仕分けで既存事業の多くを廃止して財源を捻出《ねんしゅつ》しようとした。補正予算の見直しでは二・九兆円を削減できた。しかし、事業仕分けは三兆円の歳出削減を目標としていたが、結局、一・七兆円の捻出にとどまった。

悪いことにリーマン・ショックの影響で、二〇〇九年度の税収見込みが当初予想から九兆円以上も落ち込んでしまうことが判明したうえ、景気立て直しのために総額七・二兆円の第二次補正予算を編成することになり、第一次補正予算の見直しで捻出した財源をほとんど補正予算に使わざるをえなくなった。結局、新規政策に必要な財源を確保するための方策は、狙い通りの成果をあげることができなかったのである。

それだけではなかった。鳩山内閣は予算編成について分野ごとに要求できる額の上限を設定するシーリング方式を撤廃するとともに、新規国債発行額を四四兆円に抑えることを決めた。シーリングの撤廃は、逆に各省の歳出削減の機運に水を差してしまう結果になってしまい、予算要求の合計は約九五兆円と過去最大に膨れ上がった。政権交代直前の麻生政権でまとめられた概算要求の総額が約九二兆円だったことを考えると、民主党政権になって各省の要求がいかに膨張したかがわかる。

十二月に入ると予算編成作業がヤマ場を迎えた。マニフェストで掲げた子ども手当や農家への個別所得補償、高速道路無料化などの政策が実現しなければ、政権は信頼を失う。しかし、自民党政治を大量の赤字国債を発行するばらまき政治と批判してきた以上、同じようなことはできない。政府内での調整が行き詰まった十二月中旬になって、幹事長の小沢一郎が予算と税制改正についての党の要求を鳩山首相に突き付けてきた。それは、廃止するとしていたガソリン暫定税率の現状維持などマニフェストの主要部分の見直しであり、新規政策に必要な予算が三分の一に減る内容となっていた。小沢からの「助け舟」に鳩山は飛びつき、なんとか予算案を編成することができた。

民主党内閣初の予算案の総額は前年比四・二パーセント増の九二・二兆円で過去最大となり、新規国債発行額も四四・三兆円と過去最大であった。しかも戦後初めて当初予算の段階で新規国債発行額が税収見通しを上回ったのである。

マニフェスト作成に携わった参議院議員の福山哲郎は、「マニフェストはリーマンショック前の税収と予算の執行を前提に作っています。その前提を変えるべきだという議論もしましたが、いつの税収を前提にするかで、マニフェストで実現したい政策を国民に示すことができなくなってしまう。とても悩みましたが、結局、踏み切らざるを得なかった面は否定できません」（薬師寺、二〇一二a、一九二頁）と語り、リーマン・ショックの影響で税収が大幅に減る可能性が高いにもかかわらず、選挙対策のために新規政策を盛り込むことを優先し、財源を無視したことを吐露《とろ》している。選挙至上主義のもとで作成されたマニフェストの抱えていた矛盾が、政権獲得後の予算編成の段階で一気に噴き出したのである。

普天間移設問題の迷走

鳩山内閣にとって外交・安全保障政策分野で最大のテーマは、沖縄の米軍・普天間飛行場の名護市・辺野古地区への移転問題だった。第**10**章でふれたように、日米両国政府は一九九六年に普天間飛行場を日本に返還することで合意した。しかし、海兵隊の部隊や基地機能の移転先をめぐって日米間の調整が難航し、自民党政権時代の二〇〇六年にやっと、辺野古地区にあるキャンプ・シュワブに移すことや普天間飛行場に所属する米海兵隊員八〇〇〇人をグアムの基地に移すことで合意した。そして日本政府が辺野古地区に新たに滑走路を建設するための手続きを開始するという段階で、民主党政権が誕生したのである。

もともと民主党は、辺野古地区への移転に反対し海外や県外への移転を主張していた。しかし、政権獲得が現実味を帯びてきたため二〇〇九年総選挙のマニフェストには「米軍再編や在日米軍基地のあり方についても見直しの方向で臨む」と言及しただけで、具体的な方針を示していなかった。にもかかわらず党代表の鳩山は、選挙期間中に「最低でも県外」と踏み込んだ発言をしていた。

日米合意の着実な実現を望むアメリカ政府は、鳩山内閣発足後の十月にゲーツ国防長官を日本に派遣し、鳩山や外相の岡田克也に「普天間移設がなければ、沖縄の海兵隊のグアム移転も、沖縄への土地返還もない」などと、現行案の推進を強く求めた。十一月にはオバマ大統領が来日し、日米間で閣僚級の作業部会を設けて早期解決をめざすことで合意した。首脳会談でオバマ大統領が現行案の早期履行を求めると、鳩山首相は「必ず答えを出すので、私を信頼してほしい（Please trust me）」と応じた。ところが、その翌日、鳩山は「作業部会は日米合意が前提ではない」と発言し、アメリカ側の不信感を高めたのである。

その後、鳩山は普天間問題の担当閣僚である岡田外相や北澤俊美《きたざわとしみ》防衛相らとの協議を続けた。岡田らは辺野古以外への移転の可能性などを検討した結果、「現行案」しかないという考えに傾いていった。しかし、鳩山は十二月中旬、結論を二〇一〇年五月まで先送りし、この間に辺野古以外の移転先を検討することを決めた。

二〇一〇年に入ると、鳩山は官房長官の平野博文《ひらのひろふみ》に辺野古に代わる移転先を探すよう指示した。平野は外務省や防衛省の官僚を外して独自に検討を進めた。辺野古に代わる移転先として鹿児島県徳之《とくの》島《しま》案や沖縄県うるま市の米軍基地があるホワイト・ビーチ案が浮上したが、事前調整がなかったこともあって、いずれも地元関係者らが強く反発してつぶれていった。

結局、鳩山は五月に入って当初の辺野古案に戻り、政府方針として閣議決定した。その際、社民党党首でもある福島瑞穂《ふくしまみずほ》消費者担当相が閣議決定への署名を拒んだため、鳩山首相は福島を罷免《ひめん》し、社民党は連立政権を離脱した。

移転先をめぐって迷走を繰り返したことについて鳩山は首相辞任直後の二〇一〇年六月、筆者のインタビューに答え、「私は『最低でも県外』と言っていた。辺野古への移設はどうしても、すとんと落ちなかった。そこに徳之島案が浮上してきた。島の活性化に役立つから受け入れてもいいという関係者の声も間接的に届いていた。ならばより幅広く考えてみようと思って、先送りを決めた」と述べ、自民党政権時代の日米合意に抵抗感を持っていたことを認めている。最終的に現行案に戻ったことについては、「米側は徳之島に強く反対した。海兵隊の一部を遠くに移せば抑止力や機能の低下につながるという。〔中略〕海兵隊の運用の仕方などは反論しようがない。結局、二者択一になってしまい、すでにアセスメントを実施している辺野古を中心に考えるしかなくなった」と語った（『朝日新聞』二〇一〇年六月十八日付朝刊）。

普天間飛行場の移転問題に対する鳩山内閣の対応には、民主党の未熟さが表れていた。自民党政権が十年以上もかけてなんとか日米間で合意にこぎつけることができた複雑な問題であるにもかかわらず、鳩山は過去の経緯などを十分に把握することなく、自民党の決定を変更しようとした。またアメリカや沖縄県、地元の名護市など多くの当事者との入念な調整もないままに代替案を打ち出して、拒否された。さらに官邸主導の名のもとに政府全体で対処せず、外相や防衛相、関係省の官僚を排除して検討を進めてもいる。内閣が自己完結的に政策を変更したり決定したりできる内政問題とは異なり、外交・安全保障政策はアメリカなど関係国との調整と政策の継続性が不可欠であるが、鳩山内閣は自民党との違いを強調するあまり、そうした基本原則に対する認識が不足していたのである。

鳩山の一連の対応は、結果的にアメリカ政府や沖縄県の日本政府に対する不信感を決定的なものにするとともに、普天間飛行場の移転問題の解決をさらに長引かせるだけに終わってしまった。

その後、政府は滑走路建設のための公有水面埋め立て許可の申請を沖縄県知事に提出し、第二次安倍晋三内閣時代の二〇一三年十二月、沖縄県知事の仲井眞弘多《なかいまひろかず》が承認した。しかし、沖縄県民らの反対は強く、埋め立て工事の完了を経て、普天間飛行場がいつ返還されるかの見通しはついていない。

鳩山首相の辞任

普天間問題の決断を迫られていた二〇〇九年十二月、鳩山は自身の政治資金問題にも直面していた。首相就任前の〇九年六月に、鳩山の政治資金管理団体の収支報告書に、実在しない人物らからの献金が多数記載されていることが表面化した。のちに東京地方検察庁特捜部は、小口献金のほとんどが偽装献金でその額は二億円にのぼると認定し、担当の秘書を起訴した。そして、十二月に鳩山が母親から六年間にわたって毎月一五〇〇万円ずつ、計一二億四五〇〇万円もの資金提供を受けていたことが明らかになった。これは悪質な贈与税逃れと認定され、鳩山はその後莫大な追徴金を払った。

一方、秘書が政治資金規正法違反容疑で逮捕されたことを受けて民主党代表を辞任した小沢一郎に対する東京地方検察庁特捜部の捜査も終わってはいなかった。民主党政権誕生後、小沢は党幹事長に就任していたが、二〇一〇年一月に、小沢の元秘書で衆議院議員の石川知裕《いしかわともひろ》と他の秘書二人が政治資金規正法違反で逮捕・起訴された。小沢も事情聴取を受けたが、容疑不十分で不起訴処分となった。しかし、四月には検察審査会が「起訴相当」の議決をしたため最終的な決着がついていない状況だった。

普天間問題に加え自らの政治資金問題を抱えて苦境に立った鳩山は、六月二日に開かれた民主党の両院議員総会で突然、自らの首相辞任と小沢の幹事長辞任とを公にしたのである。党代表の鳩山とナンバー2の小沢がそろってカネの問題を抱えた民主党に対する国民の批判が高まり、内閣支持率は二〇パーセントを切っていた。七月には参議院選挙を控えており、鳩山は身を引かざるをえない状況に追い込まれてしまったのだった。

前述のインタビューで鳩山は、退陣を判断した理由については「政治資金問題を抱えていたので、政権発足当初からどこまでやれるだろうかと考えていた。昨年〔二〇〇九年〕十二月ごろ、内閣支持率が五割前後になり、低下に歯止めがかからなくなった。最高で七割もあった支持率が半分に、そして三分の一に落ちる。考えられないような話だ。だからずっと辞めることを考えていた。その場合は幹事長の小沢一郎さんと一緒に辞めるつもりだった」と述べて、内閣支持率を非常に意識していたことを明かしている。
国民の期待を受けて発足した民主党政権だったが、鳩山内閣は政策も政権運営も試行錯誤の繰り返しの中で自滅していったのだった。

二　激化する党内対立

菅内閣誕生とねじれ国会

鳩山の辞任を受けて行われた民主党代表選挙には菅直人と樽床伸二が立候補し、菅が圧勝して首相に就任した。一九七〇年代に市民運動から政治の世界に足を踏み入れた菅は、社会民主連合、新党さきがけ、民主党へと、所属する政党を変えながら権力の中枢に上り詰めた政治家だ。実現すべき政策目標に向けて直線的に突っ走るタイプの政治家で、他の人の意見に耳を傾けて全体を調整し合意を作っていくことは苦手だった。そうした特徴は政権運営にただちに現れた。

菅は小沢に批判的な仙谷由人を官房長官に、枝野幸男を幹事長に起用するなど「反小沢」の姿勢を鮮明に打ち出した。一方、政策面では首相就任直後の参議院選挙で消費税率一〇パーセントへの引き上げを打ち出した。鳩山内閣で財務相を務めた菅は財政の危機的状況を強く認識し、あえて有権者に評判の悪い消費税増税を掲げたのである。

民主党は政権基盤を安定させるために、参議院選挙で過半数の議席を獲得しなければならなかった。

ところが選挙期間中、消費増税に関する菅の発言が行く先々でぶれるなど増税案が十分に固まっていないことが露呈したうえ、小沢系候補などを中心に党内からもマニフェストに反するという批判の声が出たため、支持率が一気に下がってしまった。

結局、民主党の獲得議席は改選議席の五四を大きく減らす四四にとどまり、連立相手の国民新党の議席を加えても与党が過半数に届かない「ねじれ国会」に陥ってしまったのである。逆に自民党は、五一議席を獲得して勢いを回復した。民主党は法案審議など国会運営をめぐって常に自民党との間での調整や妥協を強いられることになり、自民党政権末期のような政治状況が再現したのである。

中国漁船問題

菅内閣は外交・安全保障の分野でも難題に直面した。九月七日、沖縄県の尖閣諸島近海の日本の領海内で中国のトロール漁船が哨戒《しょうかい》中の海上保安庁の巡視船にぶつかってくる事件が起きた。海上保安庁はただちに船長を公務執行妨害で逮捕した。ところが、尖閣諸島が自国の領土であると主張する中国が違法な逮捕であると激しく反発し、事件は一気に外交問題に発展したのである。

日本側は船長を拘留《こうりゅう》し取り調べを続けた。中国政府は、「自国民保護」などを理由に深夜に駐中国大使の丹羽宇一郎《にわういちろう》を呼び出して抗議したり、閣僚級以上の交流を停止したり、日本に対するレア・アース輸出を規制したり、最後には中国で日本が進めている遺棄化学兵器処理事業に携わっていた中堅ゼネコン企業社員四人を不法に軍事施設を撮影していたとして拘束したりするなど、あらゆる手段を講じて圧力をかけてきた。この問題は、九月二十四日に那覇地方検察庁が船長を処分保留で釈放し強制送還することで、とりあえず決着した。しかし、日本国内では政府の対応が弱腰であるという批判が相次ぎ、対中強硬論が強まるきっかけとなった。

政府が事件の対応に追われていたとき、民主党は代表選挙を行っていた。再選をめざす菅と、菅に対する批判を強めていた小沢一郎が立候補し、党を二分する選挙となった。代表選挙は党員・サポーター投票で圧勝した菅が全体でも小沢を下し、再選された。しかし、一人二ポイントの国会議員投票は菅が四一二で小沢が四〇〇と僅差だった。この数字は党内の「小沢」対「反小沢」の対立が深刻なものになっていることを浮き彫りにした。

東日本大震災

菅内閣の国政運営は、閣僚の不祥事と野党・自民党の抵抗で円滑には進まなかった。十一月に柳田《やなぎだ》稔《みのる》法相が講演で「法務大臣はいいですよね。〔国会での答弁は〕二つ覚えておけばいいんですから。『個別の事案についてはお答えを差し控えます』これはいい文句ですよ。〔中略〕あとは『法と証拠に基づいて適切にやっている』」と発言し（『朝日新聞』二〇一〇年十一月十八日付朝刊）、野党が国会軽視だとして参議院で問責決議を議決した。さらに尖閣諸島問題への対応を理由に、官房長官の仙谷由人や国交相の馬淵澄夫《まぶちすみお》に対する問責決議も議決された。

問責決議を受けて柳田は法相を辞任したが、仙谷と馬淵について菅首相は辞任する必要はないという姿勢を見せた。しかし、自民党や公明党が二〇一一年の通常国会での予算案などの審議を拒否する姿勢を示したため、国会召集前の一月に内閣改造をして二人を閣僚から外さざるをえなかった。

さらに三月になって、外相の前原誠司が政治資金規正法で禁止されている外国人からの献金を受け取っていたために辞任した。直後に、首相の菅も同じように在日韓国人系金融機関の元理事から献金を受け取っていたことが判明した。そして、その問題が国会で審議されようとしていた二〇一一年三月十一日午後、東日本大震災が起きたのである。

東日本大震災は、宮城県沖の太平洋の広い範囲の海底を震源とするマグニチュード九・〇という記録的な大地震だった。宮城県内で震度七の揺れを観測したほか、太平洋沿岸の広い地域に一〇メートル以上の高さの津波が押し寄せ、一気に陸地を飲み込んだ。その結果、東北三県を中心に、死者・行方不明者約一万八〇〇〇人、建物の全半壊約四〇万戸、避難者はピーク時に四〇万人に及んだ。さらに福島県に所在する東京電力福島第一原子力発電所が津波に襲われて全電源喪失状態となり、原子炉の冷却ができなくなった。その結果、一―三号機で炉心溶融が起き、水素爆発で建物が吹き飛んでしまうとともに、大量の放射性物質が広範囲にまき散らされてしまう深刻な原子力事故が起きた。

未曾有《みぞう》の大地震を前に政府は混乱を極めた。被災者の救出から復旧、復興に至る過程、あるいは原発事故への対応など東日本大震災の一連の過程については、さまざまな機関が詳細な検証作業を行い報告書などの形でまとめている。ここでは菅内閣の中枢を中心に政権運営や政治の対応を記述する。

東日本大震災ほどの規模の災害になると、政府は総動員態勢で対処する必要がある。菅内閣もただちに緊急災害対策本部を設置して、政府全体で取り組む態勢を作った。ところが、官僚を排除して何事も自分で仕切ろうとした菅の強い個性もあって、政府の初動対応は必ずしもうまくいかなかった。閣僚ら政治家をメンバーとする震災対策のための会議を二〇近くも作って連日、会議を頻繁に開いたり、原子力工学の専門家などを次々と内閣参与などに任命して判断を仰いだりしたことも、迅速な対応を遅らせたと指摘された。

国会に設けられた「東京電力福島原子力発電所事故調査委員会」が二〇一二年七月五日に発表した中間報告は、初期段階の首相官邸内の情報共有について、官邸五階に集まった菅首相や閣僚、原子力安全委員長らと、法律に基づいて首相官邸地下の危機管理センターに設置された対策室のコミュニケーションが不十分で、政府が総力を挙げて対応できる体制がとれていなかったと指摘している（委員会報告書の第三部参考）。さらに二〇一二年七月二十三日に公表された政府の「東京電力福島原子力発電所における事故調査・検証委員会」の最終報告も、「当初から政府や官邸が陣頭指揮をとるような形で現場の対応に介入することは適切ではないと言えよう」（『東京電力福島原子力発電所における事故調査・検証委員会「最終報告書」』三七四ページ）など、官邸の対応の問題点を指摘している。

菅首相の辞任

震災や原発事故への菅内閣の対応に対する批判は、野党だけでなく、菅に反発を強めていた民主党内の小沢グループや鳩山前首相のグループからも出てきた。そして、五月末に自民党など野党が内閣不信任案提出の動きを見せると、小沢一郎と鳩山由紀夫が公然と不信任案に賛成する考えを表明したのである。

二人が率いる党内グループが賛成した場合、不信任案は可決される可能性が高い。菅は鳩山と協議したうえで六月二日に民主党の代議士会を開き、「私がやるべき一定の役割が果たせた段階で、若い世代のみなさんにいろいろな責任を引き継いでいきたい」と発言した（『朝日新聞』二〇一一年六月二日付夕刊）。小沢や鳩山はこの発言を「早期退陣」を意味するとして、不信任案に反対した。ところが菅は不信任案の否決後、退陣の時期を聞かれても明確に示さないばかりか、逆に特例公債法案や再生可能エネルギー法案の成立などを退陣の条件に挙げ、通常国会の会期を八月末まで延長したのである。菅に対しては、野党はもちろん民主党内からも反発が強まり、結局、八月二十六日に退陣表明に追い込まれてしまった。

● 鳩山と菅

民主党の生みの親である鳩山由紀夫と菅直人の二人は、きわめて対照的な政治家である。

鳩山は、父の威一郎《いいちろう》が大蔵事務次官や参議院議員を務め、祖父の一郎《いちろう》は首相、曾祖父の和夫《かずお》が衆議院議長などを務めた、名門中の名門の出身であり、東京大学を卒業後、政治家の道を歩むのもごく自然のことだった。一方、菅の父は企業に勤める技術者で、本人も東京工業大学を卒業後はサラリーマン技術者になるつもりだった。ところが、市川房枝《いちかわふさえ》の参議院選挙を手伝ったことがきっかけで政治の世界に入り、四度目の挑戦で衆議院議員となった。二人は理系の学部出身という点以外は、思想信条も政治遍歴も全く異なるのである。

共に新党さきがけに属していた一九九六（平成八）年、鳩山が新党結成に動き始め、菅は厚相として薬害エイズ問題などに取り組んでいた。鳩山から声を掛けられた菅は、「最終的には必ず一緒にやる」と約束したという。

結党後、二人は党代表や幹事長などの役職を交互に務めた。「政治は愛である」と平気で語ることのできる理念型で理想家肌の鳩山と、実務に長けて議論好きの菅は、互いに補い合って民主党を発展させていったのだ。

やがて二人には距離ができていった。原因は小沢一郎である。小沢が率いる自由党と民主党の合併を先に提起したのは鳩山だったが、実現させたのは菅だった。共に自民党に対抗できる政党の結成が目的だった。鳩山と小沢は自民党の田中派―竹下派に属していた仲である。一方の菅は、市民運動家出身で、少数政党から這《は》い上がってきた政治家であって、もともと小沢と肌が合うはずもなかった。

政権交代直前の二〇〇九年五月に小沢は党代表を辞任するが、そのときの相談相手は鳩山だった。そして鳩山内閣発足時には鳩山と小沢は露骨に菅を内閣の中枢から外す人事を行った。逆に菅は、首相に就任すると内閣の布陣を「反小沢」で固めてしまった。以後、鳩山は小沢と行動を共にし、菅に対する内閣不信任案に小沢と共に同調する動きまで見せた。

その後、鳩山は二〇一二年の消費税増税法案に反対票を投じて党員資格停止三カ月の処分を受け、十二月の総選挙に立候補せず政界を引退した。一方、菅はその総選挙でかろうじて比例代表で復活当選したが、東京都知事選挙で党公認が取り消された候補を応援したため、やはり党員資格停止三カ月の処分を受けるとともに党最高顧問を解任された。民主党の生みの親である二人は完全に党への影響力を失ってしまったのである。

菅と鳩山の会談を実現させるために動いた防衛相の北澤俊美は、「菅さんが辞任の時期を引っ張るだろうとは分かっていた。だけどとにかくこの不信任案の採決で党内から賛成者が出たらこの党はもう終わりだと思い、何としても乗り切らなきゃダメだと考えたんだ」と述べ、民主党がこの時点ですでに分裂の危機に直面していたことを明らかにしている。（薬師寺、二〇一二a、一〇八－一〇九頁）

政権交代しても短命内閣の連鎖は止まらなかった。鳩山内閣と菅内閣がいずれも短命に終わった理由は、いくつか挙げることができるだろう。まず、統治システム改革が思い描いていた通りには機能せず、官僚との関係や与党との関係が壊れ、政権運営に失敗したことが挙げられる。さらに、参議院選挙敗北の結果生じた「ねじれ国会」に加え、党内に小沢グループや鳩山グループという批判勢力を抱えてしまい、政権基盤が極端に弱体化したことが挙げられる。そこに東日本大震災という歴史的な災害が起こり、政官関係が崩壊した状態の菅内閣では不十分な対応しかできなかったのである。

二つの短命内閣の後、民主党政権はさらに厳しい状況に追い込まれていくことになるのだった。

第14章 再び政権交代

野田佳彦首相が衆議院の解散を宣言した党首討論。左が自民党の安倍晋三総裁（2012 年 11 月 14 日）（写真提供：朝日新聞社／時事通信フォト）。

鳩山、菅と短命内閣が続き、民主党に対する国民の期待や関心は一気に消えてしまった。そんな中、民主党政権で三人目の首相となった野田佳彦は、自らの内閣の使命を消費税増税と社会保障制度改革の実現にあると位置づけ、ねじれ国会の中で自民党や公明党の了解を取り付け、必要な法律の成立にこぎつけた。

しかし、その代償は大きかった。消費税増税に反対する小沢一郎ら民主党内の反執行部系の議員が大挙して離党したのである。野田は二〇一二（平成二十四）年十二月、民主党にとって最悪の環境の中で衆議院を解散し、総選挙に臨んだ。結果は自民党が圧勝して政権に復帰し、民主党は当選者がわずか五七人で野党に転落してしまった。

新しく首相に就いたのは、自民党総裁選挙で奇跡的な復活を果たした安倍晋三だった。六年前の第一次内閣での失敗をふまえて安倍は、政権の姿を様変わりさせた。経験不足の「お友達」ではなく、力のある政治家を閣僚に多く起用した。また、当初は持論である憲法改正や教育改革などの保守的政策にこだわらず、日本経済をデフレから脱却させるための積極的な金融・財政政策を前面に打ち出した。「アベノミクス」と名づけられたこの政策は円安・株高などに対して一定の成果を上げ、その勢いで自民党は二〇一三年の参議院選挙でも勝利し、「ねじれ」を解消して安定政権を作り上げることに成功した。

参議院選挙後、安倍の姿勢は大きく変わり、安全保障政策や教育改革などに積極的に取り組み始め、長年の懸案である集団的自衛権についての憲法解釈の見直しを閣議決定した。

本章は、民主党最後となった野田内閣および総選挙を挟んで誕生した安倍内閣について分析する。できるだけ直近の出来事までを追っていくが、安倍内閣の打ち出した主要政策は執筆時点では現在進行形であり、評価することは困難である。読者がその後の推移をふまえて分析・評価されることを希望する。

一　消費税増税問題と中韓に翻弄された野田首相

野田内閣誕生

菅直人の辞任後の民主党代表選挙には五人が立候補したが、実質的には小沢グループが推す海江田万里と反小沢系の野田佳彦の争いとなった。全候補者のうち野田だけが消費税増税の必要性を主張し、海江田は増税に反対しマニフェストを忠実に守ることを強調した。一見すると政策論争に見えるが、実態は菅政権で深刻化した「小沢」対「反小沢」の権力闘争だったのである。そして、野田が勝利し、民主党政権で三人目の首相となった。

野田は環太平洋経済連携協定（TPP）の協議参加と消費税増税を主要課題に掲げた。民主党内の小沢グループがこれらの政策に強く反対し、執行部批判を強めていたうえに、国会は参議院で野党が多数を占めていたため、野田は「党内野党」と「ねじれ国会」という厳しい環境の中でのリーダーシップ発揮を強いられることになった。

野田は、十一月に予定されていたアジア太平洋経済協力（APEC）首脳会議の場でTPP協議への参加方針を表明するために党内調整を始めたが、小沢グループの反対が強く、当初予定していた「交渉参加」ではなく「交渉参加に向けて関係国と協議に入る」という回りくどい表現で、日本の方針を各国に説明した。

消費税増税問題はそれ以上に難航した。民主党は党税制調査会が中心になって素案のとりまとめを急いだが、やはり反対派の抵抗が激しく結論を出せない状態が続いた。そして、年末ぎりぎりの十二月二十九日に、インドへの外遊から帰国した野田がその足で党税制調査会の会議に出席し、深夜まで反対派の説得を続けて最終的に消費税率を一〇パーセントに引き上げる素案をまとめた。ところが、反対派はその後も素案を法案の大綱とする段階、さらには法案を閣議決定する段階で抵抗を繰り返した。

重要政策について党内で意見が大きく割れることは自民党でもあり、政務調査会の部会や総務会で激しい議論を繰り返してきた。しかし、大半の場合は最後に「執行部に一任」という形をとって決着させてきた。族議員らは会議の場でそれぞれ支持組織の利益を代弁するが、最終的には政権与党としてのまとまりを優先する政党文化が根づいていたのだ。

これに対して統治経験が浅い民主党では、多くの議員が政権運営よりも自己利益、あるいは党内権力闘争を優先していた。そのため消費税増税問題のように、一度は大筋を合意していながらも機会あるたびに議論が蒸し返され、揚げ句には国会での採決の段階で造反や離党する議員が出てくるのである。歴史の短い民主党の議員には、政権を営むことに対する責任感が欠如していたのである。

野田を苦しめたのは民主党内の批判勢力だけではなかった。できるだけ早く衆議院解散と総選挙を実現したい自民党は、野田内閣の閣僚のスキャンダルや問題発言などを理由に参議院で問責決議を相次いで議決し、国会審議を混乱させる戦術に出た。

二〇一一年十二月には、一九九五年に沖縄で起きた米兵による少女暴行事件について「正確な中身を詳細には知らない」などと閣僚にふさわしくない発言をした一川保夫《いちかわやすお》防衛相と、マルチ商法業者からの政治献金を受け取っていたことが発覚した山岡賢次《やまおかけんじ》国家公安委員長に対する問責決議が可決された。一二年四月には、国会答弁などに問題があった田中直紀《たなかなおき》防衛相と、地方選挙で公職選挙法違反に該当する行動をした前田武志《まえだたけし》国交相に対する問責決議も可決された。決議の対象となった閣僚の多くが小沢に近い議員であり、閣僚人事で個々の議員の経験や能力ではなく小沢への配慮を優先したことが政権運営で裏目に出てしまったのだった。野田は問責決議が国会審議に影響を与えることを回避するために、内閣改造を繰り返して問題となった閣僚を交代させざるをえなかった。

崩壊した日韓関係

野田は韓国や中国との外交でも苦しむことになった。野田が二国間外交で最初の外遊先に選んだのは韓国だった。李明博《イ・ミョンバク》大統領が経済外交に積極的なことから、日韓経済連携協定（ＥＰＡ）交渉を推進しようとしたのだった。二〇一一年十月の李大統領との会談は、ＥＰＡ交渉早期再開のほか日韓間の通貨スワップ協定の資金支援枠拡大などで合意するなど、野田の思惑通り進んだ。さらに李大統領は、「歴代の韓国大統領は任期後半になると「反日」を使いながら支持率を上げようとする繰り返しだった。私はそういうことはしたくない」と語ったという（『読売新聞』二〇一二年十月二十九日付朝刊）。野田は日韓関係に自信を持って帰国したのだった。

ところが、良好な関係はわずか二カ月後に崩れてしまった。十二月に京都で行われた二度目の首脳会談で、李大統領は冒頭から従軍慰安婦問題を取り上げ、「首相が直接、解決の先頭に立つことを願う」と求めてきたのである。野田首相は法律的には決着済みであるという日本政府の立場を説明したが、李大統領は収まらず、約一時間の会談のほとんどがこの問題に費された。ソウルの日本大使館前に設置された慰安婦を象徴する少女の像の撤去をめぐって感情的なやりとりもあり、友好的なムードは完全に消えてしまった。

韓国では八月に憲法裁判所が慰安婦問題について、「韓国政府が日本と外交交渉をしないのは被害者らの基本的人権を侵害し憲法違反に当たる」という判決を出していた。李大統領の日韓関係についての態度の急変は、この判決が影響していると見られた。その後、日韓間で慰安婦問題の打開策をめぐって水面下で交渉が続いたが、韓国側の強硬姿勢に変化がなく合意には至らなかった。

二〇一二年に入ると李大統領の日本批判はさらにエスカレートしていった。六月には日韓軍事情報包括保護協定（ＧＳＯＭＩＡ）締結のための署名式をわずか一時間前に、突然延期すると通告してきた。八月十日には李大統領が日韓間で領土問題になっている竹島に突然、上陸し、韓国の実効支配を誇示した。さらに十四日には、天皇訪韓について「天皇は韓国を訪問したがっているが、独立運動で亡くなった方々を訪ね、心から謝るなら来なさい」と発言し、日本国内だけでなく韓国内でも批判を浴びた。日本政府は大統領の一連の言動に強く抗議する内容の野田首相の親書を送ったが、韓国政府は親書の受け取りを拒否し、日本政府に書留郵便で返送するという異例の行動をとった。

李大統領の過激な日本批判の背景には、政権末期になって実の兄が政治資金法違反容疑で逮捕されたり、支持率が大きく低下したりという内政的な要因があると見られていた。しかし、竹島の領有問題や歴史問題を理由に日本を激しく批判する韓国側の姿勢は、李大統領の後任の朴槿恵《パク・クネ》大統領になっても続いた。

尖閣諸島の国有化問題

日中関係も野田内閣が決定した尖閣諸島の国有化で深刻な状態に陥った。発端は二〇一二年四月に、東京都知事の石原慎太郎《いしはらしんたろう》が訪米中に行った講演だった。石原は「東京が尖閣を守る。日本人が日本の国土を守ることに何か文句がありますか」と述べて、尖閣諸島を東京都が購入する考えを明らかにした。対中強硬論を掲げる代表的な政治家である石原の発言には、日本政府が尖閣問題で中国に強い態度で臨まないことへの反発が背景にあった。東京都は購入資金に充てるための募金を始め、その金額は九月には一四億円にも達した。

野田は、東京都が購入するよりも国が保有したほうが混乱を回避し中国の反発を少なくできると考え、国有化の検討を指示するとともに、八月には石原と直接会談した。その会談について野田は「〔尖閣に〕船だまりを作ることに石原さんはこだわっていました。船だまりを作れば、台風の時に中国や香港、台湾の船も当然使わせろと緊急避難で来るでしょう。来たら、そう簡単に離れないこともありえる。色々な活動家も呼びこんでしまって、係争が日常茶飯事になってしまう。約一時間半その議論になりました」（『読売新聞』二〇一三年十月二十八日付朝刊）と語っている。野田は石原の対応に危うさを感じて、国有化を最終的に決断したのである。

尖閣国有化の閣議決定は九月十一日で、「長期的に平穏かつ安定的な管理のため」と説明した。ところが、野田は閣議決定のわずか二日前、ロシアのウラジオストクで開かれたＡＰＥＣ首脳会議の場で中国の胡錦濤国家主席と立ち話をして、尖閣国有化問題についてやり合ったばかりだった。そのこともあって中国政府は会談直後の閣議決定に強く反発した。以後、長期間にわたって尖閣諸島周辺の海域に中国の海洋監視船などが現れ、領海侵犯を繰り返すようになるとともに、日中間の首脳の相互往来に加えて第三国での会談もできなくなってしまった。

中韓両国との外交関係が極端に悪化した直接的原因は、尖閣諸島などの領土問題や従軍慰安婦という歴史問題である。日本の歴代政権はこれらの問題を慎重に扱い、特に歴史問題では日本の行動の非を認めて繰り返し謝罪してきた（第**5**章参照）。にもかかわらずこれらが再燃したのは、国際社会において政治的、経済的存在感を増してきた中国や韓国と、逆に停滞気味の日本という相対的な力関係の変化が起きたこと、あるいはグローバル化した国際社会において海洋の持つ意味がかつてないほど大きくなってきたことなど、多面的な変化が外交関係に影響を与えたと見ることができるだろう。

消費税問題と党分裂・総選挙

通常国会の会期末が近づいてきた二〇一二年五月末になると、国会の焦点は野田が最重要課題としていた社会保障制度改革と消費税増税を柱とする「社会保障と税の一体改革関連法案」の扱いになってきた。野田は民主党内の合意を得るために小沢一郎と二度にわたって会談し協力を求めたが、小沢は増税反対の姿勢を変えず話し合いは決裂した。この段階で野田は小沢グループの説得をあきらめ、自民、公明両党との調整に比重を移した。民自公三党間の協議は六月中旬に、民主党がマニフェストに掲げてきた最低保障年金制度の創設などを実質的に撤回することで合意にこぎつけた。

一体改革法案は六月二十六日に衆議院本会議で可決された。民主党の造反は、反対を投じた議員が五七人、欠席が一六人に上った。造反議員のうち小沢を含む衆議院議員三七人と参議院議員一二人は直後の七月二日、民主党を離党し「国民の生活が第一」を結党した。

参議院での一体改革法案の審議は順調に進むはずだったが、野田首相が衆議院の解散総選挙の時期を明確にしないため自民・公明両党が態度を硬化させた。結局、野田と自民党総裁の谷垣禎一が会談し、野田が「一体改革法案が成立したあかつきには、近いうちに国民に信を問う」と約束することで決着して、八月十日に成立した。

自民党は通常国会会期末の九月初めまでに野田が衆議院を解散するものと考えていたが、先に述べた韓国や中国との外交問題の対応に追われていた野田は、解散する意向を全く示さないまま会期末を迎えた。解散に追い込めなかった谷垣は逆に苦しい立場に追い込まれてしまい、九月に予定されていた自民党総裁選挙に立候補することさえできなかった。総裁選挙は元首相の安倍晋三と元政調会長の石破茂《いしばしげる》の決選投票に持ち込まれ、安倍が当選した。

秋に入り、衆議院の解散・総選挙をめぐる与野党の駆け引きがさらに活発になった。支持率が低迷し敗北が必至の情勢となった民主党は、総選挙の時期を極力先送りすることを狙い、一方の自民党や公明党は、安倍新総裁のもとで早期の総選挙を実現し、政権復帰を果たしたいと考えていた。さらに総選挙に向けた新党結成の動きも活発になっていた。特に大阪市市長の橋下徹《はしもととおる》が率いる「日本維新の会」は、関西地方を中心に圧倒的な人気を得ており、全国の選挙区に候補者を擁立して大量の議席獲得をめざしていた。

そんな中、十月末に臨時国会が召集された。自民党は野田が前総裁の谷垣との間で「近いうちに国民に信を問う」と約束したことを指摘して早期の解散を求めた。これに対し野田は、赤字国債を発行するための特例公債法案や衆議院の一票の格差を是正するための選挙制度改正などの成立を条件に掲げて抵抗した。

ところが、十一月十四日の党首討論で状況が一変した。野田が前述の条件を満たすなら二日後の十六日に解散すると宣言したのである。自民・公明両党は野田の呼び掛けに応じ、衆議院は解散された。

十二月十六日に投票された総選挙の結果は、三年前とは対象的なものになった。自民党が前回の二・五倍の二九四議席を獲得し、三一議席の公明党と共に政権復帰を果たした。民主党はわずか五七議席でかろうじて第二党となったが、現職閣僚の落選は八人にのぼり、また菅直人元首相も小選挙区では落選して比例区で復活当選するという惨憺《さんたん》たる結果となった。注目された「日本維新の会」は、民主党に迫る五四議席を獲得した。そして、民主党から大挙して離党した小沢らが作った新党「日本未来の党」の当選は、わずか九人に終わった。

民主党はなぜ失敗したのか

民主党が政権運営に失敗し短期間で野党に転落した理由を、いくつか挙げることができる。まず統治能力の欠如である。政権政党として国を統治することは、国民のニーズを把握し、官僚機構を活用し、さまざまな利害を調整し、必要な政策を企画・立案し、法律や予算の形で実施していくことを意味する。特に首相や閣僚ら政府に入った政治家は、政権がめざす目標を掲げて実現を図るとともに、日々起きる内政・外交上のさまざまな問題を迅速に処理していかなければならない。また与党議員は、政策決定過程や国会運営などで内閣をサポートしなければならない。そうして初めて円滑な政権運営が可能となるのである。

ところが民主党の閣僚は、自民党政治の否定とマニフェストの実現にこだわる理想主義に走った。他方で民主党の多くの議員は初当選か野党経験しかなく、政権政党の役割を十分に理解していなかった。閣僚間の連携が弱いうえに、政官関係も政府と党の関係も崩壊してしまい、政権運営の土台が崩れてしまったのである。

民主党がマニフェストに掲げていた、統治改革に対する党内の理解のなさも深刻だった。すでに述べたように、民主党は閣僚委員会や政務三役会議を発足させるとともに、事務次官会議や党の政策調査会の廃止などで「政治主導」と「政策決定過程の一元化」を実現させる統治改革を打ち出していた。ところが大半の議員は、改革の意味や目的を十分に理解せず走り出してしまった。それが、民主党政権がある種の理想主義に陥った原因の一つである。

次は、政党としての一体感の欠如である。小沢一郎が党代表になってから民主党のマニフェストが変質したことはすでに述べたが、選挙対策を優先して作り上げた子ども手当などマニフェストの新規政策は、必要経費が膨大なため最初からすべてを実施することは困難と見られていた。また消費税増税による財政健全化を否定していた点も、現実的ではなかった。ところが、党内はマニフェストの内容にこだわる小沢グループと、柔軟な対応の必要性を主張する反小沢グループとに分裂してしまった。

もともと民主党は、何をめざす政党なのかアイデンティティがはっきりしないという問題を抱えていた。民主党は国政選挙による議席増だけでなく、新進党の分裂などを受けて他党を吸収合併することで規模を拡大してきた。さまざまな政策や国家観を掲げる勢力が自民党に対抗して選挙に当選することを目的に結集していたため、政党としての一体感を形成することは困難であった。特に小沢一郎が率いる自由党との合併は、政策や政治手法をめぐる党内の二分化を決定的にしてしまった。小沢一郎の登場で民主党が政権を手にすることができた面は否定できないが、同時に政党としての一体感を喪失して政府と与党が二元化し、最終的に分裂に至ったのである。

民主的手続きのもとで野党は、選挙で多数を獲得するために幅広い国民の支持を集めなければならない。そのためには、政権党の政策を批判するとともに国民の人気が出る政策を打ち出す必要がある。そこに多少の非現実性や整合性の欠如があっても目をつむる。しかし、政権を獲得すると法律や予算を作らなければならない。野党時代と同じように個別利益を追求するだけでは、全体の利益を実現できないし、政権運営もできない。「統治する」という行為には、野党とは異なる重い責任と厳しい制約が課せられるのである。

この違いを政治学者の待鳥聡史は、「代表の論理」と「統治の論理」とに区別し、「選挙制度と代表観から求められる行動の要請を〈代表の論理〉、執政制度から求められる行動の要請を〈統治の論理〉と呼ぶ」としている（待鳥、二〇〇九、四六頁）。

個別的利益の追求に比重を置く「代表の論理」だけでは膨大な財政赤字を抱える時代の政権は成り立ちようがない。野党から政権党に立場を変えた民主党は、二つの立場の違いが持つ矛盾を克服できないまま崩壊したといえるだろう。

二　第二次安倍内閣の誕生

第二次安倍内閣誕生とアベノミクス

自民党が総選挙で圧勝したことを受けて、二〇一二年十二月に第二次安倍晋三内閣が発足した。自らの病気を理由に退陣してから、三年ぶり二度目の首相就任である。安倍は代表的なタカ派政治家だが、二度目の政権発足からしばらくはイデオロギー色の強い政策を控え、「デフレ脱却による日本経済の再生」という経済政策を前面に出した。具体策として日本銀行に対して二パーセントのインフレ目標の設定と「大胆な金融緩和策」を求め、二つ目に公共事業を柱とする一三兆円にのぼる大型補正予算などの「機動的な財政政策」を編成し、三つ目に農業などさまざまな分野での規制緩和と成長産業の育成などを柱とする「民間投資を喚起する成長戦略」を打ち出した。そして、これらを「三本の矢」と名づけた。

安倍内閣が描いた経済再生のシナリオは、次のようなものだった。金融緩和によって円安や株高などが進む。すると景気が回復し雇用が改善する。需給ギャップが解消されて失業率も低下する。そして賃金の上昇を伴う物価の連続的上昇が実現し、日本経済はデフレを脱却する。この政策は「アベノミクス」と呼ばれた。

日本銀行は当初、二パーセントのインフレ目標設定や金融資産の積極的買い入れなどの金融緩和策に消極的な姿勢を示したが、安倍は強い姿勢で臨み政府の要求を受け入れさせた。さらに、二〇一三年三月に、日本銀行総裁の白川方明の退任を受けて、後任にアベノミクスを積極的に評価していたアジア開発銀行総裁の黒田東彦《くろだはるひこ》を起用した。黒田は就任直後の四月の金融政策決定会合で、二パーセントのインフレ目標を二年程度で達成することや、日本銀行が金融機関から国債などを買い入れることでマネタリーベースを現在の一三八兆円から二年後に二倍の二七〇兆円に膨らませるなどの政策を打ち出し、自ら「異次元の金融緩和策」と名づけた。

これらの政策の結果、二〇一二年十月に八九〇〇円台だった日経平均株価は、一三年四月に一万三八〇〇円台、十二月には一万六〇〇〇円台に上がった。また為替も一ドル七九円台だったものが一〇〇円台を超えるなど、狙い通り円安株高が進行した。

ただ、アベノミクスについては専門家の間で評価が完全に分かれている。肯定的な意見は、二パーセントのインフレ目標に加えて日本銀行による異次元緩和などの政策が円安株高につながり、国内消費の増加や輸出産業への好影響を生み出したなどとしている。一方で、アベノミクスが潤したのは大企業だけで末端には及んでいない、あるいは物価が上昇しても賃上げは追い付かない、バブル経済になるおそれがあるといった否定的な分析も出ており、執筆時点で評価は固まっていない。

安倍はＴＰＰにも積極的に取り組んだ。自民党は二〇一二年の総選挙の公約で、コメなど農業分野の関税を維持する目的で「聖域なき関税撤廃を前提とする限りＴＰＰ交渉参加に反対」としていた。そのため、安倍は二月に訪米してオバマ大統領と会談し、「交渉参加に際し、一方的にすべての関税を撤廃することをあらかじめ約束することを求められるものではない」という内容の共同声明を発表した。そして三月に正式にTPP交渉参加を表明した。アメリカなど協議参加国の合意を得て、日本は七月に正式に参加することとなった。

日本参加後、TPPは閣僚会合や首席交渉官会合が繰り返し開かれ細部の交渉が続けられた。これとは別に日米間でも牛肉や豚肉、自動車などの関税引き下げについて交渉が続けられた。

アベノミクスが円安株高など一定の効果を上げて景気回復への期待を抱かせたこともあって、安倍の姿勢は国民の支持を得て、二〇一三年七月の参議院選挙で自民党は六五議席を獲得した。非改選も含む連立与党の議席は一三五となって、ねじれ国会が久しぶりに解消され政権基盤を安定させることに成功した。一方、民主党の獲得議席は一七にとどまり、退潮を止めることはできなかった。

外交・安全保障

経済政策で順調なスタートを切った安倍内閣だが、外交では日中、日韓関係がさらに悪化した。

野田内閣が尖閣諸島の国有化を閣議決定した二〇一二年九月以降、中国は尖閣諸島周辺へ監視船を継続的に派遣し、接続水域に入ってきたり領海侵犯を繰り返したりした。海上保安庁の確認数は接続水域には一三年の一年間に延べ約八〇〇隻が入り、領海侵犯は延べ約二〇〇隻に及んだ。一四年になっても続いているが、隻数が減少した。しかし、中国は一三年十一月に尖閣諸島を含む広い海域を一方的に防空識別圏に設定するなど、強硬姿勢に変化がなく、東シナ海は軍事的にも緊張を増してきた。

他方、韓国では二〇一三年二月に朴槿恵が大統領に就任したことで日韓関係の転機になるかと期待されたが、朴は従軍慰安婦問題に対する日本政府の対応など歴史問題について日本批判を繰り返し、日韓関係は改善するどころかより深刻な状態となった。

中韓両国は、首相就任直後から安倍を「ナショナリスト」「右派」などと批判し、首脳会談開催の呼び掛けに一切応じようとしなかった。それには伏線がある。二〇一二年九月の自民党総裁選挙で安倍は、一期目の首相在任中に靖国神社に参拝しなかったことについて「痛恨の極みである」と発言した。さらに、従軍慰安婦問題で旧日本軍の関与を認めて謝罪した「河野談話」や、戦後五十年の一九九五年に村山富市首相がアジア諸国への植民地支配や侵略に対する反省とおわびを表明した「村山談話」について、「河野談話と村山談話に代わる新たな談話を閣議決定すべきだ」と主張するなど、歴史問題に対するこれまでの日本政府の見解を見直す姿勢を打ち出していたのだ。

さすがに首相就任後は過激な言動を控え、二つの談話をそのまま踏襲《とうしゅう》することも表明した。そして、「私の対話のドアは常にオープンです」と中韓両国首脳との会談に積極的な姿勢を示した。とはいえ、国会審議で侵略について質問されて「定義については、これは学界的にも国際的にも定まっていない」「それは国と国との関係において、どちら側から見るかということにおいて違う」(二〇一三年四月二十三日、参議院予算委員会)と発言するなど、本音も垣間見えた。結局、二〇一三年に両国の首脳との会談は実現しなかった。関係改善の展望がない中で安倍は十二月末に突然、靖国神社を参拝した。これによって中韓両国との関係は完全に冷え切ってしまった。

一方、参議院選挙勝利で政権基盤を安定化させた安倍は十月に、予定通り消費税を五パーセントから八パーセントに引き上げることを決定し、二〇一四年四月から実施した。また、「第三の矢」の「成長戦略」を実現するために秋の臨時国会で地域を指定して規制緩和を進める「国家戦略特別区域法」や「産業競争力強化法」を成立させるなど、経済政策にも引き続き積極的に取り組んだ。

しかし、安倍は政策の比重をそれまでの経済政策から徐々に持論の安全保障政策や教育改革に移し始めた。二〇一三年秋の臨時国会では、外交や安全保障に関する情報を一元化し迅速な政策決定をめざすための「国家安全保障会議設置法（いわゆる日本版NSC法）」と、安全保障に関する情報のうち特に秘匿を必要とするものを対象とした「特定秘密の保護に関する法律」を成立させ、官邸中心に安全保障政策を構築していく体制を作った。十二月に入ると、外交・安全保障政策の指針となる「国家安全保障戦略」を政府として初めて決定するとともに、それをふまえた新たな「防衛大綱（平成二六

●小沢一郎

現代政治を考える上で、小沢一郎ほど重要だが理解が難しい人物はいない。

父親の死去を受けて二十七歳で衆議院議員に当選し、自民党田中派に属した。若いころは田中角栄の寵愛《ちょうあい》を受け、田中流の「数の論理」と「選挙術」を身につけた。選挙を担当する党総務局長として実務経験も重ね、それがのちに小沢の選挙至上主義につながっていったのであろう。

政策についてまとまった考えを明らかにしたものには、一九九三（平成五）年に刊行された『日本改造計画』（講談社）がある。前書きで小沢は日本社会を、自由競争も自己責任の原則も否定された社会、

「護送船団方式」「政府の保護・管理政策」によって成長してきた社会であると否定的にとらえている。そして、「日本型民主主義では内外の変化に対応できない」と改革の必要を強調している。積極的に取り組んだ自衛隊の海外派遣や政治改革などは、そうした考えの表れだろう。

ところが、民主党代表に就任してから打ち出した政策は、自民党幹事長時代とはガラッと変わった。小沢が中心になって作ったマニフェストは、本文で詳述したように、財源なき補助金などの羅列《られつ》であり、かつて小沢が否定していた「政府の保護・管理政策」そのものである。自由競争、自己責任は消えてしまい、「国民の生活を政府が守るのだ」という社会民主主義的考えが前面に出てきた。当然ながら、小沢の周りにはかつて小沢が嫌っていた元社会党議員らが集まってきた。

政治手法は終始一貫している。自らは閣僚などの公職に就かず、裏で実権を握ろうとする。選挙での議席獲得を重視するとともに、政権獲得のためであれば他の政党との合併を厭《いと》わない。しかし気に入らない政治家や勢力は遠慮なく切っていく。

この四半世紀で小沢が作ったものは、非自民連立政権、新進党、自由党、民主党政権、選挙制度改革、政権交代メカニズムなどであろう。一方、小沢が壊したものは、竹下派、非自民連立政権、新進党、自自公連立政権、民主党、みらいの党などである。そして変化しなかったのは、自民党、公明党、業界団体などである。

小沢は回りくどい議論や合意形成のための根回しなどが嫌いで、常に目的に向かってまっしぐらに走っているように見えるが、その結果、何も残せていない。掲げた目的とそれを実現するための行動が整合性を持っていないのである。

とにかく得体の知れない政治家であり、小沢については今後の研究を待ちたい。

年度以降に係る防衛計画の大綱）」と「中期防衛力整備計画（平成二六年度〜平成三〇年度）」を決定した。

集団的自衛権の行使に関する憲法解釈の見直しも大きな問題となった。第二次内閣発足当初から安倍は、「憲法九条は集団的自衛権の行使を禁止している」というそれまでの政府の憲法の解釈を変更して、集団的自衛権の行使を可能にすることをめざした。まず、第一次内閣時代に作った「安全保障の法的基盤の再構築に関する懇談会」を再び立ち上げ、懇談会は二〇一四年五月に「集団的自衛権の行使及び集団安全保障措置への参加を認めるよう、憲法解釈を変更すべきである」などという内容の報告書を提出した。これを受けて自民党は連立相手の公明党と協議をした。公明党は憲法解釈の見直しに批判的だったが、最終的に「我が国と密接な関係にある他国に対する武力攻撃が発生し、これにより我が国の存立が脅かされ、国民の生命、自由及び幸福追求の権利が根底から覆される明白な危険があること」などの条件を満たす場合に、集団的自衛権を行使できるという内容で合意した。与党間の合意を経て、安倍内閣は七月一日、集団的自衛権の行使を限定的に可能とする「国の存立を全うし、国民を守るための切れ目のない安全保障法制の整備」を閣議決定した。これによって戦後の日本の安全保障政策は大きな転換点を迎えることになった。

台頭するタカ派

参議院選挙後の安倍は、中国を意識した安全保障政策の転換や靖国神社参拝などタカ派的政策を前面に出してきたが、同じことは自民党にもいえた。野党時代の二〇一二年四月に自民党は憲法改正案をまとめたが、天皇を日本国の元首と位置づけ、国防軍の保持を明記するなど保守色の強い内容となっていた。政権党に復帰後の一三年六月には、党の教育再生実行本部が教科書検定の見直しについての中間報告をまとめたが、その中で「多くの教科書がいまだに自虐史観に立っている」として、領土問題などに関する政府見解を教科書に取り上げることや、大平内閣当時に定められた「近隣諸国条項」の見直しなどを提言した。これを受けて文部科学省は十一月に教科書検定基準を見直して、政府見解の記述を求めることなどを盛り込む方針を打ち出した。また、正式教科ではない道徳を教科に格上げすることも検討するなど、教育分野ではこれまでにない保守的政策が現実化していった。

もともと自民党内は、タカ派色の強い派閥とハト派の派閥が拮抗し、いずれかの色彩が強い政策については党の部会や総務会などで激しい議論が戦わされ、最終的には双方の主張が反映されたバランスのとれた政策を決定してきた。それが自民党の長期政権維持の秘訣《ひけつ》でもあった。

ところが近年の自民党はタカ派の声が大きくなる一方で、ハト派的主張がほとんど姿を消してしまい党内議論も静かになった。その背景には、日本経済が低迷を続け、国民の間に不満がたまっていることから対外強硬論などタカ派的主張が受け入れられやすい土壌ができたことや、自民党内のハト派の派閥が分裂を繰り返し弱体化したことなどを指摘することができる。また、中韓両国との外交関係が緊張を高めていることもタカ派の主張を勢いづけている。こうした変化が安倍の再登場を可能にし、また安倍が打ち出すタカ派的政策に異論を差し挟みにくい空気を作っているのである。

終章

四半世紀に及ぶ「改革運動」

日本の政治を動かす中枢エリア（手前が首相官邸，中央右が国会議事堂，道路を挟んで左側に衆参両院の議員会館が3棟並ぶ）（東京，2008年1月31日）（写真提供：時事通信フォト／朝日航洋）。

本書は「冷戦の終結」「バブル経済崩壊」「リクルート事件」そして「ねじれ国会の出現」という大きな出来事が集中した一九八九（昭和六十四／平成元）年を「政治改革運動」のスタートと規定し、その後の展開を詳述してきた。「政権交代可能な二大政党制」「政策中心の選挙」を実現することで政治の質が変わるとしたこの運動によって、小選挙区比例代表並立制などの制度改正が導入され、本格的な政権交代も繰り返された。

では、政治の姿は一歩でも理想に近づいただろうか。衆参両院で安定勢力を確保して政権を担う強い自民党と多数の弱小野党という今日の姿は、公明党との連立政権であるという点を除けば、外形的には四半世紀前の自民党単独政権時代と変わるところはない。あたかも日本政治は振り出しに戻ったかのように見える。しかし、細部を見ると多くの点で劇的に変化している。

最大の変化は、政治の世界に市場競争原理が色濃く入り込んできたことだろう。「国民への約束」であるはずのマニフェストは、日本や世界の将来像ではなく、有権者の支持を得るための「お買い物リスト」に姿を変えていった。また、政党はかつてのように特定の集団や支持層を代表してその利益を実現するために活動する組織ではなく、議員を当選させるための互助会と化した。世の中の空気に合わせて多くの政党が短期間に生まれては消える中で、特定の政党を強く支持する有権者は減り、選挙のたびに投票行動を変える無党派層が有権者の半数前後を占めるようになった。有権者の投票行動は、消費行動に等しくなってきたのである。

マスメディアの役割も見逃せない。テレビは、政治家を頻繁に出演させてイメージ形成に大きな役割を担っている。また、各新聞社の世論調査が示す数字が政党・政治家の言動に強い影響を与え、ときの首相は内閣支持率に一喜一憂している。マスメディアが作り出す「人気」が、政治を支配するようになったのである。

「政治改革運動」はいまだ継続中であり、総括が時期尚早であることはいうまでもないが、本章ではあえて四半世紀に及ぶ現代日本政治の動きを整理し、評価してみる。

一 何が変わったのか

四つの変化

自民党の単独政権時代が終わった一九九三年以降の日本政治に対しては、「権力闘争に明け暮れ短命政権が続いた時代」「ねじれ国会で政治は何も決めることができず課題が先送りされた時代」など批判的な評価が溢れている。こうした厳しい見方が出てくる背景には何があるのか。それを明らかにするため、まずこの間の政治制度における重要な変化を整理してみる。

主な変化は、以下の四つに整理できるだろう。

まず、小選挙区制を中心とする「選挙制度改革」である。選挙制度は政治の根幹をなすものであり、制度改正が個々の国会議員の行動様式のみならず政党の姿や政策決定のあり方など幅広い分野に影響を与えたことは否定できない。

二つ目は、政治資金規正法改正によって導入された「政党交付金」である。政党や国会議員は政治活動に必要な政治資金を集めることに苦労し、それがスキャンダルを生み出す原因にもなっていた。政党交付金の導入で資金集めの重荷からかなり解放されたが、同時に政党や議員は次第に政党交付金に依存するようになっていった。

三つ目は、「首相主導・官邸主導の政治」の定着である。橋本首相の行政改革による「首相官邸機能強化」も背景にはあるが、選挙制度改革の結果、選挙における党首の役割が大きくなったが、他方で自民党内の派閥が弱体化し首相の力が増した。その結果、かつてのボトムアップ型政策決定方式は徐々にトップダウン型に変化していったのである。

四つ目は、「政党の変容」である。一九八〇年代まで主要政党は特定の階層や組織を基盤とする固定的な存在であった。ところが九〇年代以降は、多くの政党が生まれては消えていった。政党の組織や求心力、支持基盤、代表性などが大きく変化したのである。

以下では、これらをそれぞれ個別に詳しく分析する。

選挙制度改革

一九九〇年代以降に日本政治が姿を変えた最大の要因の一つが、小選挙区比例代表並立制の導入だったことは間違いない。政治改革運動の最大の柱であった選挙制度改革の目的は、政権交代可能な二大政党制と政策中心の選挙を実現することだった。自民党は大政党に有利な単純小選挙区制を主張したが、少数政党からの強い反発を受けて、最終的に小選挙区制とはベクトルが全く異なる比例代表制を併せ持つ並立制に落ち着いたことが、政党や政治家の姿をより複雑に変化させた。

小選挙区制の効果は劇的に表れた。小選挙区比例代表並立制導入後、自民党と民主党の二党による議席占有率は八割を超えることが恒常化し、現実に政権交代も起きた。また、各党は従来の「公約」に比べると、はるかに緻密《ちみつ》な内容のマニフェストを掲げるなど政策を重視するようにもなり、制度改革の目標に沿った肯定的な変化が起きたことは事実である。

しかし、時間が経つにつれて弊害が目立つようになってきた。二〇パーセント程度の得票で当選が可能だった中選挙区制と異なり、小選挙区制の場合、候補者は五一パーセントの得票をめざさなければならない。そのため選挙区内の特定の地域や階層、組織ではなく、あらゆる有権者を対象に支持を訴えなくてはならなくなった。また、当選した議員、特に当選回数の少ない議員は、中選挙区制時代以上に頻繁に選挙区に戻って有権者に接するようになり、それだけ国会活動に力を注げなくなった。

さらに、「農林族」や「建設族」のように特定の政策分野に強いことは、それ以外の分野の有権者の支持が得にくく逆に不利になってしまいかねない。さまざまな分野の有権者の細かな要望に応えていかなければならず、その結果、議員は専門分野を持ちにくくなった。「政治家が小粒になり、個性的な議員や大局観のある政治家が消えた」という指摘が、政治家自身からも出るようになったのである。

同じことは、マニフェストにもいえる。「有権者に対する約束」を謳ったはずが、いつしか有権者の気をひくための「お買い物リスト」となってしまった。小沢一郎が代表に就任した後の民主党のマニフェストがそうであるように、財源なき「ばらまき政策」が並ぶようになったのである。

選挙結果を見ると、小選挙区制の特徴を反映して議席の変動幅が極端に大きくなり、それが政権交代につながった。また選挙ごとに大量の新人議員が誕生し、二〇〇五年の総選挙で勝利した自民党の新顔八三人は「小泉チルドレン」、〇九年の民主党の新顔一四三人は「小沢チルドレン」と名づけられた。そして一二年の自民党の新顔も一一九人にのぼった。彼らの多くは二度目の選挙で落選していった。また新人が大量当選すれば、その裏返しとしてベテラン議員が多数落選することとなった。政界の新陳代謝の加速に肯定的側面があるかもしれないが、これまでのところは見識や経験豊かな議員が減って国会審議に深みがなくなるなどマイナスの面が目立っている。

新人の大量当選という現象が起きたのは、選挙の勝敗を決める大きな要因が個々の候補者の経験や実績などではなく、党首や候補者のイメージや人気度となったためである。小泉の「郵政解散」が象徴するように、強烈なテーマや方向性が設定されると、マスメディアの報道によってそれが増幅されて全国に拡散し、有権者に対する同調圧力となって投票行動に影響を与え、雪崩《なだれ》現象が繰り返されたのである。

一方、比例代表制がもたらしたのは衆議院における多党化である。比例代表制は少数政党の議席獲得の可能性を生み出す。そのため比例区での議席獲得目当てに全国的に著名な政治家や知事らを党首に担ぐ新党が数多く生まれた。二〇一二年の総選挙の場合、マスメディアが主要政党として扱った政党数は過去最高の一二に上った。

小選挙区比例代表並立制については批判的な論調が強く、細川護熙首相と政治改革について最終的な合意をした元自民党総裁の河野洋平でさえ「それが正しかったか忸怩《じくじ》たるものがある。政治劣化の一因もそこにあるのではないか。政党の堕落、政治家の資質の劣化が制度によって起きたのでは」(『朝日新聞』二〇一一年十月八日付朝刊)と否定的に語っている。

政党交付金

政治改革によって導入された政党交付金制度も政党の姿を変えた。毎年、国民一人当たり二五〇円、総額三〇〇億円以上のお金が、受け取りを拒否している共産党以外の政党に交付されている。交付対象となる政党は、所属国会議員五人以上か、直近の国政選挙での得票率が二パーセント以上の政党と定められている。そして議員数(議員数割)と得票数(得票数割)に応じて配分される(表終-1)。

新しい制度が導入されて以後、リクルート事件や金丸事件のような巨額のスキャンダルは起こっておらず、政治改革の効果はあったのかもしれない。しかし、交付金制度は本来の目的とは無関係の予期せぬ結果を招いた。それは、交付金目当ての新党結党と国会議員の安易な政党間移動の増加である。

新しい政党を作るには、党本部の維持費や職員の人件費、所属国会議員の活動費など莫大な資金が必要とされ、相当の資金を準備しなければ難しいといわれていた。ところが交付金制度が状況を変え

表 終-1　政党交付金 各党への支給額（2012 年分）

政 党 名	金　額
民主党	165 億　430 万円
自民党	101 億 5400 万円
公明党	22 億 7917 万円
みんなの党	11 億 1830 万円
社民党	7 億 6370 万円
国民新党	4 億 4254 万円
新党きづな	2 億　759 万円
たちあがれ日本	1 億 7378 万円
新党日本	1 億 3602 万円
新党改革	1 億 1961 万円
新党大地・真民主	1 億 1533 万円

［出典］『朝日新聞』2012 年 4 月 7 日付朝刊

てしまった。交付額は議員一人当たり年間四七〇〇万円にもなり、五人以上の現職議員が集まって新党を結党すれば容易に億単位の資金が国から交付されるため、新党作りのハードルが一気に下がったのである。また、交付金は毎年一月一日現在の議員数などに応じて交付されることから、十二月に既存政党が分裂・解党して新党が結成されることが増えた。こうした政党は、政党交付金目当ての「十二月新党」と呼ばれている。

また、自民党や民主党をはじめ、多くの政党が党本部収入の六─八割を政党交付金に依存するようになった。二〇一二年の場合、自民党本部の収入総額は一五九億円で交付金は六三・九パーセント、民主党本部は一九五億円で交付金は八四・四パーセントを占めた。中には収入の九割以上が交付金という政党もある。これでは国営政党に等しい状況である。支持者からの献金ではなく国の資金によって賄われる政党がどのように変質していくのかはまだ定かではない。しかし、政党と国民の距離をより遠いものにしてしまいかねない要素を持っていることは否定できないだろう。

官邸機能強化

首相になれば、だれしも与党や官僚組織を抑え込み、自らが主導権を発揮して政策を決め、政権を運営していきたいと考える。中曾根康弘や橋本龍太郎は、そのための制度改革に挑戦した代表的な首相だ。そして第**9**章で紹介したように、実際に官邸主導、首相主導を実践したのは小泉純一郎だった。小泉は閣僚人事や郵政民営化などの主要な政策の決定過程で党の関与を極力排除することに成功するとともに、経済財政諮問会議を活用して官僚組織に対する圧倒的な優位さも確立した。

小泉以後の第一次安倍内閣、福田内閣、麻生内閣、さらに第二次安倍内閣という自民党内閣では、派閥から出された入閣候補者リストを前提とした閣僚人事は姿を消し、首相やその側近だけで決めていくようになった。また、主要政策はもっぱら首相官邸から提起され、その細部を官僚機構が詰めていくようになった。与党による事前審査制は残っているものの、自民党の部会や政務調査会・総務会の影響力はかなり弱まっており、官邸主導は定着してきたといえるだろう。

民主党においても同じである。自民党の派閥のような強固な党内組織が確立していなかったため、閣僚人事は自民党以上に首相中心に決めていった。政策決定過程についてはもともと「内閣と党の一元化」を主張していたこともあって、鳩山内閣では党の政策調査会を廃止し、菅内閣でそれを復活させたが、党側の関与は制度的には限られていた。

官邸主導がなぜ実現したのか。その理由として、まず自民党内派閥の弱体化を挙げることができる。一九八〇年代までの自民党は人事や政策に対する派閥の影響力が大きく、首相といえども主要派閥の了解がなければ身動きがとれなかった。その派閥を弱体化させたのは、小選挙区制と政党交付金制度だった。小選挙区になると、候補者選びも選挙運動も党本部が中心的な役割を担うようになった。また、政党交付金を中心とする政治資金も党本部に集まり、そこから配分されるようになった。その結果、個々の議員の派閥への依存度が減り、派閥の求心力は急激に落ちていったのである。

さらに、一連の不祥事を受けて、関係省庁や業界団体と強いつながりを持つ「族議員」が金権腐敗の代名詞のように否定的にとらえられるようになって次第に姿を消していったため、政策決定過程でも党の影響力が低下していった。「族議員」の不人気の背景には、小選挙区制の選挙では特定分野だけに強いことが必ずしもプラスにならない点も作用したようだ。そういう意味ではこの変化は政治改革運動の成果といえるだろう。

政府内の力関係にも変化が起きた。かつては、複数の省庁にまたがる問題は予算編成権を持つ財務省（旧大蔵省）がしばしば調整役を果たしていた。ところが、膨大な累積債務を抱え財政事情が厳しくなるとともに、財務省の調整力は低下していった。代わりに力を得たのが首相官邸であり、特に官房長官と官僚出身の官房副長官が大半の案件を処理するようになった。こうして官僚組織との関係でも官邸主導が構造的に定着していったのである。

政党の変質

この間の政党の姿も変化は激しかった。政党の定義は立場や着眼点などによってさまざまであり、確定的なものはない。ここでは本書の流れに沿って有権者との関係などから見てみたい。

イタリアの政治学者カリーゼは、近代民主主義国家において社会が工業化、都市化、世俗化、中央集権化する中で対立するいくつかの集団に分裂してきたことを踏まえて、「こうした集団をまとめる番人となり、その要求を代弁したのが政党だった」（カリーゼ、二〇一二、一二四頁）と定義づけている。つまり政党は、社会に存在する対立や亀裂をエネルギーとし、一定の支持集団や党員を確保し、共通のイデオロギーや価値観を持つ議員や党員で構成されているはずだったのである。

日本においても五五年体制下の自民党や社会党はじめ各党は、それぞれ独自の理念や目標を持ち、業界団体や労働組合など支持組織の上に成り立ち、選挙の際はそうした組織が運動を展開し議席を獲得してきていた。

ところが、一九九〇年代以降、政党は伝統的概念からかなり異なる姿に変化してきた。すでに述べたように参議院に続き衆議院にも比例代表制が導入されたことを受けて、選挙のたびに多くの政党が誕生するようになった。九〇年代に誕生した日本新党や新党さきがけ、新生党は既存の政治に対する批判と改革を動機とした新党であり、現実に連立政権に参画して政治改革実現に寄与した。そういう意味ではある程度、伝統的政党の性格を持っていたといえる。

しかし、二〇〇〇年代に入ってからの新党は、知名度の高い政治家や知事出身者らが党首に就き、集まる候補者も思想や政策の共通性が高いわけではなく、また特定の集団や組織が支持母体を形成しているわけでもない。つまり政党とは名ばかりで、下部組織もなければ社会的基盤もない、実質的には選挙で当選者を出すための組織でしかなかった。そのため選挙後に路線問題や政策的対立を理由に議員の離党や政党の分裂が相次いでいる。二〇一二年の総選挙に向けて作られた大阪市長の橋下徹や東京都知事だった石原慎太郎を担いだ「日本維新の会」、あるいは民主党を離党した小沢一郎が滋賀県知事の嘉田由紀子《かだゆきこ》を担いで作った「日本未来の党」などはその典型例であり、「日本未来の党」は総選挙直後の一二年十二月に、「日本維新の会」も一四年五月にそれぞれ分党した。また「みんなの党」も一三年十二月に分裂した。

こうしたことを可能にしたのが、比例代表制と政党交付金である。同時に、社会構造の変化や有権者の投票行動の変化も見逃すことはできない。

高度経済成長を経て日本社会の平準化が進み、経済面を中心に社会の同質化が進んだ。つまり資本家階級と労働者階級の対立というような社会的亀裂が消えていったのである。亀裂が消えれば集団的、あるいは階級的利益を実現するための組織に対する人々の帰属意識は低下する。その結果、特定政党を支持する人が減っていき、無党派層が劇的に増加したのである。

無党派層の投票行動の特徴は、その時々の社会や政治の空気に大きく左右されることである。「郵政民営化」が話題を呼べば大量に自民党に投票し、自民党の限界が叫ばれればこぞって民主党に投票する「雪崩現象」が起きる。

政党や候補者は、有権者の半数を占める無党派層を相手に選挙戦を展開しなければならなくなった。古典的な利益誘導は通用しにくくなり、伝統的な組織票に依存するだけでは当選が難しくなってきた。

代わりに、政党あるいは党首のイメージや人気度、知名度などが優先されるようになってきた。つまり、政党は選挙で当選するための手段であり、政策は有権者の関心をひくための商品となっていったのである。

自民党とて例外ではない。かつては「鉄の三角形」という強固な政権基盤に支えられ、各種業界団体や保守層が組織力を動員して政権維持に貢献していた。ところが有権者の無党派化は自民党の支持基盤にも及び、業界団体などの組織力、集票力は著しく低下した。五四四万人（一九九一年）を誇った党員は、二〇一二年には七九万人に減った。小泉以後の総裁選挙では派閥力学が無意味化し、候補者の国民の間での人気度が決定的な要素となったことがそれを如実に表している。

この変化を元首相の中曾根康弘は、「粘土と砂」に喩えておもしろく分析している。

「小泉君という変人が出る前に、日本社会が変人化していた、とも言える。昔は、医師会、農協という圧力団体を集票基盤にしてきたが、森政権以降は、集団が分解して個人に変わった。粘土が砂になった、と私は表現しています。集団主義が個人主義に変わり、その段階で、政治の中枢はポピュリズムに転換した。砂はポピュリズムではないと集められないんです」（『毎日新聞』二〇〇五年十一月二十日付朝刊）

同じような現象は、日本だけでなくイタリアでも起きている。カリーゼはこうして生まれた政党を「パーソナル・パーティ」と名づけ、政党指導者と支持者の関係について「接着剤の役割を果たすのは、個別主義的利益か、さもなければ情緒的な刺激である。〔中略〕今では姑息な目先の利益を目的とする個人的な戦略や、新しい偶像をその都度祭りあげる大衆動員が当たり前となっている」と否定的にとらえている（カリーゼ、二〇一二、一六頁）。カリーゼの分析が日本に当てはまることはいうまでもない。

二　世論調査政治の台頭

マスメディアの役割

ここまで述べてきた政治家、政党、政策などの変化を加速させているのが、新聞やテレビなどのマスメディアであり、その影響を見逃すことはできない。

少し古い話だが、一九四六（昭和二十一）年八月五日付の『朝日新聞』朝刊に、朝日新聞の戦後初めての内閣支持率に関する世論調査結果が掲載された。記事には次のようなことが書かれていた。

「今回の調査は去る四月、幣原内閣総辞職後の長い政局の昏迷期をへて五月吉田内閣が成立し、七月に入つて國會も開かれ、現内閣の性格が一層明かとなつた七月一日現在の政情を條件としたもの」

戦後初の総選挙が四月十日に行われ、鳩山一郎が党首の自由党が第一党になった。ところが鳩山を嫌っていた連合国最高司令官総司令部（ＧＨＱ）はこともあろうに鳩山を公職追放してしまった。一カ月余りの混乱を経て五月二十二日に首相に就任したのは吉田茂だった。世論調査はさらに一カ月以上経った七月一日以降に実施され、新聞への掲載はそのさらに一カ月後だったのである。調査方法も通信手段や輸送手段も現在とは全く異なるので単純に比較はできないが、内閣発足から一カ月以上経ってから調査を実施したことについて、記事に「七月に入つて國會も開かれ、現内閣の性格が一層明かになつた」と書かれていることに注目すべきだろう。当時の朝日新聞は、速報性よりも回答者が吉田内閣を評価するために必要な情報を得るための十分な時間を確保できることを重視していたのである。

では、近年の世論調査はどうか。民間組織の「Real Politics Japan」の調査によると、二〇一〇年の一年間に国内の主要な新聞社、テレビ局、計一二社が実施した内閣支持率調査は、合計で二三三回だそうである（http://www.realpolitics.jp/kaisetsu/?cat=4　二〇一四年二月二十六日閲覧）。

この年は、鳩山由紀夫から菅直人への首相交代や参議院選挙、内閣改造など政治的に大きな出来事が相次いだ。その結果、単純計算すれば一・五日に一回の割合で内閣支持率調査が行われたのである。

マスメディア各社は、調査の回数だけでなくスピードも競う。組閣や内閣改造があると、その日の夕刻から世論調査が始められ翌日の夜に終了する。ただちに集計して、二日後の朝刊には「内閣支持率」が報じられるのである。まだ内閣全体も個々の閣僚も何の実績もない段階であり、支持を問われた人たちは、それまでのわずかな情報や印象で回答するしかあるまい。近年の世論調査が「人気調査」「反応調査」といわれるゆえんである。七十年近くを経て、マスメディアの行う世論調査は大きく姿を変えたのである。

ところが、この数字は政治的にはますます無視できないものとなってきた。どの内閣も発足時はほぼ例外なく高い支持率を記録する。その後、マスメディアの批判的な報道が続くと、たちどころに下がる。批判報道と内閣支持率の低下が繰り返され、やがて支持率が四〇パーセント台、三〇パーセント台に落ちていくと、マスメディアは「政権に黄信号」などと報じる。与党内からより人気のある政治家が首相に交代すべきだという声が上がりだし、わずか一年前後で退陣する短命内閣が続いたのである。

首相にとっても内閣支持率の数字はかなり気になるようで、鳩山由紀夫は退陣後の筆者のインタビューで次のように答えている。

——かなり前から辞任を覚悟していたということですか。

「政治資金問題を抱えていたので、政権発足当初からどこまでやれるだろうかと考えていた。昨年〔二〇〇九年〕十二月ごろ、内閣支持率が五割前後になり、低下に歯止めがかからなくなった。最高で七割もあった支持率が半分に、そして三分の一に落ちる。考えられないような話だ。だからずっと辞めることを考えていた。その場合は幹事長の小沢一郎さんと一緒に辞めるつもりだった。ただ、最終的に決断したのは辞意表明の一週間か十日ぐらい前だ」

——辞任の時期は参院選を意識したのですか。

「参院選の直前に内閣支持率や政党支持率が下がると立候補予定者に迷惑をかける。それは避けなくてはならない。私が辞めることで党を生かすことができるのであれば、辞めるべきだ、と。私は政権交代に対する国民の期待のエネルギー、自民党政治や官僚主導に対する国民の辟易《へきえき》は消えていないと思っていた。よりクリーンな人が首相になれば、国民は必ず聞く耳を持ってくれると信じていた」

――ずいぶん世論調査の数字を気にしていたのですね。

「世論調査で支持率が下がる。メディアはそれを踏まえて政権を批判する。さらに支持率が下がる。こういう負のスパイラルが起きた。この怖さをいやというほど感じた」

（『朝日新聞』二〇一〇年六月十八日付朝刊）

マスメディアの報道が世論を作り、それを世論調査という形で数字に集約し、それに過剰反応する政治家が政権を引きずり降ろす。この連鎖が「世論調査政治」である。これも政治の市場経済化現象の一つであろう。

また、テレビと政治の接近も近年の特徴である。一九九〇年代の政治改革をめぐる一連の混乱や政権交代など政治状況が激しく変化する過程で、政治をテーマにした番組に政治家が多数出演し激論を交わすことが一気に増えてきた。雲をつかむような無党派層を相手にしなければならない政党や政治家にしてみれば、テレビの発信力は大きな魅力であり、政党幹部のみならず若手議員も含めて多くの政治家が積極的に出演し、派手なパフォーマンスを繰り返すようになったのである。そして、こうした政治番組が一定の視聴率を確保したため、テレビ局にとってもメリットがあった。

政治に関する情報を得る手段が乏しい国民にとって、政治家同士が激しい言葉をぶつけあう政治番組は、簡単に情報を得る手段になるとともに、「番組」としても楽しめるものとなった。政治番組を通じて政党や政治家に対するイメージが形成されていったのである。こうした過程を「テレポリティクス」と呼ぶ。世論調査政治とともに、テレビ番組も現実の政治に大きな影響力を持つようになったのである。

市場化する政治の世界

これまで論じてきた四半世紀に及ぶ日本政治の変化を総括的に整理してみたい。中心となった政治改革運動は、すでに述べたように自民党の権力基盤であった「鉄の三角形」の否定であり、官僚による裁量行政や族議員らによる利益誘導などの否定であった。つまり既得権を守り不透明なプロセスで国家予算を配分する癒着構造を破壊し、政治の世界に公平で公正なシステムを取り入れることが目的であった。それは、政治の世界に市場経済の世界と同じ競争原理を導入することでもあった。

その結果、選挙で当選者を出すためのパーソナル・パーティが生まれた。有権者は無党派化し、政党がマニフェストの形で提示する目先の利益に振り回され、選挙のたびに支持政党を変えるようになった。そこにはもはや社会のさまざまな集団が自分たちの要求や利益を実現するために政党を作り代表者を選び議会に送り込むという、古典的な代議制民主主義の姿はない。市場経済に喩えると、政党が企業、有権者が消費者、政策が商品、そして選挙の際の一票が通貨のようである。

こういう状況を中北浩爾は「市場競争型デモクラシー」と呼び、以下のようなサイクルが想定されていると説明している。

「小選挙区制の下、二大政党が政権の獲得を目指して、マニフェストを掲げながら競争する。有権者は中長期的に支持する政党を持たず、マニフェストに従って政権を担うべき政党を選択する。そして、選挙で勝利した政党の党首が首相に就任し、政治主導によってマニフェストを断行する。有権者が望む政策が実施される」（中北、二〇一二、一八五頁）

もちろん中北は、現実の政治はさまざまな限界に直面し行き詰まっていると指摘している。政治の世界が「市場競争型デモクラシー」化していく過程で大きな影響力を持ったのが、新聞、テレビを中心とする伝統的なマスメディアである。党員や後援会員の減少、業界団体や労働組合の衰退などによって、政党・議員と国民の接点は大きく減った。そこで有権者はマスメディアを通じて政党・議員に関する情報を得てイメージや印象を形成しているのである。マスメディアも政治に関する報道や番組が商業主義的に成り立つことに気づき多用するようになった。ここで政治権力を構成する「政党・議員」「マスメディア」「国民」という新たな三角形が形成されてきたということができるだろう。

かつての「鉄の三角形」は国家予算を奪い合う「利権」が中核にあった。新しい三角形の特徴は、合理性より感情や情緒、論理より単純さなどが力を持つ。マスメディアによって政治の姿がより刺激的、劇的に描き出されることもあって、政治は不安定で方向性のないものとなっているのである。

ここで明らかに欠落しているのは「公」の世界についての考慮である。「市場競争型デモクラシー」は「私的空間」を拡大させ、「公的空間」の縮小を招いている。有権者は自己利益の最大化をめざし、政党や議員は当選と政党交付金の増大をめざす。そのためにマニフェストには補助金や各種手当の増額など個々の国民に対する利益を掲げる。

その結果、社会全体を考える主体が消えてしまうのである。こうした状況に関連して、政治学者の宇野重規は公的領域と私的領域のインターフェイス（接触面、共通領域）である「アゴラ（広場）」のようなものが重要な役割を果たすとして、次のように述べている。

「従来、このアゴラの領域にあって、人々を組織化してきたさまざまな中間集団は、いまやその機能を低下させています。グローバル化が進むなか、伝統的な企業、組合、結社などは、いい意味でも悪い意味でも、その構成員を、その内側に閉じ込めておくことができなくなりました。元々、「根の浅かった」日本の政党は、これらの中間集団の弱体化によって、ますます社会との接点が薄弱化し、断片化しています。〔中略〕社会における多様な不満を政党へと媒介し、代議制デモクラシーにおける議論を実りあるものにするためには、このアゴラを充実させることが不可欠です。しかしながら、残念ながら、いままでのところ、このアゴラ再活性化のための想像力も実践的な企ても、圧倒的に弱いままとどまっています」

（宇野、二〇一〇、一〇一－一〇二頁）

社会におけるさまざまな共同体が崩壊し、人々は個に細分化され、それぞれが個別の利益を追求する。政治がそれに合わせた対応をするようになった結果、日本社会全体が直面している財政再建問題、少子高齢化問題、あるいはアジア諸国との外交関係の安定化など大きな課題を根本的に解決しようという動きは出てこず、先送りが続いているのである。

しかし、政治は生き物であり、現在がそうであるから今後も同じであるだろうとはいえない。また、現代政治を同時進行で断定的に評価することは、困難であるとともに危険な作業である。政党像一つとっても、国家や安全保障政策を前面に出す安倍首相は、明らかに思想やイデオロギーを中核とした旧来型の政党や支持組織の再結集をめざしているが、その行方は定かでない。民主党の壊滅状態を受けて、「一強多弱」の多党時代が続くのか、再び政権交代可能な「二大政党制」への流れができるのかも不透明である。つまり、民主主義の姿は刻々と変化しており、固定的に考えることはできないのである。国民にとって必要なことは日常的に良質な情報に接して、日々変化する政治の姿を多角的かつ冷静に見ることのできる目を養ったうえで行動することであろう。

読書案内

◆一九八九年以前の日本政治に関する著作

五百旗頭真『占領期――首相たちの新日本』講談社学術文庫、二〇〇七年

一九四五年の敗戦直後の東久爾内閣からサンフランシスコ講和会議で独立を回復した吉田内閣までの占領期という重苦しい時代を担った首相たちの苦闘の日々を描いている。

北岡伸一『自民党――政権党の38年』中公文庫、二〇〇八年

一九五五年の保守合同に至る過程から、一九九三年の単独政権時代の終わりまでの期間の自民党を通史的に描いている。過酷なまでの党内権力闘争が浮かび上がる。

佐藤誠三郎・松崎哲久『自民党政権』中央公論社、一九八六年

膨大なデータに基づいた自民党分析の古典である。特に当選が一定の回数になると内閣や国会、党の役職に就くという自民党の人事メカニズムについての整理・分析は、かつての自民党を理解するうえで重要な指摘である。

◆政治改革をテーマとした著作

佐々木毅編『政治改革一八〇〇日の真実』講談社、一九九九年

「政治改革」について、膨大な資料をもとに竹下内閣から細川内閣までの各政権、各党の取り組みなどを多角的に紹介、分析している。政治改革を理解するためには格好の本となっている。

吉田徹『二大政党制批判論——もう一つのデモクラシーへ』光文社新書、二〇〇九年

政権交代可能な二大政党制をめざした政治改革について、二大政党制を批判する立場から問題点を指摘している。そのうえで政党や政党政治について切り込んでいる。

◆全国紙の政治部が政治の動きをまとめた著作

政界を揺るがしたリクルート事件から一九九〇年代前半の政治の激動期については、朝日新聞政治部の『竹下政権の崩壊——リクルート事件と政治改革』（一九八九年）、『政界再編』（一九九三年）、『連立政権回り舞台』（一九九四年）がある（いずれも朝日新聞社）。

小泉政権から第二次安倍政権誕生までは、読売新聞政治部による『外交を喧嘩にした男——小泉外交二〇〇〇日の真実』（二〇〇六年）、『真空国会——福田「漂流政権」の深層』（二〇〇八年）、『自民党崩壊の三〇〇日』（二〇〇九年）、『民主党——迷走と裏切りの三〇〇日』（二〇一〇年）、『亡国の宰相——官邸機能停止の一八〇日』（二〇一一年）、『民主瓦解——政界大混迷への三〇〇日』（二〇一二年）、『安倍晋

三――逆転復活の三〇〇〇日』（二〇一三年）というシリーズがある（いずれも新潮社）。

◆政治家の著作

小沢一郎『日本改造計画』講談社、一九九三年

政治改革に力を入れるとともに政界再編をめざしていた小沢一郎が、自らの政権構想を包括的にまとめた著作である。内容は多岐に及ぶが、新自由主義的考え方が底流に流れている。その後の小沢の言動を見るうえで重要な書物である。

細川護熙／伊集院敦構成『内訟録――細川護熙総理大臣日記』日本経済新聞出版社、二〇一〇年

細川護熙が首相在任中に記した日記をまとめた著作である。激しい政治の動きの中で細川が小沢一郎や武村正義との関係に悩みながら政権運営した様子が浮かび上がっている。

武村正義『小さくともキラリと光る国・日本』光文社、一九九四年

自民党を離党し新党さきがけを結党した武村が、結党に至る経緯を記録するとともに、自らがめざす国家像を描いている。

これら三冊を読み比べることによって、非自民連立政権を実現した中心人物の小沢や細川、武村がそれぞれ何をめざしていたかなどを理解できる。

◆政治家のオーラルヒストリー

中曽根康弘／伊藤隆・佐藤誠三郎インタビュー『天地有情――五十年の戦後政治を語る』文藝春秋、

一九九六年
終戦後、間もなく衆議院議員となり政界中枢で活躍した中曾根康弘が、自らが関与した内政・外交について幅広く語っている。戦後政治の大きな出来事についてその意思決定過程が整然と語られている。

五百旗頭真・伊藤元重・薬師寺克行編「九〇年代の証言」シリーズ（朝日新聞社／朝日新聞出版）
『小沢一郎 政権奪取論』（二〇〇六年）、『宮沢喜一 保守本流の軌跡』（二〇〇六年）、『森喜朗 自民党と政権交代』（二〇〇七年）、『野中広務 権力の興亡』（二〇〇八年）、『菅直人 市民運動家から政治闘争へ』（二〇〇八年）
一九九〇年代に活躍した主要な政治家を対象としたオーラルヒストリーである。

御厨貴・牧原出編『聞き書 武村正義回顧録』岩波書店、二〇一一年
武村正義を対象としたオーラルヒストリーであり、政治改革の経過や細川内閣、村山内閣時代が武村の視点で語られている。小党からの視点にユニークさがある。

薬師寺克行編『村山富市回顧録』岩波書店、二〇一二年
戦後日本政治を担ってきた社会党がなぜ力を失ってしまったのか。村山のオーラルヒルトリーは労組依存体質や党内対立を解消できないまま国民の支持を失っていった社会党衰亡史となっている。

◆研究者の著作

大嶽秀夫『日本政治の対立軸――九三年以降の政界再編の中で』中公新書、一九九九年

一九九三年の政権交代以降、政治の世界の対立軸ははっきりせず、また一連の政治改革は成果を上げず、逆に日本政治を混乱させ後退させたというのが筆者の立場である。そうした立場から民主党や橋本行革などを分析している。

飯尾潤『日本の統治構造――官僚内閣制から議院内閣制へ』中公新書、二〇〇七年

網羅的に戦後日本の統治構造を分析している。具体的には議院内閣制、官僚システム、政府と与党の関係、政権交代のない与党と野党のそれぞれの機能などが対象で、特に一九九〇年代までの統治の仕組みを理解するうえで役に立つ。

待鳥聡史『首相政治の制度分析――現代日本政治の権力基盤形成』千倉書房、二〇一二年

首相の権限や機能などに焦点を合わせた著作である。歴代政権の首相の役割、首相と与党議員の関係、首相官邸機能強化の意味などを分析している本格的な学術書である。

◆民主党政権に関する著作

朝日新聞政権取材センター『民主党政権一〇〇日の真相』朝日新聞出版、二〇一〇年

民主党政権誕生から一〇〇日間のドキュメントである。日々の取材による膨大なデータを時系列的に整理し、首相官邸、各省、与党、議会などの動きを生々しく紹介している。

佐々木毅・清水真人編『ゼミナール 現代日本政治』日本経済新聞出版社、二〇一一年

二部構成で、第一部は民主党による政権交代をドキュメント風に紹介している。第二部は日本政治の構造分析で、政党、国会、内閣、官僚制、選挙などに分けて書かれている。

薬師寺克行『証言　民主党政権』講談社、二〇一二年

民主党政権で中枢を担った菅直人、岡田克也、前原誠司、枝野幸男ら八人の証言集である。民主党がなぜ政権運営に失敗したか、それぞれが冷静に分析し語っている。

◆外交・安全保障に関する著作

薬師寺克行『外務省――外交力強化への道』岩波新書、二〇〇三年

冷戦終焉を受けて日本外交は大きく変質を迫られた。その担い手である外務省の組織的特質、戦後日本外交の特徴、外交と内政の関係などについて分析している。

毎日新聞「靖国」取材班『靖国戦後秘史――A級戦犯を合祀した男』毎日新聞社、二〇〇七年

中国や韓国との外交関係に大きな影を投げかけている靖国神社のA級戦犯合祀について、合祀に至る経緯やその論理などを詳しく検証している。外交そのものを扱っていないが、日本外交のあり方を考える上で貴重な著作である。

五百旗頭真編『日米関係史』有斐閣ブックス、二〇〇八年

ペリー来航から今日に至るまでの日米関係についての包括的、通史的著作である。それぞれの時代を専門的に研究している学者が担当しており、日米関係を知るうえで欠かせない書となっている。

五百旗頭真編『戦後日本外交史〔第三版補訂版〕』有斐閣アルマ、二〇一四年
戦後の日本外交をまとめたもので、教科書として作られてはいるが、高いレベルの論考集ともなっている。外交がテーマとはいえ、外交を語るときに欠かすことのできない国内政治との関係にも十分配慮がなされている。

◆これからの政治を考えるための著作（とくに終章に関連した書籍）

佐藤卓己『輿論と世論――日本的民意の系譜学』新潮選書、二〇〇八年
個人のしっかりした意見の表明である「輿論」と、世の中の空気のような「世論」を区別し、「輿論」が衰退し「世論」が力を持つようになってきた時代の変化を歴史的に分析している。

菅原琢『世論の曲解――なぜ自民党は大敗したのか』光文社新書、二〇〇九年
小泉は改革路線によって都市住民や若者の支持を得た。しかし、小泉後の自民党は世論を読み間違え、改革を否定する方向に走り民主党に敗れた。さまざまなデータを駆使して、筆者は自民党の戦略ミスを分析している。

宇野重規『〈私〉時代のデモクラシー』岩波新書、二〇一〇年
グローバル化した世界、情報化した社会のもとで公共空間を作り出す〈私たち〉が否定され、人々はどんどん個人に細分化されている。個人主義が横行する時代の民主主義の危うさを指摘している。

カリーゼ、マウロ／村上信一郎訳『政党支配の終焉——カリスマなき指導者の時代』法政大学出版局、二〇一二年

イタリアの政党の現状を分析した著作であるが、社会の亀裂をエネルギーとして作り出された伝統的政党が衰退し、有名人のもとに政治家志望者が安易に集まる理念なき集団となってきたという指摘は、日本政治にも当てはまる。

中北浩爾『現代日本の政党デモクラシー』岩波新書、二〇一二年

一九九〇年代以降の日本政治の混乱の原因はどこにあるのか。筆者は一連の政治改革、マニフェスト選挙の導入などによってもたらされた「市場競争型デモクラシー」に答えを見出している。

引用・参考文献

赤木智弘「『丸山真男』をひっぱたきたい——31歳、フリーター。希望は戦争。」『論座』二〇〇七年一月号（のちに、『若者を見殺しにする国——私を戦争に向かわせるものは何か』双風舎、二〇〇七年所収）
朝日新聞社会部『ドキュメント リクルート報道』朝日新聞社、一九八九年
朝日新聞政権取材センター編『民主党政権一〇〇日の真相』朝日新聞出版、二〇一〇年
朝日新聞政治部『田中支配』朝日新聞社、一九八五年
朝日新聞政治部『竹下政権の崩壊——リクルート事件と政治改革』朝日新聞社、一九八九年
朝日新聞政治部『政界再編』朝日新聞社、一九九三年
朝日新聞政治部『連立政権回り舞台』朝日新聞社、一九九四年
東照二『言語学者が政治家を丸裸にする』文藝春秋、二〇〇七年
安倍晋三『美しい国へ』文春新書、二〇〇六年
飯尾潤『日本の統治構造——官僚内閣制から議院内閣制へ』中公新書、二〇〇七年
飯尾潤編『政権交代と政党政治』（歴史のなかの日本政治六）中央公論新社、二〇一三年
飯島勲『小泉官邸秘録』日本経済新聞社、二〇〇六年
飯島勲『実録小泉外交』日本経済新聞出版社、二〇〇七年
五百旗頭真『占領期——首相たちの新日本』講談社学術文庫、二〇〇七年

五百旗頭真編『日米関係史』有斐閣、二〇〇八年
五百旗頭真・伊藤元重・薬師寺克行編『九〇年代の証言 小沢一郎 政権奪取論』朝日新聞社、二〇〇六年 a
五百旗頭真・伊藤元重・薬師寺克行編『九〇年代の証言 宮沢喜一 保守本流の軌跡』朝日新聞社、二〇〇六年 b
五百旗頭真・伊藤元重・薬師寺克行編『九〇年代の証言 外交激変 元外務省事務次官 柳井俊二』朝日新聞社、二〇〇七年 a
五百旗頭真・伊藤元重・薬師寺克行編『九〇年代の証言 森喜朗 自民党と政権交代』朝日新聞社、二〇〇七年 b
五百旗頭真・伊藤元重・薬師寺克行編『九〇年代の証言 野中広務 権力の興亡』朝日新聞社、二〇〇八年 a
五百旗頭真・伊藤元重・薬師寺克行編『九〇年代の証言 菅直人 市民運動から政治闘争へ』朝日新聞出版、二〇〇八年 b
五百旗頭真・伊藤元重・薬師寺克行編『九〇年代の証言 岡本行夫 現場主義を貫いた外交官』朝日新聞出版、二〇〇八年 c
五百旗頭真・宮城大蔵編『橋本龍太郎外交回顧録』岩波書店、二〇一三年
石川真澄『戦後政治史〔新版〕』岩波新書、二〇〇四年
伊藤裕香子『消費税日記――検証 増税七八六日の攻防』プレジデント社、二〇一三年
上神貴佳・堤英敬編『民主党の組織と政策――結党から政権交代まで』東洋経済新報社、二〇一一年
上杉隆『官邸崩壊――安倍政権迷走の一年』新潮社、二〇〇七年
ウッドワード、ボブ／伏見威蕃訳『ブッシュの戦争』日本経済新聞社、二〇〇三年
ウッドワード、ボブ／伏見威蕃訳『ブッシュのホワイトハウス』上・下、日本経済新聞出版社、二〇〇七年
宇野重規『〈私〉時代のデモクラシー』岩波新書、二〇一〇年
NHK「永田町 権力の興亡」取材班『NHKスペシャル 証言ドキュメント 永田町 権力の興亡 一九九三―二〇〇九』日本放送出版協会、二〇一〇年
大下栄治『官邸の深層 総理秘書官 小野次郎』小野次郎同志会、二〇〇八年

大田弘子『経済財政諮問会議の戦い』東洋経済新報社、二〇〇六年
大嶽秀夫『日本政治の対立軸――九三年以降の政界再編の中で』中公新書、一九九九年
大嶽秀夫『小泉純一郎 ポピュリズムの研究――その戦略と手法』東洋経済新報社、二〇〇六年
大家清二『経世会 死闘の七十日』講談社、一九九五年
小沢一郎『日本改造計画』講談社、一九九三年
カリーゼ、マウロ／村上信一郎訳『政党支配の終焉――カリスマなき指導者の時代』（サピエンティア24）法政大学出版局、二〇一二年
軽部謙介・西野智彦『検証 経済失政――誰が、何を、なぜ間違えたか』岩波書店、一九九九年
北岡伸一『自民党――政権党の三八年』（20世紀の日本①）読売新聞社、一九九五年
北岡伸一『日本政治史――外交と権力』有斐閣、二〇一一年
清原芳治『村山富市――その軌跡と使命』大分合同新聞社、二〇〇六年
倉重篤郎『小泉政権 千九百八十日』上・下、行研、二〇一三年
ケーガン、ロバート／山岡洋一訳『ネオコンの論理――アメリカ新保守主義の世界戦略』光文社、二〇〇三年
小泉純一郎『小泉純一郎の暴論・青論――政界のイチローが語る、痛快本音エッセイ』集英社、一九九七年
小林慶一郎・加藤創太『日本経済の罠――なぜ日本は長期低迷を抜け出せないのか』日本経済新聞社、二〇〇一年
佐々木毅編『政治改革――一八〇〇日の真実』講談社、一九九九年
佐々木毅・清水真人編『ゼミナール 現代日本政治』日本経済新聞出版社、二〇一一年
佐々木毅・吉田慎一・谷口将紀・山本修嗣編『代議士とカネ――政治資金全国調査報告』朝日選書、一九九九年
佐藤誠三郎・松崎哲久『自民党政権』中央公論社、一九八六年
佐藤卓己『輿論と世論――日本的民意の系譜学』新潮選書、二〇〇八年
信田智人『官邸外交――政治リーダーシップの行方』朝日選書、二〇〇四年

清水真人『官邸主導——小泉純一郎の革命』日本経済新聞社、二〇〇五年
清水真人『経済財政戦記——官邸主導小泉から安倍へ』日本経済新聞出版社、二〇〇七年
清水真人『首相の蹉跌——ポスト小泉 権力の黄昏』日本経済新聞出版社、二〇〇九年
自由民主党編『自由民主党五十年史』上・下、自由民主党、二〇〇六年
菅原琢『世論の曲解——なぜ自民党は大敗したのか』光文社新書、二〇〇九年
春原剛『同盟変貌——日米一体化の光と影』日本経済新聞出版社、二〇〇七年
春原剛『暗闘 尖閣国有化』新潮社、二〇一三年
竹中治堅『首相支配——日本政治の変貌』中公新書、二〇〇六年
竹中治堅『参議院とは何か——一九四七～二〇一〇』中公叢書、二〇一〇年
武村正義『小さくともキラリと光る国・日本』光文社、一九九四年
田中明彦『安全保障——戦後五〇年の模索』（二〇世紀の日本②）読売新聞社、一九九七年
東京電力福島原子力発電所における事故調査・検証委員会「中間報告」二〇一一年一二月二十六日 http://www.cas.go.jp/jp/seisaku/icanps/post-1.html
東京電力福島原子力発電所における事故調査・検証委員会「最終報告」二〇一二年七月二十三日 http://www.cas.go.jp/jp/seisaku/icanps/post-2.html
中北浩爾『現代日本の政党デモクラシー』岩波新書、二〇一二年
中曽根康弘／伊藤隆・佐藤誠三郎インタビュー『天地有情——五十年の戦後政治を語る』文藝春秋、一九九六年
中曽根康弘／中島琢磨・服部龍二・昇亜美子・若月秀和・道下徳成・楠綾子・瀬川高央編『中曽根康弘が語る戦後日本外交』新潮社、二〇一二年
西田安範編『図説 日本の財政 平成二四年度版』東洋経済新報社、二〇一二年
西野智彦『検証 経済迷走——なぜ危機が続くのか』岩波書店、二〇〇一年
西村熊雄『サンフランシスコ平和条約・日米安全保障条約』（シリーズ戦後史の証言 占領と講和⑦）中公文庫、

一九九九年
日本経済新聞社編『政権』日本経済新聞出版社、二〇一〇年
日本再建イニシアティブ『民主党政権 失敗の検証――日本政治は何を活かすか』中公新書、二〇一三年
日本社会党五〇年史編纂委員会編『日本社会党史』社会民主党全国連合、一九九六年
野中尚人『自民党政治の終わり』ちくま新書、二〇〇八年
野中尚人『さらばガラパゴス政治――決められる日本に作り直す』日本経済新聞出版社、二〇一三年
久江雅彦『九・一一と日本外交』講談社現代新書、二〇〇二年
福田赳夫『回顧九十年』岩波書店、一九九五年
細川護熙「自由社会連合結党宣言」『文藝春秋』一九九二年六月号
細川護熙／伊集院敦構成『内訟録――細川護熙総理大臣日記』日本経済新聞出版社、二〇一〇年
細川護熙編『日本新党・責任ある変革』東洋経済新報社、一九九三年
細川護熙・岩国哲人『鄙の論理』光文社、一九九一年
毎日新聞政治部『完全ドキュメント 民主党政権』毎日新聞社、二〇〇九年
毎日新聞「靖国」取材班『靖国戦後秘史――A級戦犯を合祀した男』毎日新聞社、二〇〇七年
待鳥聡史『〈代表〉と〈統治〉のアメリカ政治』講談社選書メチエ、二〇〇九年
待鳥聡史『首相政治の制度分析――現代日本政治の権力基盤形成』（叢書21世紀の国際環境と日本③）千倉書房、二〇一二年
御厨貴・中村隆英編『聞き書 宮澤喜一回顧録』岩波書店、二〇〇五年
御厨貴・牧原出編『聞き書 武村正義回顧録』岩波書店、二〇一一年
御厨貴・牧原出編『聞き書 野中広務回顧録』岩波書店、二〇一二年
宮沢喜一『東京―ワシントンの密談』備後会、一九七五年
民主党「二〇〇九年総選挙用マニフェスト」 http://www.dpj.or.jp/article/manifesto2009

民主党「政権政策の基本方針（政策マグナカルタ）」　http://www.dpj.or.jp/news/files/seiken061218.pdf
村松岐夫『政官スクラム型リーダーシップの崩壊』東洋経済新報社、二〇一〇年
森喜朗『私の履歴書　森喜朗回顧録』日本経済新聞出版社、二〇一三年
薬師寺克行『外務省――外交力強化への道』岩波新書、二〇〇三年
薬師寺克行『証言　民主党政権』講談社、二〇一二年a
薬師寺克行編『村山富市回顧録』岩波書店、二〇一二年b
山脇岳志『郵政攻防』朝日新聞社、二〇〇五年
ユートピア政治研究会編『永田町下級武士たちの決起――政治改革に挑む』講談社、一九八九年
吉田貴文『世論調査と政治――数字はどこまで信用できるのか』講談社＋α新書、二〇〇八年
吉田徹『二大政党制批判論――もうひとつのデモクラシーへ』光文社新書、二〇〇九年
読売新聞政治部『外交を喧嘩にした男――小泉外交二〇〇〇日の真実』新潮社、二〇〇六年
読売新聞政治部『真空国会――福田「漂流政権」の深層』新潮社、二〇〇八年
読売新聞政治部『自民崩壊の三〇〇日』新潮社、二〇〇九年
読売新聞政治部『民主党――迷走と裏切りの三〇〇日』新潮社、二〇一〇年
読売新聞政治部『亡国の宰相――官邸機能停止の一八〇日』新潮社、二〇一一年
読売新聞政治部『民主瓦解――政界大混迷への三〇〇日』新潮社、二〇一二年
読売新聞政治部『安倍晋三――逆転復活の三〇〇日』新潮社、二〇一三年
読売新聞「民主イズム」取材班『背信政権』中央公論新社、二〇一一年
ラムズフェルド、ドナルド／江口泰子・月沢李歌子・島田楓子訳、谷口智彦解説『真珠湾からバグダッドへ――ラムズフェルド回想録』幻冬舎、二〇一二年
「（鳩山内閣の）基本方針」（平成二十一年九月十六日）　http://www.kantei.go.jp/jp/kakugikettei/2009/0916

kihonhousin.html

「政・官の在り方」（平成二十一年九月十六日 閣僚懇談会申合せ） http://www.cas.go.jp/jp/siryou/pdf/090918siryou.pdf

事項索引

ア　行

赤字国債　100, 106, 247
悪の枢軸　175
アフガニスタン　192
アベノミクス　262, 274, 275
アルカイーダ　192
安保改定　5
安保反対闘争　6
一元的政策決定過程　145
一票制　68
イラク　181
イラク特措法　190, 195
インフレ目標　275
『美しい国へ』　202
ウルグアイ・ラウンド　70
江田ビジョン　16
えひめ丸　114
円安株高　275
オウム真理教　89
　——事件　78
大蔵省　167
沖縄サミット　113
沖縄返還　7

カ　行

改革クラブ　122
改革の会　65
改革フォーラム21　51, 63
海上自衛隊　193
海上保安庁　254
改新　75
外政審議室　87
ガイドライン　→日米防衛協力のための指針
海兵隊　250
外務省　184
核開発　188
核拡散防止条約（NPT）　188
核実験　177
各省政策会議　246
角福戦争　11
核兵器開発　177
閣僚委員会　229, 245
ガソリン暫定税率　247
ガソリン税　210
加藤の乱　112
簡易保険　149
韓国　265
環太平洋経済連携協定（TPP）　263, 275, 276
官邸機能強化　96, 166, 286
官邸主導　160, 202, 229, 231, 286, 291
官房副長官補　99
カンボジア　187
　——派遣　184
かんぽ生命保険　152
官僚主導　99, 222, 225, 230
消えた年金問題　206
規制改革　143, 153, 154
規制緩和　138, 142, 143, 274
起訴相当　252
基礎年金　237

北朝鮮　174-177, 188, 203
──訪問　139, 170
基盤的防衛力整備　180
キャップ制　101
九・一一テロ(同時多発テロ)　175, 180, 191, 192
牛歩戦術　186
教育基本法　203
行政改革　96, 98
──会議　98, 150
行政刷新会議　222, 227, 228
行政評価会議　227
競争原理　300
狂乱物価　147
緊急災害対策本部　257
金融緩和策　274, 275
金融機関の破綻　96
金融危機　101
金融機能早期健全化緊急措置法　107
金融再生プログラム　148
金融再生法　106
クウェート　181
グローバル化　35
経済財政諮問会議　99, 100, 138, 143, 160, 163, 166, 245
経済戦略会議　106
経済連携協定(EPA)　36
日韓──　265
経世会　102
決選投票　80
検察審査会　252
小泉改革　158, 218
小泉訪朝　174
航空自衛隊　196
合祀　172
高志会　65
公式参拝　172
構造改革　142, 218
──路線　16
高速道路無料化　222, 233, 237, 247
公的資金注入　33, 148
高度経済成長　2, 7, 8
河野談話　277
後方地域支援　190
公明　119
公明党　96, 107, 114, 118, 119, 269, 270, 280
公約　235
国債発行　143
──額　147
国土の均衡ある発展　156
国防の基本方針　5
国民新党　254
国民の声　122
国民の生活が第一　269
国民福祉税　70, 73, 74
──騒動　58
国立追悼施設建設案　173
国連安全保障理事会決議　181
国連平和協力法　182
腰だめの数字　73
五五年体制　5, 30
国家安全保障会議　278
国家安全保障戦略　278
国会同意人事　211
国家戦略局　245
国家戦略室　245
国旗国歌法　110
子ども手当　222, 233, 237, 239, 247

サ　行

再議決　209
再軍備　3
財政危機　96

財政健全化　143
財政構造改革　98, 100
　──法　100
財政再建　138, 146
財政投融資計画　149
最低輸入量(ミニマムアクセス)　71
財務省　145, 292
裁量行政　239
佐川急便　74
サマワ　196
三角大福中　11
暫定税率　210, 211
サンフランシスコ講和会議　4
サンフランシスコ平和条約　2, 4
三本の矢　274
三位一体改革　143, 153, 154
椎名裁定　141
自衛隊　35, 81, 182, 184, 187
　──の海外派遣　170
事業仕分け　227, 230, 244
自公保　114
自自公　108, 114
自社さ　114
市場競争型デモクラシー　300
事前審査制　10, 160, 162, 168, 231
自民党　→自由民主党
事務次官会議　222, 226, 242
　──廃止　227, 229
社会市民連合　17
社会主義協会　16
社会党　5, 14, 16, 64, 69, 71, 75, 78, 79, 81, 92, 186
社会保障制度改革　262, 269
社会保障と税の一体改革関連法　269
社会民主主義　133
社会民主党(社民党)　93, 118, 124, 126, 130, 133, 134
社会民主連合　253
社さ新党　124
従軍慰安婦　72
　──問題　84, 266, 277
集団的自衛権　185, 204, 263, 280
自由党(党首・小沢一郎)　107, 110, 122, 236
自由党(党首・柿沢弘治)　65
周辺事態安全確保法　110, 190
自由貿易協定(FTA)　36
住民基本台帳法　110
自由民主党(自民党)　5, 7, 40, 65, 78, 79, 90, 115, 138, 219, 230, 269, 270, 274, 295
　──政務調査会　168
　──総裁選挙　11, 104, 112, 139, 140, 215, 270
　──単独政権　2
　──長期単独政権　14
守旧派　51
首相主導　168, 226, 286, 291
首相補佐官　99, 166, 202
主要八カ国首脳会議(G8 サミット)　214
小選挙区制　40, 54, 58, 285, 287, 292
　──導入　44
　単純──　50, 51
小選挙区比例代表併用制　52
小選挙区比例代表並立制　46, 68, 284, 286
消費税　27, 41, 90, 100, 148, 234, 253, 278
　──増税　222, 237, 262, 263, 264, 269
昭和　23
植民地支配　72, 86
女性のためのアジア平和国民基金

85
所得倍増計画　7
新自由主義的改革　156
新進党　86, 118, 119
新生党　53, 55, 59, 61, 63, 76, 103, 119, 293
新党　289, 293
――ブーム　59
――問題　78, 93, 132
新党さきがけ　42, 53, 55, 59, 60, 62, 64, 118, 124, 126, 134, 253, 293
新党平和　122
新党みらい　65
新党友愛　122
新日米経済協議　73
新保守主義(ネオコン)　196
人民解放軍　180
侵略行為　72, 86
政官関係　227, 230, 232, 242-244
請求権　176
政権運営委員会　225
第二次――　226
政権交代　54, 219, 222, 287
政権準備委員会　226, 234
政権政策の基本方針(政策マグナカルタ)　236
政策決定過程の一元化　272
政策準備委員会　234
政治改革　27, 40, 41, 47, 52-54, 58, 62, 284
――委員会　44
――関連法　68
――関連四法案　68, 70
――基本要綱　47
――大綱　42, 44
政治資金　42, 45, 168
政治主導　222, 230, 242, 244, 272
――確立法案　245
政党　292, 293
政党交付金　68, 286, 289, 292, 294
政党支持率　17
政党助成　52
政府委員　225
政務三役　230, 244
世襲議員　216
尖閣諸島　254, 267, 276
――国有化　268
選挙互助会　120, 223
選挙制度改革　40, 44, 62, 285
全国区　30
全国特定郵便局長会(大樹会)　149
戦後五〇年の国会決議　84, 86
戦争犯罪人　174
戦略的互恵関係　203
創価学会　122
総合規制改革会議　154
創氏改名　72
創政会　13
総務会　163
族議員　168, 225, 231, 292
租税特別措置法　200, 210

タ　行

対外関係タスクフォース　197
代議制民主主義　300
第三の矢　278
代表者会議　67
大福戦争　11
太陽党　121
大量破壊兵器　194
大連立　210
タカ派　281
竹下派　50-52, 55, 61, 63, 102, 104
――支配　48

——分裂　49
竹島　267
多国籍軍　35, 181
多党化　288
田中派支配　13
単独過半数　97
地域振興券　106
地下鉄サリン事件　89
中央省庁等改革基本法案　98
中央省庁の統廃合　98
中国　254, 265, 268
中選挙区制　27, 44, 45, 287
中台問題　188
駐留軍用地特別措置法改正案　121
朝鮮半島エネルギー開発機構（KEDO）　188
重複立候補制　70
徴用　72
直接支払制度　233
直接補償制度　222
通信傍受法　110
鉄の三角形　2, 8, 10, 19, 26, 31, 59, 156, 295, 300, 301
デフレ脱却　274
テレコング　104
テレビ　299
テレポリティクス　299
テロ特措法　180, 190, 192
新——（補給支援特別措置法）　209
天皇　267
東京佐川急便　50, 53
同時多発テロ　→九・一一テロ
党首討論　270
統治システム　99, 160, 224
——改革　225, 228, 230, 242
道路関係四公団民営化推進委員会　153
道路関係四公団民営化法案　153
道路公団の民営化　153
道路特定財源　210
特殊法人　149, 150
独善的ナショナリズム　88
特定秘密の保護に関する法律　278
徳之島案　249, 250
都市政策大綱　8
富の再分配　9, 101

ナ　行

内閣支持率　17, 114, 143, 160, 164, 252, 297, 298
内閣府　99, 166
内閣不信任案　52, 75, 79, 113
内閣法制局　184
中曾根裁定　13, 141
成田三原則　16
二元的政策決定過程　145, 162, 164
二大政党制　54, 69, 284, 286
日米安全保障共同宣言　188, 189
日米安全保障条約　2-4
新——　5
日米安保再定義　191
日米安保体制　81
日米同盟　180
日米防衛協力のための指針（ガイドライン）　189, 190
日韓軍事情報包括保護協定（GSOMIA）　266
日経平均株価　31
日朝国交正常化　175, 176
日本維新の会　270, 271, 294
日本遺族会　171
日本銀行　211, 274
日本銀行総裁　211, 212
——人事　200

日本未来の党　271, 294
日本郵政グループ　152
日本郵政公社　150
日本労働組合総連合会（連合）　224
二票制　68
日本新党　59, 60, 64, 118, 119, 125, 293
日本道路公団　143
日本列島改造論　2
『日本列島改造論』　8
ネオコン　→新保守主義
ネクスト・キャビネット　226
ねじれ国会　27, 28, 106, 209, 231, 254, 276
　――時代　22
年金記録問題　204, 206
年金の一元化　233
年功序列　161
農家への個別所得補償　237, 239, 247

ハ　行

排除の理論　126
バグダッド　194
橋本派　169
パーソナル・パーティ　295, 300
羽田グループ　52
八党・会派　64
発議権　100, 166
　首相の――　99
ハト派　281
派閥　10, 45, 141, 161, 167, 168, 225, 286, 291, 292
派閥順送り　160
　――人事　161
バブル経済　22, 31, 32, 37
　――崩壊　33, 142
ばらまき政策　239
反小沢　61, 67
反主流派　14
阪神・淡路大震災　78, 88
東日本大震災　242, 256
非自民勢力　40
非自民連立政権　75
非主流派　14
被選挙権　217
非戦闘地域　195
日の丸・君が代　82
被爆者援護法　84
非武装中立　82
平壌宣言　176
比例代表区　30
比例代表制　54, 288, 293, 294
福島第一原子力発電所　242, 256
普天間飛行場　189, 242, 248, 250
負の再分配　101
プライマリーバランス　234
プラザ合意　31
不良債権　32, 102
　――処理　33, 100, 138, 142, 143, 148
プロジェクト・チーム　84
ブロック制　70
フロムファイブ　122
分祀　173
分担管理原則　99, 167, 225, 227
文民警察　187
ペイオフ　106
平成　23
米朝枠組み合意　188
平和維持活動（PKO）　36
辺野古　190, 248
ベルリンの壁　34
防衛省　184, 203

防衛大綱　278
貿易自由化　35
補給支援特別措置法案　→新テロ特措法案
保守党　114
細川連立政権　58, 63
北海道拓殖銀行　101
骨太の方針　144
保保連合　121

マ 行

マスメディア　285, 288, 296, 297, 299, 301
松下政経塾　61
マニフェスト　228, 229, 233-238, 242, 247, 272, 284, 287
未公開株　24, 26
ミサイル発射　176
――実験　177
密約　244
水俣病未認定患者　84
ミニマムアクセス　→最低輸入量
未来志向　108
民営化　143
民社党　118, 119
民主党　118, 124, 126, 128, 222, 223, 225, 236, 242, 249, 253, 262, 270, 271
――政策準備委員会　235
――政策調査会　245
――政策調査会の廃止　231
――代表選挙　253, 263
民主友愛太陽国民連合(民友連)　128
みんなの党　294
無党派化　300
無党派層　165, 284, 294, 299
村山談話　84, 277
問責決議　213, 255, 265

ヤ 行

薬害エイズ問題　126
靖国神社　171, 277
靖国神社参拝　172, 196, 203, 280
――問題　139, 170
山一證券　32, 101
八ッ場ダム　244, 245
有権者　284, 300
郵政解散　151
郵政三事業　143
郵政民営化　100, 138, 148, 163, 218
ゆうちょ銀行　152
郵便業務　149
郵便貯金　149
ユートピア政治研究会　27, 41, 42, 62
緩やかな多党制　68
予算の全体像　144
予算編成の基本方針　144
吉田ドクトリン　4
世論　105, 160, 164, 169, 170, 178, 219, 299
世論調査　17, 105, 157, 207, 219, 285, 296, 297, 299
四〇日抗争　11

ラ 行

拉致問題　170, 174-177
利益誘導政治　10
陸上自衛隊　196
リクルート　25
――コスモス　24
――事件　22, 24, 26, 27, 40-42, 70
リベラル　133
リーマン・ショック　200, 215, 247
リーマン・ブラザーズ　215

両院協議会　28, 212
領海侵犯　276
例外なき関税化　71
冷戦　22
　——終結　34, 36, 180, 181
黎明の会　122
歴史認識問題　72
列島改造論　147
連合　→日本労働組合総連合会
連合国最高司令官総司令部(GHQ)　3
労組依存体質　224
六者協議　177
ロッキード事件　11, 13

ワ　行

湾岸危機　35
湾岸戦争　35, 180-182
湾岸のトラウマ　183

アルファベット

ASEAN＋日中韓三カ国の首脳会議　109
A 級戦犯　171, 172
EPA　→経済連携協定
FTA　→自由貿易協定
G8 サミット　→主要八カ国首脳会議
GHQ　→連合国最高司令官総司令部
GSOMIA　→日韓軍事情報包括保護協定
KEDO　→朝鮮半島エネルギー開発機構
NPT　→核拡散防止条約
PKO　→平和維持活動
　——協力法　36, 180, 184, 186
TPP　→環太平洋経済連携協定
YKK　46

人名索引

ア 行

アイゼンハワー(Dwight D. Eisenhower) 5
青木幹雄 111, 112
赤木智弘 157
赤城徳彦 206
赤松広隆 237
麻原彰晃 89
麻生太郎 139, 152, 201, 209, 215-217, 242, 244, 247, 291
安倍晋三 146, 173, 200-205, 207, 208, 215-217, 251, 262, 263, 270, 274-278, 280, 281, 291
安倍晋太郎 13, 24-26, 41
アーミテージ(Richard L. Armitage) 193
飯島勲 202
池田克也 25
池田勇人 2, 4, 7, 8, 10, 48, 140
石川知裕 252
石田幸四郎 66
石破茂 270
石原慎太郎 267, 268, 294
市川房枝 258
一川保夫 265
市川雄一 67
伊藤達也 61
伊東正義 28
李明博 265-267
牛尾治朗 144
宇野宗佑 26, 27, 29, 40, 46, 104
江田五月 67
江田三郎 16
枝野幸男 60, 253
遠藤武彦 206
大内啓伍 66
大田弘子 146
大平正芳 11, 141
岡田克也 61, 233, 234, 238, 244, 249
岡本行夫 196
奥田敬和 103
奥田碩 144
小此木彦三郎 47
小里貞利 89
小沢一郎 46-48, 51, 53, 55, 61, 63, 64, 67, 68, 73, 75, 76, 79, 81, 103, 110, 118-124, 141, 169, 207, 218, 222, 229, 235, 236, 238, 239, 245, 247, 252, 255, 258, 259, 265, 269, 271, 272, 278, 279, 288, 294
小沢辰男 122
オバマ(Barack H. Obama) 249, 275
小渕恵三 23, 47, 48, 96, 102, 106, 107-113, 115, 138, 139, 169, 216

カ 行

海江田万里 60, 263
海部俊樹 40, 47-49, 55, 62, 80, 104, 119, 120
梶山静六 49, 52, 65, 102-105, 123, 169
カーター(James E. Carter, Jr.) 188
嘉田由紀子 294

片山哲　14, 80
加藤紘一　46, 97, 113
加藤孝　25
金丸信　50, 51, 55, 63, 102, 103, 169
鹿野道彦　122, 225
亀井静香　79, 81, 89, 91, 94, 111, 139
河村たかし　61
菅直人　17, 60, 61, 118, 127, 128, 233, 234, 238, 242, 253-260, 262, 263, 271, 297
岸信介　2, 5, 6-8, 10, 48, 172
北澤俊美　249, 260
金日成　188
金正日　175
金大中　108, 109
金泳三　72
久間章生　205, 206
久保亘　67, 93, 132, 133
クリントン(William J. Clinton)　73, 92, 189, 192
黒田東彦　275
ゲーツ(Robert M. Gates)　249
玄葉光一郎　61
小池百合子　61
小泉純一郎　15, 46, 96, 100, 104, 105, 138, 139, 141-154, 156, 158, 160-166, 168-171, 173-178, 192, 196, 200-204, 208, 209, 216-218, 288, 291
江沢民　109
河野洋平　65, 69, 79-81, 84, 85, 289
胡錦濤　203, 268
後藤田正晴　44, 45, 155, 156
胡耀邦　172
ゴルバチョフ(Mikhail S. Gorbachev)　34, 181

サ　行

斎藤次郎　73
坂田道太　29
桜内義雄　173
佐田玄一郎　205
佐藤栄作　2, 7, 8, 10, 140
佐藤観樹　127
佐藤孝行　98
塩川正十郎　144
塩崎恭久　201
朱鎔基　109
昭和天皇　23, 24, 174
白川方明　212, 275
鈴木善幸　13, 173
仙谷由人　126, 226, 253, 255
園田博之　62, 67, 134

タ　行

高石邦男　25
貴乃花　165
竹下登　13, 22, 25-29, 40-42, 46, 47, 51, 55, 102, 103, 141, 169
竹中平蔵　144, 145, 148, 151, 161, 163, 202
武部勤　151
武村正義　27, 41, 42, 44, 53, 60, 62, 64, 66-68, 73, 74, 79, 81, 84, 125, 126, 130, 131, 134, 135
田中角栄　2, 8-11, 13, 48, 53, 67, 141, 142, 147, 155, 156, 217, 278
田中直紀　265
田中真紀子　161
田波耕治　212
谷垣禎一　201, 269
樽床伸二　61, 253
ダレス(John F. Dulles)　3

チェイニー(Richard B. Cheney)　196
全斗煥　172
筑波藤麿　172
土井たか子　64, 65
東条英機　5
渡海紀三朗　125

ナ　行

仲井眞弘多　251
中川秀直　204
中曾根康弘　11, 13, 25, 41, 80, 141, 172, 173, 291, 295
中田宏　61
長妻昭　206
成田知巳　16
丹羽宇一郎　254
野田佳彦　60, 262-270, 276
野中広務　79, 81, 89-91, 94, 107, 111, 112
盧武鉉　203

ハ　行

朴槿恵　267, 277
橋下徹　270, 294
橋本龍太郎　29, 92, 96-98, 100-105, 115, 138, 139, 141, 150, 173, 174, 189, 191, 216, 227, 286, 291
羽田孜　51, 58, 61, 65, 66, 74-76, 79, 102, 103, 119-122, 169
鳩山威一郎　258
鳩山一郎　258, 296
鳩山和夫　258
鳩山由紀夫　41, 60, 62, 118, 126-129, 216, 218, 238, 242, 243, 246-253, 258-260, 262, 291, 297, 298
平沼赳夫　204
平野博文　249
ビン・ラディン(Osama bin-Laden)　192
福井俊彦　212
福島瑞穂　250
福田赳夫　11, 29, 141, 142, 146, 147, 208
福田康夫　144, 146, 171, 193, 200, 201, 208, 209, 214-217, 291
福山哲郎　236, 248
藤波孝生　25
藤村修　60
藤山愛一郎　140
フセイン(Saddam Hussein)　181, 182, 194
ブッシュ, G. (George H. W. Bush)　34, 181, 182
ブッシュ, G. W.　(George W. Bush)　175, 192, 194-196
船田元　126
細川護熙　40, 42, 53, 56, 58, 59, 63-70, 72-76, 78, 79, 120, 122, 123, 131, 289
本間正明　144, 204

マ　行

前田武志　265
前原誠司　60, 238, 244, 256
松井孝治　227, 229, 232, 237, 238
松岡利勝　205, 206
松平永芳　172
馬淵澄夫　255
三木武夫　11, 48, 141
三原朝彦　41, 125
宮澤喜一　13, 25, 33, 40, 42, 49-53, 55, 56, 62, 63, 65, 85, 104, 131, 141
武藤俊郎　212

村上正邦　111
村山富市　71, 75, 78-82, 84, 85, 87-94, 96, 114, 118, 125, 126, 132, 133, 277
茂木敏充　61
森喜朗　25, 80, 82, 96, 111-115, 138-140, 201, 208
モンデール(Walter F. Mondale)　189

ヤ　行

柳井俊二　183, 193
柳澤伯夫　148, 205
柳田稔　255
山岡賢次　265
山崎拓　46, 113, 161
山田正彦　61
山花貞夫　65, 66, 132
横路孝弘　126
吉川洋　144
吉田茂　2-6, 10, 38, 172, 296, 297
米沢隆　67

ラ　行

ラムズフェルド(Donald H. Rumsfeld)　196

ワ　行

渡部恒三　61, 103
渡辺美智雄　25, 26

◆関連年表◆

1945（昭和 20）年

8 月 15 日　戦争終結の詔書を放送。
17 日　東久爾宮稔彦内閣発足。
10 月 9 日　幣原喜重郎内閣発足。
11 月 2 日　日本社会党結党。

1946（昭和 21）年

4 月 10 日　戦後初の総選挙（第 22 回），自由党が第一党に。
5 月 4 日　鳩山一郎，公職追放。
22 日　第 1 次吉田茂内閣発足。
11 月 3 日　憲法公布。

1947（昭和 22）年

4 月 25 日　第 23 回総選挙，社会党が第一党に。
5 月 24 日　片山哲内閣発足。

1948（昭和 23）年

3 月 10 日　芦田均内閣発足。
8 月 15 日　大韓民国成立。
9 月 9 日　朝鮮民主主義人民共和国が成立。
10 月 15 日　第 2 次吉田内閣発足。
11 月 12 日　極東国際軍事裁判で戦犯 25 人に有罪判決。

1949（昭和 24）年

1 月 23 日　第 24 回総選挙，民主自由党が第一党。
2 月 16 日　第 3 次吉田茂内閣発足。
10 月 1 日　中華人民共和国成立。

1950（昭和 25）年

6 月 25 日　朝鮮戦争始まる。

1951（昭和 26）年

4 月 11 日　マッカーサーが罷免される。
9 月 4 日　サンフランシスコ講和会議始まる。
8 日　対日平和条約調印，日米安保条約調印。

1952（昭和 27）年

10 月 1 日　第 25 回総選挙，自由党が第一党。
30 日　第 4 次吉田茂内閣発足。

1953（昭和 28）年

4 月 19 日　第 26 回総選挙，自由党が第一党。

5 月 21 日　第 5 次吉田茂内閣発足。

7 月 27 日　朝鮮戦争休戦協定調印。

1954（昭和 29）年

12 月 10 日　第 1 次鳩山一郎内閣発足。

1955（昭和 30）年

2 月 27 日　第 27 回総選挙，民主党が第一党。

3 月 19 日　第 2 次鳩山一郎内閣発足。

10 月 13 日　社会党統一大会。

11 月 15 日　保守合同し自由民主党が誕生。

22 日　第 3 次鳩山一郎内閣発足。

1956（昭和 31）年

10 月 19 日　国交回復に関する日ソ共同宣言発表。

12 月 18 日　日本の国連加盟承認。

23 日　石橋湛山内閣発足。

1957（昭和 32）年

2 月 25 日　第 1 次岸信介内閣発足。

1958（昭和 33）年

5 月 22 日　第 28 回総選挙。

6 月 12 日　第 2 次岸信介内閣発足。

1960（昭和 35）年

1 月 19 日　新日米安保条約調印。

24 日　民主社会党結成。

5 月 20 日　新日米安保条約を衆議院本会議で強行採決。

6 月 19 日　新日米安保条約自然承認。

7 月 19 日　第 1 次池田勇人内閣発足。

11 月 20 日　第 29 回総選挙。

12 月 8 日　第 2 次池田勇人内閣発足。

27 日　国民所得倍増計画を閣議決定。

1961（昭和 36）年

8 月 13 日　東ドイツがベルリンの壁を構築。

1962（昭和 37）年

11 月 9 日　日中総合貿易に関する覚書調印（LT 貿易）。

1963（昭和 38）年

11 月 21 日　第 30 回総選挙。

22 日　アメリカのケネディ大統領が暗殺される。

12 月 9 日　第 3 次池田勇人内閣発足。

1964（昭和 39）年

10 月 10 日　東京オリンピック始まる。

11 月 9 日　第 1 次佐藤栄作内閣発足。

1965（昭和 40）年

2 月 7 日　米軍がヴェトナムで北爆開始。

6 月 22 日　日韓基本条約調印。

1966（昭和 41）年

1967（昭和 42）年

1 月 29 日　第 31 回総選挙。

2 月 17 日　第 2 次佐藤栄作内閣発足。

1968（昭和 43）年

4 月 5 日　小笠原諸島返還協定調印。

1969（昭和 44）年

11 月 21 日　佐藤・ニクソン共同声明で 1972 年の沖縄返還を合意。

12 月 27 日　第 32 回総選挙。

1970（昭和 45）年

1 月 14 日　第 3 次佐藤栄作内閣。

1971（昭和 46）年

6 月 17 日　沖縄返還協定調印。

7 月 15 日　第 1 次ニクソン・ショック（ニクソン米大統領の中国訪問を発表）。

8 月 15 日　第 2 次ニクソン・ショック（金・ドル交換停止の発表）。

10 月 25 日　国連総会で中華人民共和国の国連代表権を承認。

1972（昭和 47）年

5 月 15 日　沖縄返還，沖縄県発足。

7 月 7 日　第 1 次田中角栄内閣発足。

9 月 29 日　田中首相訪中し，日中共同声明を公表。日中国交が正常化。

12 月 10 日　第 33 回総選挙。

22 日　第 2 次田中角栄内閣発足。

1973（昭和 48）年

8 月 8 日　韓国の政治家，金大中が東京で誘拐される（金大中事件）。

1974（昭和 49）年

11 月 26 日　自らの金脈問題で田中首相が退陣表明。

12 月 1 日　自民党の椎名悦三郎副総裁が次期総裁に三木武夫を指名（椎名裁定）。

9 日　三木武夫内閣発足。

1975（昭和 50）年

4 月 30 日　南ベトナムのサイゴン陥落し，ベトナム戦争が終結。

11 月 15 日　フランスのランブイエで第 1 回先進国首脳会議。

1976（昭和 51）年

2 月 4 日　米上院の外交委の多国籍企業小委員会でロッキード事件問題化。

6 月 25 日　河野洋平氏らが自民党を離党し新自由クラブ結党。

7 月 27 日　田中角栄元首相逮捕。

12 月 5 日　第 34 回総選挙。

24 日　福田赳夫内閣発足。

1978（昭和 53）年

8 月 12 日　日中平和友好条約調印。

11 月 26 日　自民党総裁選挙の予備選挙で現職の福田首相が大平正芳に敗れる。

12 月 7 日　第 1 次大平正芳内閣発足。

1979（昭和 54）年

10 月 7 日　第 35 回総選挙。

11 月 9 日　第 2 次大平正芳内閣発足。

1980（昭和 55）年

5 月 16 日　社会党提出の内閣不信任案，自民党反主流派欠席のため可決。

6 月 12 日　総選挙期間中に大平首相が急死。

22 日　第 36 回総選挙（参議院選挙も同日に行われた）。

7 月 17 日　鈴木善幸内閣発足。

1982（昭和 57）年

8 月 26 日　宮澤喜一官房長官が歴史教科書についての政府見解を発表。

11 月 27 日　第 1 次中曾根康弘内閣発足。

1983（昭和 58）年

10 月 12 日　ロッキード事件で田中角栄に懲役 4 年の実刑判決。

12 月 18 日　第 37 回総選挙。

27 日　第 2 次中曾根康弘内閣発足。

1985（昭和 60）年

2 月 7 日　竹下登らが田中派内の勉強会である創政会を結成。

27 日　田中角栄が脳梗塞で倒れる。

8 月 15 日　中曾根首相が靖国神社を公式参拝。

1986（昭和 61）年

7 月 6 日　衆参同日選挙（第 38 回総選挙と第 14 回参議院選挙）。

22 日　第 3 次中曾根康弘内閣発足。

12 月 30 日　87 年度政府予算案で防衛費が初めて GNP 比 1% を突破。

1987（昭和 62）年

7 月 4 日　竹下登らが経世会（竹下派）を結成。
10 月 20 日　中曾根首相が後継の自民党総裁に竹下を指名（中曾根裁定）。
11 月 6 日　**竹下登内閣**発足。

1988（昭和 63）年

6 月 18 日　リクルート事件表面化（川崎市助役の未公開株取得）。
9 月 19 日　天皇が吐血し，容体急変。
12 月 24 日　消費税導入の税制改革法成立。

1989（昭和 64／平成元）年

1 月 7 日　昭和天皇死去，元号が平成に。
20 日　米大統領に G. ブッシュ（共和党）が就任。
4 月 1 日　消費税がスタート。
25 日　竹下登首相が退陣表明。
5 月 22 日　リクルート事件で藤波孝生元官房長官らを起訴。
23 日　自民党が「政治改革大綱」を党議決定。
6 月 3 日　**宇野宗佑内閣**発足。
4 日　中国で天安門事件。
7 月 23 日　第 15 回参議院選挙。社会党が大勝し，与野党逆転「ねじれ国会」に。
8 月 10 日　**第 1 次海部俊樹内閣**発足。
11 月 10 日　ベルリンの壁崩壊。
12 月 3 日　アメリカのブッシュ大統領とソ連のゴルバチョフ書記長が冷戦終結宣言。
29 日　東証平均株価が 3 万 8915 円を記録。

1990（平成 2）年

2 月 18 日　第 39 回総選挙，自民党が安定多数確保。
28 日　**第 2 次海部俊樹内閣**発足。
8 月 2 日　イラク軍がクウェートに侵攻（湾岸危機）。
10 月 3 日　東西ドイツが統合。

1991（平成 3）年

1 月 17 日　多国籍軍がイラク攻撃開始（湾岸戦争）。
24 日　政府が多国籍軍に 90 億ドルの追加支援を決定。総額は 130 億ドルに。
4 月 6 日　湾岸戦争終結。
8 月 5 日　政府が政治改革関連法案を国会に提出。
9 月 30 日　小此木彦三郎・衆議院政治改革特別委員会委員長が政治改革関連法案の審議未了廃案を表明。これに対し海部首相が「重大な決

意で臨む」と表明し党内の反発を買う。
10 月 5 日　海部首相が退陣表明。
11 月 5 日　宮澤喜一内閣発足。
12 月 3 日　PKO 協力法案を衆議院本会議で可決，参議院へ。
25 日　ソヴィエト連邦解体。

1992（平成 4）年

5 月 22 日　細川護熙前熊本県知事が日本新党を結党。
6 月 15 日　国際平和協力法（PKO 協力法）が成立。
8 月 27 日　自民党の金丸信副総裁が 5 億円のヤミ献金を認め辞任。
9 月 17 日　カンボジアでの PKO 活動のために自衛隊を派遣。
10 月 14 日　金丸が派閥会長を辞め議員を辞職。
28 日　小渕恵三が後継の派閥会長に。
12 月 18 日　小沢一郎らが派閥離脱し「改革フォーラム 21」を結成。

1993（平成 5）年

1 月 20 日　アメリカ大統領にクリントン（民主党）が就任。
3 月 6 日　東京地検が金丸前自民党副総裁を所得税法違反で逮捕。
4 月 2 日　自民党が単純小選挙区制導入を柱とする政治改革関連法案を国会に提出。
8 日　社会，公明党が小選挙区併用型比例代表制を柱とする政治改革関連法案を国会に提出。
5 月 29 日　北朝鮮が日本海に弾道ミサイル（ノドン 1 号）を発射。
6 月 16 日　宮澤首相が自民党提案の政治改革関連法案を採決するよう指示し，事実上，成立を断念した。
18 日　宮澤内閣に対する不信任案が可決され，宮澤首相は衆議院を解散。
21 日　新党さきがけ結党。
23 日　新生党結党。
7 月 18 日　第 40 回総選挙，自民党が過半数を大きく割る。
22 日　宮澤首相が退陣表明。
27 日　非自民勢力の 7 党が基本政策で一致。
30 日　自民党総裁選挙で河野洋平が当選。
8 月 9 日　細川護熙内閣発足。
11 月 6 日　細川首相が韓国訪問。
18 日　政治改革法案が衆議院で可決される。
12 月 14 日　政府がウルグアイラウンドでコメの部分開放受け入れを決定。
16 日　田中角栄死去。

1994（平成6）年

1 月 21 日　参議院本会議で政治改革関連四法案を否決。
28 日　細川首相と自民党の河野洋平総裁が会談し，政治改革で合意。
29 日　政治改革関連四法成立。
2 月 3 日　細川首相が会見で国民福祉税導入を表明。
4 日　与党代表者会議が国民福祉税を白紙撤回。
4 月 8 日　細川首相が自らの献金問題で退陣表明。
25 日　新生党，日本新党などが国会内統一会派の「改新」を結成。
26 日　社会党が連立離脱。
28 日　**羽田孜内閣**が少数与党で発足。
6 月 25 日　羽田首相が総辞職を決定。
30 日　**村山富市内閣**発足。
7 月 8 日　北朝鮮の金日成国家主席が死去。
10 月 21 日　アメリカと北朝鮮が核問題で「米朝枠組み合意」に調印。
12 月 10 日　新進党結党。

1995（平成7）年

1 月 17 日　阪神・淡路大震災。
3 月 20 日　地下鉄サリン事件。
5 月 16 日　オウム真理教代表の麻原彰晃（松本智津夫）を逮捕。
6 月 9 日　衆議院本会議で「戦後 50 年国会決議」。
8 月 15 日　戦後 50 年の首相談話（村山談話）発表。
9 月 4 日　沖縄で米兵 3 人が女子小学生に暴行する事件。
22 日　自民党総裁に橋本龍太郎。

1996（平成8）年

1 月 5 日　村山首相が退陣を表明。
11 日　**第 1 次橋本龍太郎内閣**発足。
19 日　社会党が党名を「社会民主党」に変更。
4 月 12 日　橋本首相とモンデール駐日米大使が普天間飛行場の返還で合意。
17 日　橋本首相とクリントン大統領が「日米安保共同宣言」を公表。
9 月 28 日　民主党結党。
10 月 20 日　第 41 回総選挙（小選挙区比例代表並立制での初の総選挙）。
11 月 7 日　**第 2 次橋本龍太郎内閣**発足。
12 月 17 日　ペルーの日本大使公邸で人質事件。
26 日　新進党を離党した羽田孜らが太陽党結党。

1997（平成9）年

4 月 1 日　消費税を 5% に引き上げ。
11 月 17 日　北海道拓殖銀行が破綻。

22 日　山一證券が破綻。
28 日　財政構造改革法成立。
12 月 3 日　行政改革会議が中央省庁再編の最終報告書決定。
18 日　新進党党首選で小沢一郎再選。
27 日　新進党解党，6 党に分裂。

1998（平成 10）年

4 月 27 日　4 党が合併して新民主党発足。
5 月 29 日　改正財政構造改革法成立。
6 月 1 日　社会党が閣外協力解消で「自社さ」連立政権が終了。
9 日　中央省庁等改革基本法成立。
7 月 12 日　第 18 回参議院選挙。自民党大敗でねじれ国会に。
13 日　橋本首相が退陣表明。
30 日　小渕恵三内閣発足。
8 月 31 日　北朝鮮が弾道ミサイル「テポドン 1 号」発射，三陸沖の太平洋に落下。
10 月 8 日　韓国の金大中大統領来日し，未来志向の「日韓共同宣言」公表。
12 日　金融再生法成立。
11 月 25 日　中国の江沢民国家主席が来日。

1999（平成 11）年

1 月 14 日　自民党と自由党の連立内閣発足。
3 月 23 日　日本海で北朝鮮の不審船を発見するが逃走。
5 月 24 日　日米防衛協力のための指針（ガイドライン）関連法成立。
8 月 9 日　国旗国歌法成立。
12 日　通信傍受法，改正住民基本台帳法が成立。
10 月 4 日　自民，公明，自由党が連立政権樹立で合意。
11 月 22 日　沖縄県が普天間飛行場移転先として名護市・辺野古を受け入れ。

2000（平成 12）年

2 月 23 日　国会で初めて党首討論を実施。
4 月 1 日　自由党が連立政権離脱，自由党分裂。
1 日　小渕首相倒れる。
4 月 5 日　第 1 次森喜朗内閣発足。保守党が連立政権に参加。
5 月 14 日　小渕前首相死去。
6 月 13 日　韓国の金大中大統領が北朝鮮を訪問し，金正日総書記と初めての南北首脳会談。
19 日　竹下登元首相死去。
25 日　第 42 回総選挙。自公保が安定議席確保。
7 月 4 日　第 2 次森喜朗内閣発足。

21日　沖縄サミット開催。
11月21日　森内閣不信任案否決。自民党の加藤紘一らが賛成の動きを見せたが，不発に終わる（加藤の乱）。

2001（平成13）年

1月6日　中央省庁再編がスタート。
20日　アメリカ大統領にG. W. ブッシュ（共和党）が就任。
2月10日　ハワイ沖で「えひめ丸」が米原潜と衝突し沈没。
4月6日　森首相が退陣表明。
24日　自民党総裁選挙で小泉純一郎が圧勝。
26日　**第1次小泉純一郎内閣**発足。
6月8日　イギリス，総選挙でブレア率いる労働党が圧勝し，政権交代。
7月29日　第19回参議院選挙。自民党が大勝。
8月13日　小泉首相が靖国神社に参拝（1回目）。
9月11日　アメリカで同時多発テロ。
10月7日　米英軍がアフガニスタン攻撃開始。
29日　テロ特措法成立。
11月9日　海上自衛隊の護衛艦などをインド洋に派遣。
12月22日　海上保安庁が北朝鮮の不審船を奄美大島沖で撃沈。

2002（平成14）年

1月29日　小泉首相が田中真紀子外相を更迭。
4月21日　小泉首相が靖国神社参拝（2回目）。
9月17日　小泉首相が北朝鮮訪問。
10月15日　北朝鮮の拉致被害者5人が帰国。

2003（平成15）年

1月14日　小泉首相が靖国神社参拝（3回目）。
3月20日　米英軍がイラク攻撃開始。
4月1日　日本郵政公社が発足。
5月1日　米ブッシュ大統領がイラク戦争終結を宣言。
6月6日　有事法制関連法成立。
7月26日　イラク特措法成立。
8月27日　北朝鮮の核開発などについての六者協議がスタート。
9月24日　民主党と自由党が合併。
11月9日　第43回総選挙。自公保は安定多数を確保。
19日　**第2次小泉純一郎内閣**発足。
29日　イラクで日本人外交官2人が殺害される。

2004（平成16）年

1月1日　小泉首相が靖国神社参拝（4回目）。

2 月 3 日　陸上自衛隊本隊がイラクに出発。
5 月 7 日　年金未払い問題で福田康夫官房長官辞任。
10 日　同じ問題で民主党の菅直人代表が辞任。
22 日　小泉首相が北朝鮮を再訪問。拉致被害者の家族 5 人が帰国。
7 月 11 日　第 20 回参議院選挙。民主党が躍進。
9 月 10 日　郵政民営化の基本方針を閣議決定。
27 日　小泉首相が内閣改造で郵政民営化担当相に竹中平蔵を起用。

2005（平成 17）年

4 月 9 日　北京で 1 万人規模の反日デモ。その後各地に広がる。
25 日　郵政民営化関連法案を閣議決定。
7 月 5 日　郵政民営化法案を衆議院本会議で可決。
8 月 8 日　郵政民営化法案を参議院本会議で否決。小泉首相が衆議院を解散。
17 日　郵政民営化法案に反対した亀井静香らが国民新党結党。
9 月 11 日　第 44 回総選挙。自民党が圧勝。
17 日　民主党の新代表に前原誠司。
19 日　6 者協議協議で北朝鮮が核放棄を確約。
21 日　第 3 次小泉純一郎内閣発足。
10 月 14 日　郵政民営化法成立。
17 日　小泉首相が靖国神社参拝（5 回目）。
11 月 22 日　自民党結党 50 周年記念大会。

2006（平成 18）年

4 月 7 日　民主党代表に小沢一郎。
7 月 5 日　北朝鮮が日本海にミサイル 7 発の連続発射実験。
8 月 15 日　小泉首相が靖国神社参拝（5 回目）。
9 月 20 日　自民党総裁選挙で安倍晋三が当選。
26 日　第 1 次安倍晋三内閣発足。
10 月 8 日　安倍首相が中国を訪問し，戦略的互恵関係で合意。
9 日　北朝鮮が核実験を発表。
9 日　安倍首相が韓国訪問。
12 月 4 日　自民党が郵政民営化造反組の衆議院議員 11 人の復党を決定。
15 日　改正教育基本法，防衛庁の省昇格関連法成立。

2007（平成 19）年

5 月 28 日　松岡利勝農水相が自殺。
7 月 29 日　第 21 回参議院選挙。自民党が惨敗。
9 月 10 日　臨時国会で安倍首相が所信表明演説。
12 日　安倍首相が退陣表明。

23 日　自民党総裁選挙で福田康夫が当選。

26 日　福田康夫内閣発足。

2008（平成 20）年

4 月 1 日　ガソリン税の暫定税率失効でガソリンの値下げが始まる。

9 月 1 日　福田首相が退陣表明。

22 日　自民党総裁選挙で麻生太郎が当選。

24 日　麻生太郎内閣発足。

10 月 30 日　世界的金融危機を受けて麻生首相が総選挙の先送りを表明。

2009（平成 21）年

1 月 20 日　アメリカ大統領にオバマ就任。

3 月 3 日　東京地検が小沢民主党代表の秘書を政治資金規正法違反容疑で逮捕。

4 月 5 日　北朝鮮が太平洋にミサイル発射。

5 月 11 日　民主党小沢代表が辞任を表明。

16 日　民主党代表選挙で鳩山由紀夫が当選。

25 日　北朝鮮が 2 度目の核実験。

7 月 21 日　麻生首相が衆議院解散。

8 月 30 日　第 45 回総選挙。民主党が圧勝し，政権交代に。

9 月 16 日　鳩山由紀夫内閣発足。

28 日　自民党総裁選挙で谷垣禎一が当選。

11 月 11 日　「事業仕分け」がスタート。

12 月 4 日　郵政株売却凍結法が成立。

15 日　鳩山首相が米軍普天間飛行場移転先の年内決定を先送り。

24 日　鳩山首相の偽装献金問題で東京地検が秘書を在宅起訴。

2010（平成 22）年

1 月 15 日　東京地検が民主党小沢幹事長の元秘書ら 3 人を逮捕。

19 日　日本航空が会社更生法適用を申請。

23 日　東京地検が小沢を事情聴取。

3 月 9 日　外務省が日米間の核密約について調査結果公表。

5 月 28 日　普天間飛行場の移設先を辺野古とする日米共同声明を公表。

30 日　社民党が連立離脱。

6 月 2 日　鳩山首相が退陣表明。

4 日　民主党両院議員総会で菅直人を党代表に選出。

8 日　菅直人内閣発足。

17 日　菅首相が消費税率 10% への引き上げに言及。

7 月 11 日　第 22 回参議院選挙。民主党敗北。

9 月 7 日　沖縄・尖閣諸島沖で海上保安庁の巡視船に中国漁船が衝突。中

国人船長を逮捕。

14日　民主党代表選挙で菅が小沢を破る。

24日　中国漁船衝突事件で中国人船長を処分保留で釈放。

11月23日　北朝鮮が韓国の延坪島を砲撃。

2011（平成23）年

3月11日　東日本大震災。

12日　福島第一原発で水素爆発相次ぐ。

6月2日　菅首相が鳩山前首相と会談し，原発事故の収束にめどがついた段階での辞任の意向を示す。菅内閣不信任案を否決し民主党が分裂回避。

8月26日　菅首相が退陣表明。

29日　民主党代表選挙で野田佳彦が当選。

9月2日　野田佳彦内閣発足。

10月19日　野田首相がソウルで韓国の李明博大統領と会談。

11月11日　野田首相がTPP交渉参加に向けて関係国との協議に入ることを表明。

12月17日　北朝鮮の金正日総書記が死去。

18日　野田首相が京都で李大統領と会談。従軍慰安婦問題で対立。

2012（平成24）年

1月6日　政府・与党が消費税率を10％に引き上げるなどの「社会保障・税一体改革」の素案を決定。

3月30日　消費税率引き上げ法案を閣議決定。

4月11日　北朝鮮で金正恩が朝鮮労働党第一書記に就任。

13日　北朝鮮がミサイルを発射したが失敗。

16日　石原慎太郎東京都知事がワシントンで講演し，尖閣諸島購入を表明。

6月15日　民主，自民，公明3党が社会保障・税一体改革関連法の今国会成立で合意。

26日　社会保障・税一体改革関連法案を衆議院本会議で可決。民主党は小沢一郎ら57人が反対し，16人が欠席・棄権。

7月2日　民主党の小沢一郎ら衆参両院議員50人が離党。

3日　ロシアのメドベージェフ首相が国後島を訪問。

11日　小沢ら衆参両院議員49人が「国民の生活が第一」を結党。

8月8日　野田首相と自民党の谷垣総裁が会談。首相が「近いうちに国民の信を問う」と表明。

10日　社会保障・税一体改革関連法が成立。

韓国の李大統領が竹島に上陸。

29日　参議院本会議で野田首相に対する問責決議が可決される。
9月11日　政府が尖閣諸島の国有化を決定。
26日　自民党総裁選挙で安倍晋三が当選。
28日　「日本維新の会」結党。
11月14日　党首討論で野田首相が衆議院を16日に解散すると表明。
16日　衆議院解散。
12月12日　北朝鮮が東シナ海にミサイル発射。
16日　第46回総選挙。自民党が圧勝し，政権交代。
19日　韓国大統領選挙でセヌリ党の朴槿恵が当選。
25日　民主党代表選挙で海江田万里が当選。
26日　**第2次安倍晋三内閣**発足。

2013（平成25）年

1月16日　アルジェリアで大手プラントメーカー「日揮」の社員らが人質になる事件が発生。
22日　政府と日本銀行が2％のインフレ目標を明記した共同声明を発表。
3月15日　安倍首相がTPP交渉参加を表明。
20日　日本銀行総裁に黒田東彦。
22日　政府が沖縄県知事に普天間飛行場移設先の辺野古沿岸部の公有水面埋め立て許可を申請。
4月4日　日本銀行が新しい金融緩和策を決定。
7月21日　第23回参議院選挙。自民党が圧勝し，「ねじれ国会」が解消。
23日　日本がTPP交渉に正式参加。
12月6日　特定秘密保護法成立。
18日　みんなの党を離党した江田憲司ら15人の衆参両院議員が「結いの党」を結党。
26日　安倍首相が靖国神社参拝。
27日　沖縄県知事が辺野古沿岸の公有水面埋め立て申請を承認。

2014（平成26）年

4月1日　消費税率を8％に引き上げ。
23日　オバマ米大統領が来日。
5月15日　安倍首相の私的諮問機関「安全保障の法的基盤の再構築に関する懇談会」（安保法制懇）が集団的自衛権に関する憲法解釈の見直しなどの報告書を提出。
20日　集団的自衛権の行使容認をめぐって自民党と公明党の協議が始まる。
28日　スウェーデンのストックホルムで日本と北朝鮮の外務省局長級

協議が行われ，北朝鮮が拉致被害者らの調査を実施することで合意。

29日　日本維新の会の石原慎太郎，橋下徹両共同代表が党を分裂させることで合意。

7月1日　安倍内閣が集団的自衛権の行使を可能とする政府見解を閣議決定。

◆主要政党の変遷図（一九五五―二〇一四年）◆

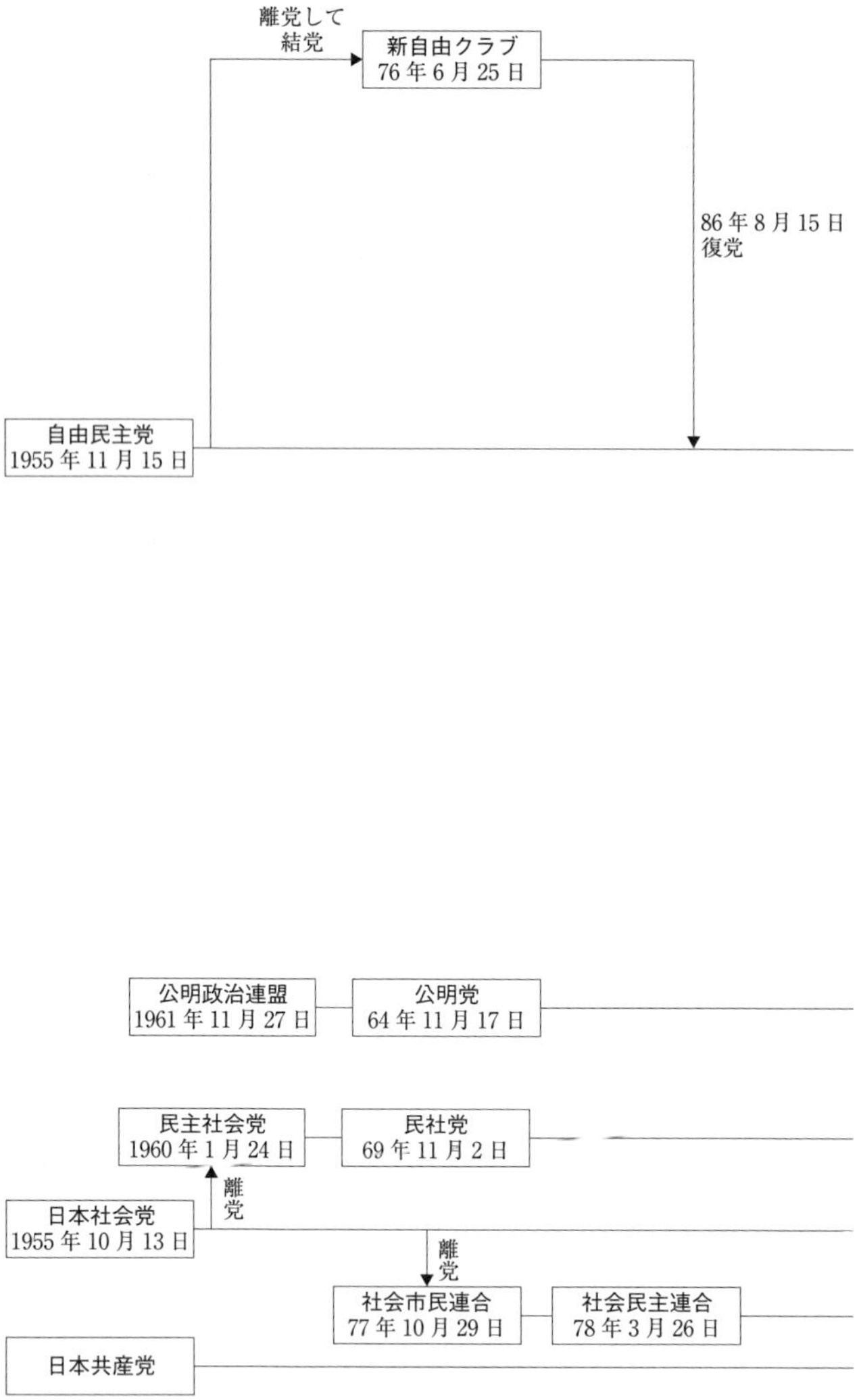
離党して
結党
新自由クラブ
76年6月25日
86年8月15日
復党
自由民主党
1955年11月15日
公明政治連盟
1961年11月27日
公明党
64年11月17日
民主社会党
1960年1月24日
民社党
69年11月2日
離党
日本社会党
1955年10月13日
離党
社会市民連合
77年10月29日
社会民主連合
78年3月26日
日本共産党

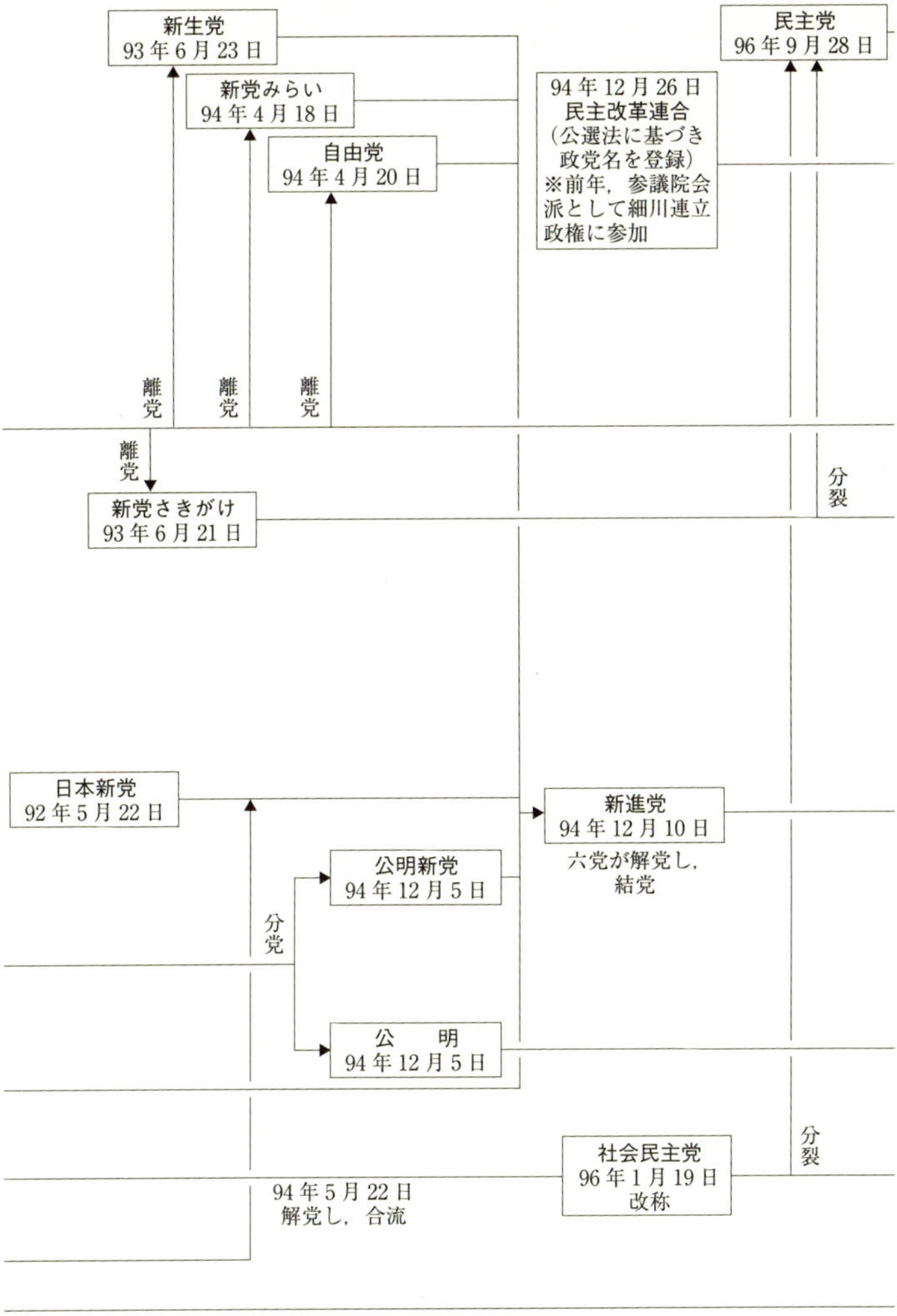
新生党
93年6月23日
新党みらい
94年4月18日
自由党
94年4月20日
94年12月26日
民主改革連合
（公選法に基づき政党名を登録）
※前年，参議院会派として細川連立政権に参加
民主党
96年9月28日
離党
離党
離党
離党
新党さきがけ
93年6月21日
分裂
日本新党
92年5月22日
新進党
94年12月10日
六党が解党し，結党
公明新党
94年12月5日
分党
公　　明
94年12月5日
分裂
社会民主党
96年1月19日
改称
94年5月22日
解党し，合流

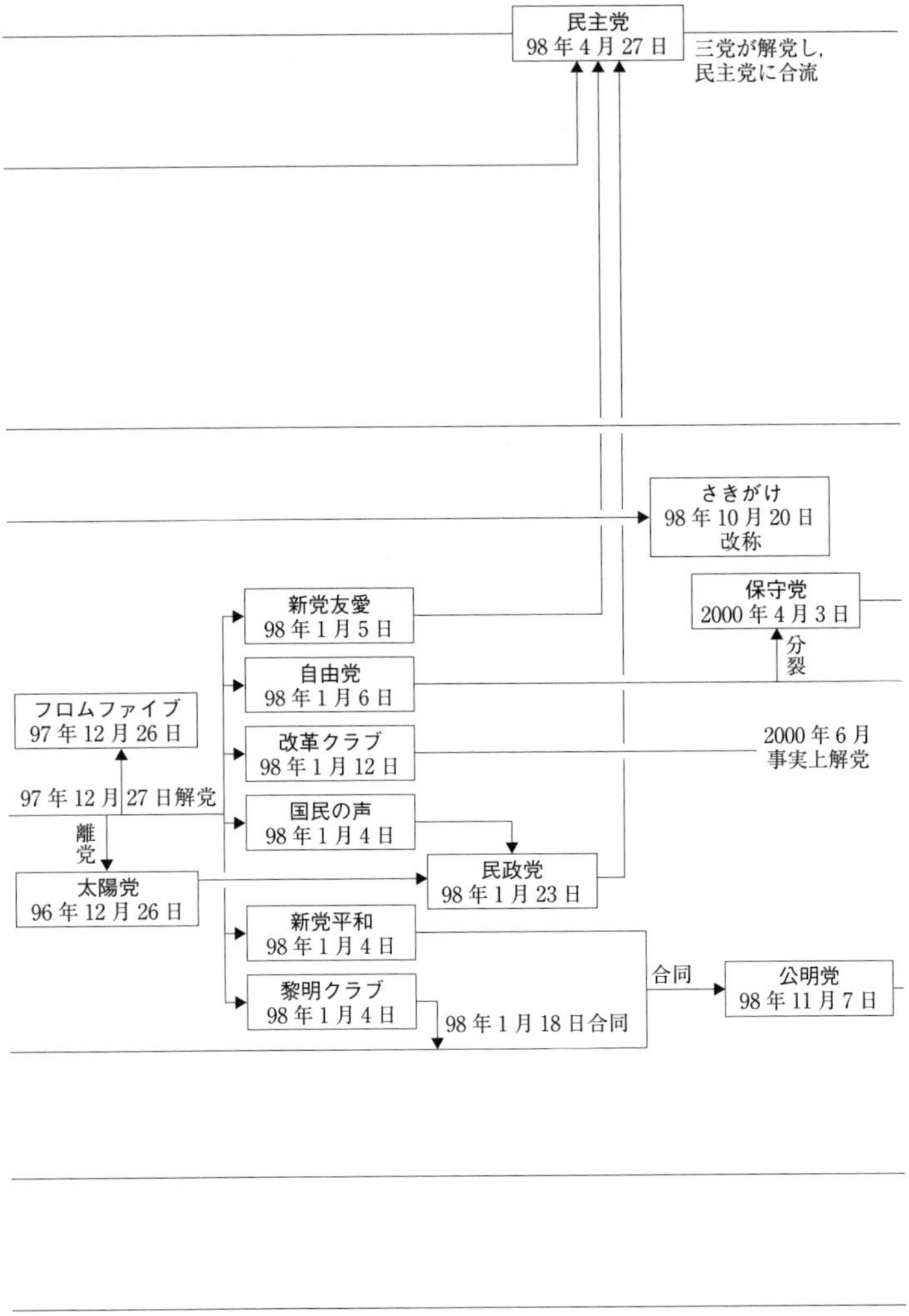

民主党
98年4月27日
三党が解党し，
民主党に合流
さきがけ
98年10月20日
改称
保守党
2000年4月3日
分裂
新党友愛
98年1月5日
自由党
98年1月6日
フロムファイブ
97年12月26日
改革クラブ
98年1月12日
2000年6月
事実上解党
97年12月27日解党
国民の声
98年1月4日
離党
太陽党
96年12月26日
民政党
98年1月23日
新党平和
98年1月4日
合同
公明党
98年11月7日
黎明クラブ
98年1月4日
98年1月18日合同

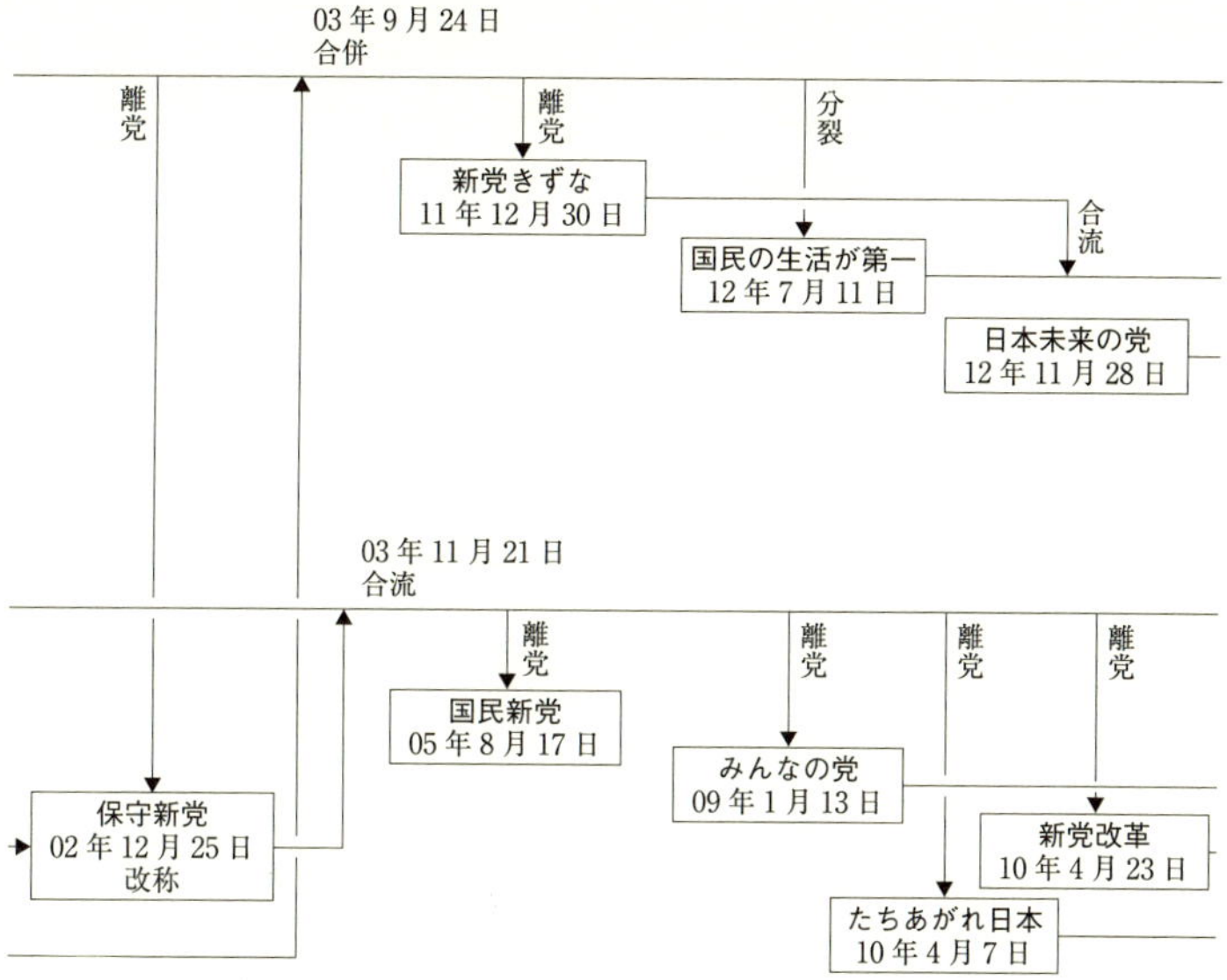
03年9月24日
合併
離党
離党
分裂
新党きずな
11年12月30日
合流
国民の生活が第一
12年7月11日
日本未来の党
12年11月28日
03年11月21日
合流
離党
離党
離党
離党
国民新党
05年8月17日
みんなの党
09年1月13日
保守新党
02年12月25日
改称
新党改革
10年4月23日
たちあがれ日本
10年4月7日

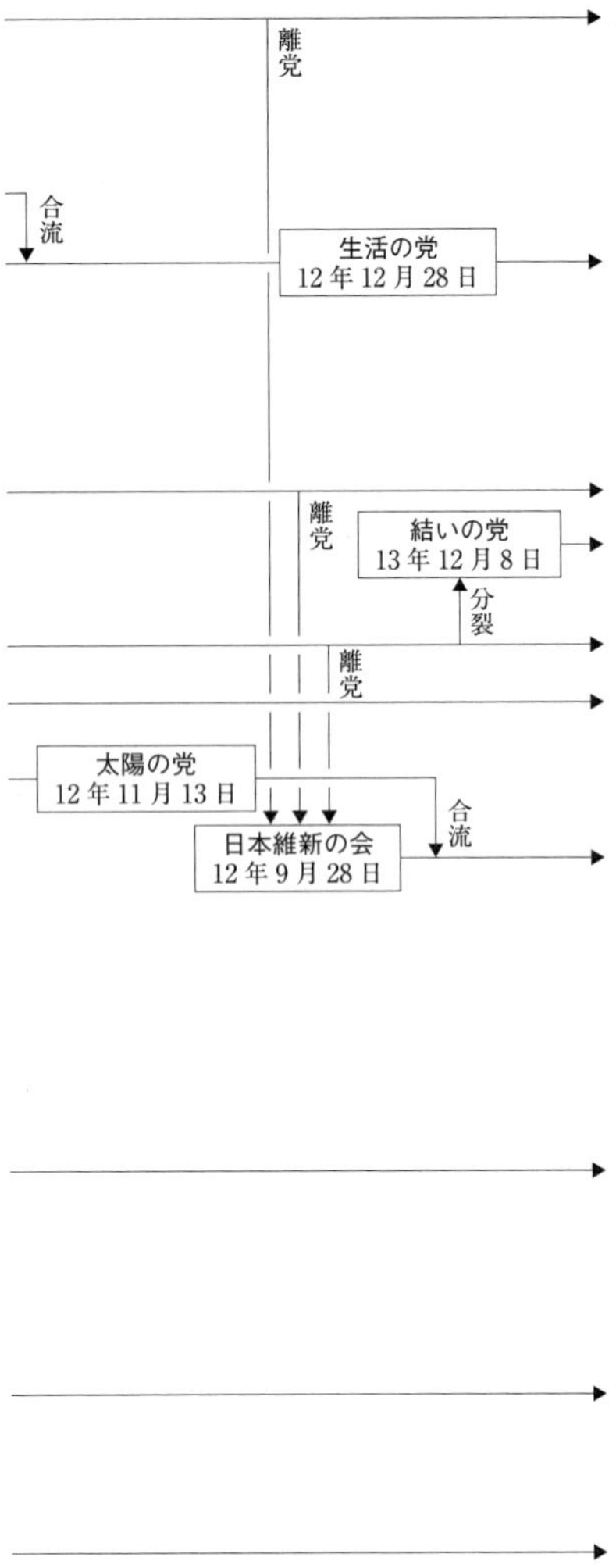

〔出典〕「主要政党の変遷と国会内勢力の推移」『レファレンス』（No.651, 2005年4月）をもとに筆者作成。

◆国政選挙の結果◆
（1989 年以降）

●衆議院選挙

第 39 回総選挙（1990 年 2 月 18 日）

自民	社会	社連	民社	公明	共産	進歩	無	計
275	136	4	14	45	16	1	21	512

（社連＝社会民主連合，進歩＝進歩党）

第 40 回総選挙（1993 年 7 月 18 日）

自民	社会	社連	民社	新生	公明	日新	共産	さき	諸派	無	計
223	70	4	15	55	51	35	15	13	0	30	511

（日新＝日本新党，さき＝新党さきがけ）

第 41 回総選挙（1996 年 10 月 20 日）

自民	社民	新進	民主	民連	共産	さき	諸派	無	計
239	15	156	52	1	26	2	0	9	500

（新進＝新進党，民連＝民主改革連合）

第 42 回総選挙（2000 年 6 月 25 日）

自民	社民	自由	保守	民主	公明	無会	共産	諸派	無	計
233	19	22	7	127	31	5	20	1	15	480

（無会＝無所属の会）

第 43 回総選挙（2003 年 11 月 9 日）

自民	社民	保新	民主	公明	無会	共産	自連	諸派	無	計
237	6	4	177	34	1	9	1	0	11	480

（保新＝保守新党，自連＝自由連合）

第 44 回総選挙（2005 年 9 月 11 日）

自民	社民	民主	公明	共産	国新	新日	新大	無	計
296	7	113	31	9	4	1	1	18	480

（国新＝国民新党，新日＝新党日本，新大＝新党大地）

第45回総選挙（2009年8月30日）

自民	社民	民主	公明	共産	みんな	国新	新日	新大	無	計
119	7	308	21	9	5	3	1	1	6	480

（みんな＝みんなの党）

第46回総選挙（2012年12月16日）

自民	社民	民主	維新	公明	共産	みんな	未来	国新	新大	無	計
294	2	57	54	31	8	18	9	1	1	5	480

（維新＝日本維新の会，未来＝日本未来の党）

●参議院選挙

＊ 下段は非改選議員との合計数

第15回通常選挙（1989年7月23日）

自民	社会	民社	公明	共産	連合	諸派	無	計
36	46	3	10	5	11	5	10	126
109	66	8	20	14	12	8	15	252

第16回通常選挙（1992年7月26日）

自民	社会	民社	公明	共産	日新	連合	諸派	無	計
69	22	4	14	6	4	0	4	4	127
108	71	7	24	11	4	12	8	7	252

（日新＝日本新党，連合＝連合参議院）

第17回通常選挙（1995年7月23日）

自民	新進	社会	さき	共産	公明	平和	民改	諸派	無	計
49	40	16	3	8	−	1	2	1	6	126
110	56	38	3	14	11	2	2	4	12	252

（さき＝新党さきがけ，平和＝平和・市民，民改＝民主改革連合）

第18回通常選挙（1998年7月12日）

自民	自由	民主	社民	公明	共産	さき	改ク	諸派	無	計
45	6	27	5	9	15	0	−	0	19	126
103	12	47	13	22	23	3	3	1	25	252

（改ク＝改革クラブ）

第19回通常選挙（2001年7月29日）

自民	自由	民主	社民	保守	公明	共産	諸派	無	計
64	6	26	3	1	13	5	0	3	121
110	8	59	8	5	23	20	6	8	247

第20回通常選挙（2004年7月11日）

自民	民主	公明	共産	社民	諸派	無	計
49	50	11	4	2	0	5	121
115	82	24	9	5	0	7	242

第21回通常選挙（2007年7月29日）

自民	民主	公明	共産	社民	国新	新日	諸派	無	欠/計
37	60	9	3	2	2	1	0	7	121
83	109	20	7	5	4	1	1	12	242

（国新＝国民新党，新日＝新党日本）

第22回通常選挙（2010年7月11日）

自民	民主	公明	共産	社民	国新	みんな	たち	新改	幸福	無	欠/計
51	44	9	3	2	0	10	1	1	0	0	121
84	106	19	6	4	3	11	3	2	1	3	242

（みんな＝みんなの党，たち＝たちあがれ日本，新改＝新党改革，幸福＝幸福実現党）

第23回通常選挙（2013年7月21日）

自民	民主	公明	共産	社民	維新	みんな	生活	新改	諸派	無	計
65	17	11	8	1	8	8	0	0	1	2	121
115	59	20	11	3	9	18	2	1	1	3	242

（維新＝日本維新の会，生活＝生活の党）

●**著者紹介**

薬師寺 克行（やくしじ　かつゆき）

1955年，岡山県に生まれる。

1979年，東京大学文学部卒業。朝日新聞社入社。
主に，政治部で国内政治や日本外交を担当。政治部次長，論説委員，月刊誌『論座』編集長，政治部長，編集委員などを経て，現職。この間，米国シンクタンクのヘンリー・スティムソン・センター客員研究員，京都大学公共政策大学院客員教授，学習院大学特別客員教授などを務める。

現　在，東洋大学社会学部教授（現代日本政治，日本外交）。

著作に，『外務省――外交力強化への道』（岩波新書，2003年），『証言 民主党政権』（講談社，2012年），『村山富市回顧録』（編著，岩波書店，2012年）ほか。

現代日本政治史《げんだいにほんせいじし》――政治改革《せいじかいかく》と政権交代《せいけんこうたい》

A Political History of Contemporary Japan: Political Reform and Power Change

2014年9月10日　初版第1刷発行

著　者　薬　師　寺　克　行
発行者　江　草　貞　治
発行所　株式会社　有　斐　閣

郵便番号 101-0051
東京都千代田区神田神保町2-17
電話（03）3264-1315〔編集〕
（03）3265-6811〔営業〕
http://www.yuhikaku.co.jp/

印刷・大日本法令印刷株式会社／製本・株式会社アトラス製本

ISBN 978-4-641-14909-0